Das Reich Hammurapis

••••• ungefähre Grenze des von Hammurapi kontrollierten Gebietes

---- Alter Küstenverlauf

Schwarzes Meer
Kizil Irmak
ANATOLIEN
Kanesch
KILIKIEN
Amanus
Karkemisch
Halab
Ugarit
Emar
Ebla
ZYPERN
Orontes
Qatna
Gubla
Tadmur
Mittelmeer
Libanon
Hazor
Jordan
Totes Meer
Nil
SINAI
SYRISCH-ARABISCHE WÜSTE
ARMENIEN
Van-See
Urmia-See
Kaspisches Meer
IDAMARAZ
ASSYRIEN
Assur
TURUKKU
Tigris
Mari
HANA
SUCHUM
Euphrat
Eschnunna
GUTIUM
IRAN
ELAM
Susa
Babylon
BABYLONIEN
Isin
Larsa
Ur

Horst Klengel

König Hammurapi und der Alltag Babylons

Artemis & Winkler

Die Deutsche Bibliothek – CIP-Einheitsaufnahme

König Hammurapi und der Alltag Babylons / Horst Klengel. – Neuausg. –
Düsseldorf; Zürich: Artemis und Winkler, 1999
ISBN 3-7608-1214-7

Neuausgabe 1999

Umschlaggestaltung: Peter Rüfenacht
Bildmotiv: Treppe des Tempelturms für den Stadtgott von Ur
Druck und Bindung: Clausen & Bosse, Leck
ISBN 3-7608-1214-7

Inhalt

Vorwort

Die Regierungszeit des Königs Hammurapi von Babylon, die wir nach der sog. «mittleren» Chronologie von 1792 bis 1750 v. Chr. ansetzen können, gehört zu den am besten bezeugten und historisch interessantesten Perioden altmesopotamischer Geschichte. Gerade deshalb hat sie nicht nur in der altorientalistischen Forschung, sondern auch bei einem weiten Leserkreis besondere Aufmerksamkeit gefunden.

Es ist das vorrangige Anliegen dieses 1991 im Verlag Artemis & Winkler erschienenen Buches, einen Einblick in die wirtschaftlichen und sozialen Verhältnisse im Königreich des Hammurapi und seiner Nachfolger zu geben. Dafür konnte vor allem das umfangreiche keilschriftliche Quellenmaterial aus verschiedenen Tontafelarchiven Babyloniens herangezogen werden, darunter auch das Selbstzeugnis des Königs Hammurapi. Inzwischen haben Texte anderer Herkunft, insbesondere weitere Briefe aus Mari am Mittellauf des Euphrat, einige neue Einsichten in die Politik Hammurapis vermittelt und dabei auch die Persönlichkeit dieses Königs deutlicher hervortreten lassen; sie berühren aber kaum das eigentliche Anliegen des Buches, den altbabylonischen Alltag zu schildern. Dem Verlag Artemis & Winkler ist dafür zu danken, daß er es übernommen hat, diese Darstellung nun auch in einer Paperback-Ausgabe zugänglich zu machen.

Horst Klengel

Einleitung

Am 4. September des Jahres 1802 legte der Gymnasiallehrer Georg Friedrich Grotefend der Göttinger Akademie der Wissenschaften eine Untersuchung vor, in der er sich das ehrgeizige Ziel gesetzt hatte, die altpersische Keilschrift zu entziffern. Und ihm glückte, wonach vor ihm schon andere Gelehrte gestrebt hatten: Er fand den Schlüssel zur Lesung und Deutung jener rätselhaften, damals nur in wenigen Beispielen bekannten Schrift, die wegen des keilförmigen Aussehens ihrer Zeichen als «Keilschrift» bezeichnet wird. Es bedurfte allerdings noch einer Jahrzehnte währenden Anstrengung vieler Gelehrter, um die zahlreichen Keilschrifttexte, die bei den um die Mitte des 19. Jahrhunderts einsetzenden archäologischen Forschungen in Vorderasien ans Tageslicht kamen, dem Verständnis zu erschließen. Es war noch ein weiter Weg zurückzulegen, bis sich die Keilschriftforschung, die «Assyriologie», zu einer selbständigen wissenschaftlichen Disziplin ausgeformt hatte. Aber Georg Friedrich Grotefend, dessen Geburtstag sich 1975 zum 200. Male jährte, hat zweifellos an ihrer Wiege gestanden.

Mit der Entdeckung und Entzifferung der Keilschrifttexte sind nicht nur eine Vielzahl von bislang unbekannten Völkern und Staaten ins Licht der Geschichte gerückt worden. Es traten auch unzählige Einzelpersonen mit ihrem Namen, ihrem Schicksal und ihrem Wirken in unser Blickfeld. Vor allem waren es die Herrschenden, die ihre Taten in Keilschrift aufzeichnen ließen, und ihre Namen werden in zahlreichen Urkunden und Briefen erwähnt. Zu ihnen gehört auch Hammurapi, König von Babylon, der im 18. Jahrhundert v. Chr. über ein Land gebot, das damals zu den ökonomisch und gesellschaftlich am weitesten entwickelten Gebieten unserer Erde gehörte.

Hammurapi von Babylon kann zu den bedeutendsten, aber auch zu den bekanntesten Herrschern gerechnet werden, die das alte Mesopotamien hervorgebracht hat. Mit seinem Namen und Abbild ist jene berühmte Gesetzes-Stele verbunden, die vor mehr als acht Jahrzehnten von französischen Archäologen in Susa aufgefunden wurde und seitdem immer wieder das Interesse auf sich gezogen hat. Dennoch soll auf den folgenden Seiten nicht die Geschichte eines «Helden» geboten werden, nicht eine Biographie jenes Fürsten, dessen Name gleichsam zum Symbol einer Epoche wurde. Ganz abgesehen davon, daß heute noch niemand in der Lage ist, auf der Grundlage des überlieferten Quellenmaterials einen Lebenslauf Hammurapis zu verfassen, ein gesichertes Bild seiner Persönlichkeit und seines Charakters zu zeichnen – dies ist auch gar nicht beabsichtigt. Im Mittelpunkt sollen vielmehr die Lebensverhältnisse seiner Zeit stehen, ihre wesentlichen Erscheinungen und Veränderungen.

Damit sei zugleich betont, daß es sich hier auch nicht um eine Gesamtdarstellung der altbabylonischen Periode Mesopotamiens handeln kann, um eine möglichst umfassende und detaillierte Wiedergabe damaligen Lebens nach dem Schema: geographische Voraussetzungen, Quellen, politische Geschichte, Wirtschaft und Gesellschaft, Kultur und Religion. Zwar ist es notwendig, diese Bereiche altbabylonischen Lebens hier darzustellen, jedoch wird auf Details verzichtet, wenn sie nicht zu einem besseren Verständnis der Gesellschaft insgesamt beizutragen vermögen. Das bedeutet auch, daß Literatur, Kunst, Religion usw. nicht als geschlossene Kapitel behandelt werden. Vielmehr sollen jene Erscheinungen und Wandlungen, die sich in ihnen zur Hammurapi-Zeit feststellen lassen, jeweils an der Stelle notiert werden, wo sie im gesellschaftlichen Kontext von Belang erscheinen – auch wenn dadurch die Kultur nicht in allen ihren Aspekten besprochen werden kann.

Es liegt auf der Hand, daß weder die altbabylonische Periode noch das Wirken solcher Persönlichkeiten wie Hammurapi von Babylon dargestellt oder gar eingeschätzt werden können, ohne den Blick über diesen Zeitabschnitt altmesopotamischer Geschichte hinaus zu lenken. Erst wenn der altbabylonischen Periode ihr Platz in der historischen Entwicklung Mesopotamiens – und darüber hinaus ganz Vorderasiens – zugewiesen werden kann, werden wir ihr gerecht werden können. Ausgehend von generellen Fragestellungen, werden wir daher in der konkreten Situation, in den einzelnen Quellen nach einer Antwort suchen müssen und von dort wieder zu Verallgemeinerungen zurückgelangen. Daß das nicht ohne Thesen und Hypothesen geschehen kann, daß immer wieder Brücken über ein durch die verfügbaren Zeugnisse nicht genügend aufgehelltes oder abgesichertes Gelände zu schlagen sein werden, muß dabei von vornherein in Kauf genommen werden. Ohne ein solches Risiko vermag der Historiker jener frühen Perioden der Menschheitsgeschichte nicht zu arbeiten und ein Gesamtbild zu entwerfen – auch nicht das einer zeitlich und räumlich so begrenzten Periode wie der altbabylonischen Zeit. So ist also das, was auf den nachfolgenden Seiten geboten wird, als ein Versuch zu bezeichnen, um so mehr, als angestrebt wird, der altbabylonischen Zeit und ihrer inschriftlichen Hinterlassenschaft einige neue Aspekte abzugewinnen.

Hammurapi, der «Landesvater»

«Hammurapi, der König, der vollkommene, bin ich. Für die ‹Schwarzhäuptigen›, die Gott Enlil mir geschenkt, deren Hirtenamt Gott Marduk mir gegeben hat, war ich nicht säumig, legte die Hände nicht in den Schoß. Stätten der Wohlfahrt suchte ich ihnen, drückende Drangsal löste ich auf, Licht ließ ich über ihnen aufgehen. Mit der Waffe, die der Gott Zababa und die Göttin Ischtar mir verliehen, mit der Einsicht, die der Gott Ea mir als Los gegeben hat, mit der Tüchtigkeit, die der Gott Marduk mir verlieh, tilgte ich aus die Feinde oben und unten, löschte ich aus die Widerstände, dem Lande zum Wohlgefallen. Die Menschen ließ ich wohnen in geschützten Stätten, einen, der sie aufscheuchte, ließ ich nicht über sie kommen. Die großen Götter haben mich berufen: So bin ich der Hirte, der wohl hütet, dessen Stab gerade ist. Mein guter Schatten ruht über meine Stadt gebreitet, in meinen Schoß habe ich die

Menschen des Landes Sumer und Akkad genommen. Mit meinem Schutzgott, der des Landes Bruder ist, sorge ich für sie in Frieden, berge ich sie in meines Wissens Tiefe. Vom Starken den Schwachen nicht entrechten zu lassen, der Witwe, der Waise Recht zu verschaffen, habe ich in Babylon, der Stadt, deren Haupt die Götter Anu und Enlil hoch aufgerichtet haben, in Esangila, dem Hause, dessen Grundfesten gleich Himmel und Erde ewig stehen, um Recht des Landes zu richten, Entscheidungen des Landes zu entscheiden, dem Entrechteten Recht zu verschaffen, meine köstlichen Worte auf meine Stele geschrieben und vor meinem Bildnis als König der Gerechtigkeit festgelegt. Der König, der unter den Königen überragend ist, bin ich[1].»

Mit diesen hochtönenden, freilich ganz im Stil der Zeit stehenden Worten hat Hammurapi am Schluß seiner Gesetzessammlung eine Selbsteinschätzung gegeben – oder besser: durch seine Schreiber anfertigen lassen. Hatte er in der Einleitung zu diesem Werk vor allem seine militärischen Erfolge herausgestellt, die ihn zum Herrn fast ganz Mesopotamiens machten, so preist er hier seine Verdienste um Recht und Gerechtigkeit in den babylonischen Landen, um den Schutz der Witwen und Waisen, der Armen und Schwachen. Wir werden sehen, daß das nicht nur ein literarischer Topos war, eine konventionelle Floskel zur Erhöhung des Ruhms und Nachruhms des Herrschers Hammurapi. Andererseits aber kann man schwerlich jenen Historikern folgen, die ihm diese seine Selbsteinschätzung zuweilen fast buchstäblich abnahmen oder noch heute abnehmen. Er wurde als «ragendste Gestalt unter den Herrschern Babyloniens auch vom Standpunkt der Fürsorge für seine Untertanen» bezeichnet, als König, der seinem Machtbereich «den Charakter eines Rechtsstaates» verlieh, der «vom Geschick ausersehen» worden sei, zu den «grandiosesten Persönlichkeiten der Weltgeschichte» zu werden, zur «größten Herrschergestalt des Zweistromlandes». Dabei wurde ihm sogar ein besonders lauterer Charakter bescheinigt, wurde ihm zugestanden, daß er «ein Mensch mit warmem sozialem Empfinden gewesen» sei, der sich – wie etwa auch Karl der Große – als «Friedensbringer» wußte, als ein «treusorgender Landesvater», ein «frommer Mann» und «im

Grunde seines Herzens keine rein kriegerische Natur». Wenn diese Epitheta hier glossiert werden, so nicht, um Hammurapi alle diese positiven Eigenschaften abzusprechen. Insbesondere seine Briefe zeigen ihn, wenn auch vermittelt durch die Hand seiner Schreiber, durchaus als eine Persönlichkeit, die subjektiv manches Gute gewollt und objektiv auch erreicht hat. Aber die Persönlichkeit, auch die eines Herrschers vom Range Hammurapis, muß als ein sozial determiniertes Wesen aufgefaßt werden, als ein Individuum, das sich unter ganz bestimmten gesellschaftlichen Bedingungen zu einer Persönlichkeit formte und seinerseits mitgestaltend auf die Verhältnisse seiner Zeit einwirkte. So ist auch die Persönlichkeit des Königs Hammurapi nicht von seiner Zeit zu trennen; sie wurde durch sie hervorgebracht und fand in ihr gleichzeitig ihre Grenzen. In einer Tonnagelinschrift, die Hammurapi aus Anlaß des Wiederaufbaus der Stadtmauer von Sippar abfassen ließ, hat er für sich in Anspruch genommen, sich im Volke einen guten Namen gemacht zu haben, der täglich wie der eines Gottes genannt und für alle Zeiten nie vergessen werden möge[2]. In der offiziellen Überlieferung Babyloniens ist sein Name in der Tat nicht in Vergessenheit geraten. Aber es gibt auch Anzeichen dafür, daß Hammurapi bereits zu seiner Regierungszeit bei manchem seiner Untertanen eine fast göttliche Verehrung genoß. Eine Reihe von Personennamen stellt eine besondere Beziehung zwischen dem Namensgeber und Hammurapi her, wie «Hammurapi ist mein Schöpfer», «Hammurapi ist mein Sonnengott», «Hammurapi möge ewig sein», «Hammurapi ist der meines Vertrauens», «Hammurapi ist das Band, das zusammenhält», «Hammurapi ist der, der erhört», «Hammurapi ist mein Gott»[3]. Wahrscheinlich sind solche Namen aufgrund von Gunstbezeugungen gegeben worden, die der Vater des Kindes bzw. die Familie seitens des Königs empfangen hatte.

Die altbabylonische Zeit und ihre Überlieferung

Schon mehrfach wurde der Begriff «altbabylonisch» erwähnt – was haben wir darunter zu verstehen? «Altbabylonisch», das ist eine Sprachstufe des Akkadischen (d. h. Babylonisch-Assyrischen), in der der größte Teil des Quellenmaterials überliefert ist, der aus dem Mesopotamien der ersten Hälfte des 2. Jahrtausends v. Chr. auf uns gekommen ist. Das Sumerische, das zuvor im südlichen Zweistromland dominiert hatte, wurde dabei mehr und mehr als gesprochene Sprache verdrängt und fand seine Pflegestätte nur noch in den Schreiberschulen. Hier zeichneten Schüler und Lehrer eine Vielzahl literarischer Überlieferungen in sumerischer Sprache auf, während die Schriftzeugnisse der täglichen Praxis – die Urkunden und die Briefe – nun fast ausnahmslos in akkadischer Sprache erschienen. Ursache dafür war vor allem die Zunahme und politische Machtergreifung des semitisch sprechenden Bevölkerungselements – ein noch zu behandelnder Vorgang, der mit der verstärkten Zuwanderung «amurritischer» Stämme in Verbindung stand. Soweit Rechtsurkunden und Verwaltungstexte noch sumerische Phrasen enthielten, wurden diese wohl meistens akkadisch gelesen. Das Sumerische hörte auf, lebendige Sprache zu sein.

Im engeren Sinne «altbabylonisch» ist aber auch jene Dynastie, die vom 19. bis zum 16. Jahrhundert Babylon beherrschte und in Hammurapi ihren bekanntesten Vertreter gefunden hat. Da sich ältere Fürsten Babylons bislang nicht nachweisen lassen, wird sie häufig auch als erste Dynastie von Babylon bezeichnet.

So sind es Argumente aus dem sprachlichen und dem politischen Bereich, die für die Abgrenzung einer «altbabylonischen» Periode in der Geschichte Mesopotamiens angeführt werden können. Dabei hat diese Zeit in sich selbst weder vom sozialökonomischen noch vom politischen Gesichtspunkt her eine wirkliche Einheit dargestellt. Sieht man einmal von allen regional unterschiedlichen Entwicklungen ab, von allen Wandlungen in den Machtverhältnissen, von den ethnischen Veränderungen, so sind es vor allem zwei «Phasen», die hier herausgestellt werden sollen: die frühe altbabylonische Zeit sowie die spätere, die etwa um die Regierung des Rim-Sin von Larsa und des Hammurapi von Babylon begann. Es wird noch gezeigt werden, daß diese Zweiteilung vor allem im Hinblick auf die gesellschaftliche Entwicklung aufrechterhalten werden muß und sich nicht nur von der politischen Geschichte her begründen läßt[4].

Die altbabylonische Periode nun gehört zu jenen Abschnitten altmesopotamischer Geschichte, aus denen ein fast unübersehbar reiches Quellenmaterial auf uns gekommen ist. Während das Zeugnis der materiellen Kultur oder, besser: das nichtinschriftliche Material noch recht bescheiden ist, kam bei den archäologischen Forschungen im Zweistromland eine in die Tausende gehende Zahl von Tontafeln zutage. Besser als anderes Schreibmaterial späterer Perioden hatten sie die Jahrtausende überdauert. Dennoch wäre es irrig zu glauben, daß dieses umfangreiche Quellenmaterial es leicht macht, ein detailliertes Bild der altbabylonischen Verhältnisse zu zeichnen. Zwar ist es möglich, an bestimmten Punkten und Orten das Schicksal einzelner Familien über mehrere Generationen hinweg zu verfolgen; und es fällt auch nicht schwer, aus einer Fülle von Zeugnissen eine allgemeine Aussage zu bestimmten Fragen der sozialen Verhältnisse, der politischen Situation und der Vorstellungswelt der Bewohner Babyloniens abzuleiten. Andererseits aber birgt gerade die Menge dieses Materials Schwierigkeiten: Es ist nicht nur kaum überschaubar, sondern – und das wiegt weit schwerer – es ist zuweilen nahezu unmöglich, die Fülle überlieferter Details miteinander in Einklang zu bringen. Häufig kann auch nicht eindeutig entschieden werden, ob die schriftliche Hinterlassenschaft eines bestimmten Ortes als Grundlage für ganz Babylonien betreffende Aussagen dienen kann, wenn vergleichbare Texte aus anderen Gegenden fehlen. Zudem setzen gerade Urkunden und Briefe die Kenntnis der jeweiligen Situation voraus, nehmen Bezug auf – uns nicht überlieferte – Texte oder reduzieren einen Vorgang auf eine fast formelhafte Phrase. Oft muß in Kauf genommen werden, daß eine Aussage, die den Texten entnommen wurde, in Widerspruch zu dem gerät, was uns andere Quellen nahezulegen scheinen. Hinzu kommt eine weitere Schwierigkeit: Es fehlen fast völlig verallgemeinernde oder kritische Darstellungen aus altbabylonischer Zeit selbst oder aus nur wenig späterer Sicht. Während aus der griechisch-römischen Antike eine Reihe bedeutender Schriften auf uns gekommen ist, in denen die Autoren für oder gegen etwas Stellung nehmen, staatsfreundliche oder den Staat verurteilende Gedanken zum Ausdruck bringen, vermag die keilschriftliche Literatur nichts Ähnliches zu bieten. Jene literarischen Überlieferungen, in denen Klagen über gesellschaftliche oder politische Mißstände geäußert werden, bieten dafür kaum einen Ersatz. In ihnen werden die Zustände zudem gewöhnlich in die religiöse Sphäre entrückt, in das Verhältnis Mensch – Gott oder Gott – Gott übertragen; ihr konkreter sozialer Bezug ist verborgen, und die Verfasser bleiben in der Anonymität. In Anbetracht der Unzahl überlieferter Keilschrifttexte kann man darin keinen Zufall sehen, sondern muß die Ursache in der altmesopotamischen historischen Situation selbst suchen.

Diese Mängel im Quellenmaterial werden aber wenigstens zum Teil dadurch ausgeglichen, daß wir – insbesondere in den Briefen – über eine Vielzahl lebendiger, unmittelbarer Zeitdokumente verfügen. So schwer sie auch manchmal im einzelnen verständlich sind – insgesamt vermitteln sie dem Leser noch heute einen Eindruck vom Leben in altbabylonischer Zeit.

Briefe und Urkunden

Es kann wohl kaum nur als ein Zufall der Überlieferung bezeichnet werden, daß uns gerade aus der altbabylonischen Zeit so zahlreiche Briefe erhalten geblieben sind[5]. Wir werden noch sehen, in welchem Maße sich gerade damals die gesellschaftlichen Beziehungen differenzierten und komplizierten. In seinen Briefen spricht uns der altbabylonische Mensch am unmittelbarsten an, auch wenn angenommen werden muß, daß die Absender die Hilfe von Schreibkundigen in Anspruch nahmen, die entweder nach Diktat schrieben oder aber den Inhalt selbst stilisierten. Denn die Kunst des Lesens und Schreibens war gerade in der Masse der Bevölkerung kaum verbreitet; sie mußte in einem langjährigen Studium erlernt werden. Immerhin waren es ja mehrere hundert Zeichen und eine recht schwierige Grammatik, die sich der angehende Schreiber anzueignen hatte.

Plan der sogenannten Isin-Larsa-Stadt in Ur.

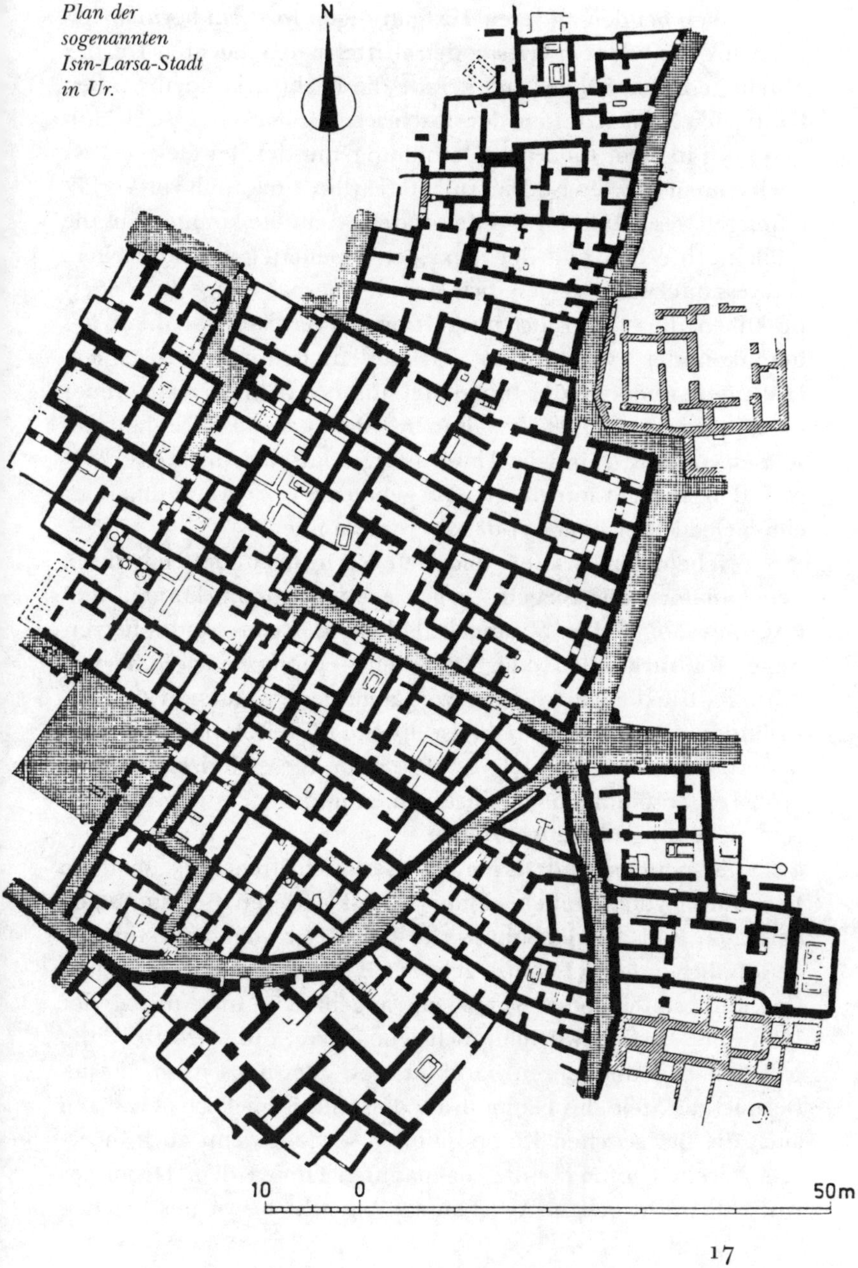

Auch bei den anderen Textgattungen wird ein berufsmäßiger Schreiber oder ein Priester den Griffel in den feuchten Ton der Tafeln gedrückt haben, und gerade die Rechtsurkunden nennen häufig den Namen dessen, der sie schrieb. Oft stecken diese Urkunden noch in einer tönernen Umhüllung, auf der der gleiche Text noch einmal zu lesen ist. Die Innentafel wurde dadurch vor Verfälschungen geschützt; im Zweifels- oder Streitfalle konnte man die Hülle aufbrechen und den Text der Innentafel zu Rate ziehen. Interessanterweise zeigen sich gerade hierbei einige Schreiberpraktiken, die – wenn auch im Auftrag des Verfassers – nahe an das herankommen, was wir als «Urkundenfälschung» bezeichnen. Hüllentext und Text der Innentafel stimmen nämlich nicht immer überein, wie man feststellte, als man Tafeln nach fast drei Jahrtausenden «öffnete». Und die Abweichungen lassen manchmal erkennen, daß sie nicht nur durch eine gebotene Textverkürzung oder einen Gedächtnisfehler erklärt werden können.

Neben den Briefen und den Rechtsurkunden mit ihren Zeugennamen und Siegeln – seien es nun Prozeßurkunden und Ehekontrakte, Erbschaftsangelegenheiten, Pacht- und Mietverträge, Kaufurkunden oder Darlehen – ist uns eine Fülle von Wirtschaftstexten überliefert. Vorgänge der Produktion und Distribution wurden – in teilweise listenhaft verknappter Form – notiert. Gerade hierbei fällt es oft schwer, diese Notizen in einen größeren Zusammenhang einzuordnen und die Bedingungen ihrer Entstehung nachzuvollziehen.

Zu nennen sind ferner die Bauinschriften[6], die über die Errichtung von Tempeln, Mauern und anderen Befestigungen berichten und einen Lobpreis des Bauherrn singen; sie wurden gewöhnlich auf den Lehmziegeln der Bauten selbst, auf separaten Gründungstafeln oder Tonnägeln angebracht. Im Auftrag der Herrscher verfaßt wurden auch jene Texte, die «Gesetze» zum Inhalt haben und deren berühmtestes, allerdings nicht ältestes Beispiel die Stele des Hammurapi darstellt. Schließlich vermögen auch die literarischen Kompositionen sowie – wenn auch in begrenzterem Umfang – die sogenannten Omina dem Historiker Aufschlüsse zu geben. Als «Omina» bezeichnen wir aus Erscheinungen der Natur abgeleitete Voraussagen bestimmter Ereignisse – auch solcher wie Tod oder Sturz eines Herrschers oder das Eindringen von Feinden. Zwar sind Omina an sich nichts Neues; man hatte auch schon vor der altbabylonischen Zeit versucht, künftige Geschehnisse vorherzusagen; doch erst jetzt entstand, was wir als eine Omen-Literatur bezeichnen. Omina wurden nun listenmäßig erfaßt, alle möglichen und unmöglichen Varianten – etwa die Geburt eines Rindes durch einen Menschen – «durchgespielt». Gerade der Mensch der altbabylonischen Zeit scheint ein besonderes Bedürfnis nach einer solchen Zukunftsschau verspürt zu haben, und vielleicht geht man nicht fehl, wenn man die zunehmende Bedrohung seiner wirtschaftlichen Existenz und seines sozialen Status als Ursache dafür ansieht. Zuweilen mögen sich in diesen Omina bestimmte Erfahrungen in verallgemeinerter Form widergespiegelt haben.

Besonderer Erwähnung bedürfen die sogenannten Daten- oder Jahresformeln. Sie finden sich auf den meisten Urkunden und ermöglichen es nicht nur, den betreffenden Text zeitlich genauer einzuordnen, sondern sie geben durch ihren Inhalt auch interessante Aufschlüsse zur Zeitgeschichte. Denn die Jahre wurden nach bedeutenden Ereignissen benannt, und wenn ein Geschehen auch später noch als überragend empfunden wurde, so war es möglich, auch den folgenden Jahren danach den Namen zu verleihen. So hat König Rim-Sin von Larsa, ein älterer Zeitgenosse des Hammurapi, sogar 31 Jahre seiner Regierung nach ein und demselben Ereignis bezeichnet, nach dem Sieg über das mittelmesopotamische Isin: «Mit der hohen Waffe der Götter Anu, Enlil und Enki eroberte der wahre Hirt Rim-Sin die Königsstadt Isin und deren ganze Bevölkerung, soviel ihrer war, ließ ihrer zahlreichen Einwohnerschaft Schonung des Lebens angedeihen und machte seinen königlichen Namen für alle Zeiten berühmt[7].» Die darauffolgenden Jahre wurden dann «Erstes, zweites, drittes usw. Jahr nach dem Jahr, in dem ...» genannt. Andere altbabylonische Daten haben den Bau von Kanälen, von Befestigungen oder von Tempeln zum Inhalt bzw. die Stiftung von Statuen und anderem kultischen Inventar. Die Angaben über militärische Erfolge bilden – insbeson-

Ansicht der Ruinen von Babylon (mit rekonstruiertem Tempel) heute.

dere für die Hammurapi-Dynastie – eine wesentliche Basis für die historische Rekonstruktion dieser Zeit.

Archäologische Forschungen in Babylon

Dieses umfangreiche inschriftliche Material ist aus vielen Ruinenstätten auf uns gekommen. Teils wurde es im Verlaufe wissenschaftlicher Ausgrabungen entdeckt, teils waren es Raubgrabungen oder Zufallsfunde, die Tontafeln zutage förderten. Nicht selten fand man die Tafeln noch in den Archivräumen, in denen sie

Ruinengebiet von Babylon.

in Regalen aufgestellt waren, in den Tonkrügen, in denen sie einstmals von Privatleuten «archiviert» wurden. So auch in der Residenz Babylon selbst, wenngleich die inschriftliche Ausbeute aus diesem Zentrum Babyloniens, verglichen etwa mit der aus Larsa, Sippar, Nippur, Kisch oder aus dem mittleren Euphratgebiet in Mari sehr gering ist. Der Grund dafür ist, daß die deutsche Expedition, die in den Jahren 1899 bis 1917 in Babylon grub, wegen des hohen Grundwasserstandes nicht in größerem Umfang in die altbabylonische Schicht eindringen konnte. Der Euphrat-Arm, der durch das alte Babylon strömte, hatte immer wieder seinen Lauf verändert. Die sich absetzenden Sinkstoffe führten zu einer allmählichen Erhöhung des Flußbettes, und dadurch stieg auch der Grundwasserspiegel seiner Umgebung. So lag er zu Beginn unseres Jahrhunderts, als die Ausgräber in Babylon arbeiteten, wesentlich höher als im frühen 2. Jahrtausend v. Chr., und er hob sich durch den Bau des Hindije-Stauwerks am Euphrat unweit von Hille noch weiter. Doch noch während Robert Koldewey und seine Mitarbeiter die Ruinen Babylons freilegten, brach der Hindije-Damm, und mit dem Spiegel des Flußwassers sank auch das Grundwasser in dieser Stadt. Der Hindije-Arm lag für mehrere Jahre trocken, und die Archäologen nutzten die Gunst der Stunde. Sie konnten in den Jahren 1907 bis 1912 die Forschungen bis in die altbabylonische Schicht voranbringen. Vor allem bot sich der «Merkes» genannte Teil des riesigen Ruinengeländes zu einer solchen Untersuchung an, der wohl schon früher – vielleicht, weil sich hier der älteste Stadtkern befand – etwas höher gelegen hatte als andere Bereiche Babylons. Hier war es auch, wo man einige Wohnhäuser ausgrub, die an rechtwinklig sich schneidenden Straßen lagen. Außer Keramik, Schmuck aus Elfenbein oder aus Halbedelsteinen, Terrakotten und Rollsiegeln entdeckte man auch eine Reihe von Tontafeln[8]. Insgesamt sind uns nicht viele Denkmäler aus jener Zeit überliefert, als Hammurapi in Babylon residierte; und auch die materielle Hinterlassenschaft an anderen Plätzen hat in dieser Hinsicht – sieht man von Mari am mittleren Euphrat einmal ab – noch nicht allzu viel beisteuern können. Immerhin kennt man aber das Aussehen zahlreicher Wohnhäuser, wie sie vor allem in Ur, in Nippur, Eschnunna und in Schaduppum – dem heutigen Tell Harmal im Stadtgebiet von Bagdad – zutage kamen, und auch von Palast- und Tempelanlagen sind eindrucksvolle Reste freigelegt worden.

So hoch geschätzt der Name Hammurapis im alten Zweistromland gewesen ist – mit dem Untergang Babylons und dem Zuwehen und Vergessen der Keilschrifttafeln schwand auch er aus dem Gedächtnis der Menschen. Herodot, der Babylon im 4. Jahrhundert v. Chr. besuchte und die Stadt beschrieb, nennt nicht seinen Namen, und er taucht bei den anderen antiken Schriftstellern ebenfalls nicht auf. Selbst das Alte Testament, das sonst so zahlreiche Erinnerungen an Babylonien und Assyrien bewahrt hat, erwähnt Hammurapi nicht; der «Amraphel vom Lande Sinear», der in Genesis 14 genannt wird und in dem man zuweilen eine Verballhornung des Namens Hammurapi von Babylon gesehen hat, dürfte kaum eine Überlieferung aus altbabylonischer Zeit bewahren.

Erst als die Keilschrifttexte zum Reden gebracht werden konnten, als die archäologischen Forschungen Tausende von schriftlichen Zeugnissen aus dem frühen 2. Jahrtausend v. Chr. ans Licht förderten, kehrte dieser Babylon-König wieder in das Blickfeld zurück. Und als Archäologen im Winter 1901/02 in Susa die Diorit-Stele mit den «Gesetzen Hammurapis» entdeckten, da wurde der Name des Hammurapi wiederum weithin bekannt. Inzwischen sind zahlreiche Briefe Hammurapis veröffentlicht, Bauinschriften übersetzt und die Jahresformeln seiner 43 Regierungsjahre – die nach der sogenannten mittleren Chronologie in die Zeit von 1792 bis 1750 fallen – zusammengestellt worden. In zahlreichen anderen Texten, wie den Briefen von Mari, wird Hammurapi erwähnt, und so liegt nunmehr für ihn ein recht umfangreiches Quellenmaterial vor. Zusammen mit den Tausenden von Keilschrifttexten, die aus der Zeit seiner Vorgänger und Nachfolger datieren oder aus anderen Bereichen Mesopotamiens stammen, sowie mit dem archäologischen Befund soll es die Basis sein, auf die wir uns im folgenden stützen wollen.

Die natürliche Umwelt: Bedingungen und Probleme

Der Hammurapi-Staat entstand in einem Gebiet, das von seinen natürlichen Voraussetzungen her keineswegs als einheitlich bezeichnet werden kann[9]. So ist Mesopotamien zunächst nicht einfach ein heißes Land; die Winter sind in den nördlichen Bereichen der Ebene zwischen Euphrat und Tigris empfindlich kalt, und es kann zu ausgiebigen Schneefällen kommen. Selbst im mittleren Gebiet, etwa in der Gegend von Bagdad, sind in den Wintermonaten Minusgrade keine Seltenheit, und Eiszapfen an den Hausdächern der irakischen Hauptstadt sind kein ungewöhnliches Ereignis. In nordwestlicher Richtung, also die beiden Ströme aufwärts, wird das Klima Mesopotamiens immer kontinentaler, werden die Kontraste zwischen den Wintermonaten und dem – mit nur kurzem Übergang darauf folgenden – Sommer immer größer. Das hatte und hat noch bis in unsere Tage seine Auswirkungen auf die agrarische Nutzung des Landes und die Verteilung der verschiedenen Kulturpflanzen. So gedeiht etwa die Dattelpalme, eine der wichtigsten und sehr vielseitig verwendbaren Nutzpflanzen des Landes, wegen der niedrigen Wintertemperaturen nicht im nördlichen Teil Mesopotamiens. Im Süden dagegen wächst sie ganz hervorragend, und bei Basra befindet sich heute sogar das größte zusammenhängende Anbaugebiet der Welt. In den altbabylonischen Texten Mittel- und Südmesopotamiens spielt die Dattelkultur eine große Rolle, und die Bedeutung dieser Frucht hat sogar literarischen Widerhall gefunden – vor allem in einem sogenannten Streitgespräch, das die Dattelpalme mit der Tamariske führt und in dem jeder der beiden Bäume seine Nützlichkeit für den Menschen preist.

Auch die Unterschiede in den jährlichen Niederschlagsmengen wirken sich aus. Es ist zwar schwer, eine genaue Festlegung der Isohyeten – jener imaginären Linien, mit denen sich Orte gleicher Niederschlagsmittel verbinden lassen – zu erreichen, ist doch mit ziemlichen Schwankungen von Jahr zu Jahr oder innerhalb längerer Zeiträume zu rechnen. Aber es kann dennoch mit Sicherheit gesagt werden, daß Mittel- und Südmesopotamien, also das alte Babylonien, unterhalb der Grenze eines einigermaßen gesicherten Regenfeldbaus lagen, die sich etwa bei 250 bis 300 Millimeter Niederschlag pro Jahr ansetzen läßt. Hier waren allein Euphrat und Tigris Spender der Fruchtbarkeit, wenn nicht gerade besonders günstige Relief- und Bodenverhältnisse einen wenigstens periodischen Bodenbau ermöglichten. Das untermesopotamische Tiefland mit seinen nur geringen Höhenunterschieden erwies sich als sehr geeignet für die Anlegung weiträumiger Bewässerungssysteme. Schon früh begannen hier die Menschen Kanäle von den Strömen abzuzweigen, insbesondere vom ruhiger und breiter dahinströmenden Euphrat. Nicht nur die häufigen Erwähnungen von Kanalbauten in den Inschriften – so etwa auch in den altbabylonischen Jahresformeln –, sondern auch die noch heute erkennbaren Spuren im Bodenrelief zeigen, daß das babylonische Tiefland von zahlreichen Kanälen durchzogen war, aus denen das Wasser ohne Schwierigkeit auf die Felder geleitet werden konnte. Wenn auch Bewässerungsfeldbau in einigen begünstigten Flußtälern oder Senken außerhalb Babyloniens betrieben werden konnte, so lag doch das Schwergewicht im mittleren und südlichen Mesopotamien. Die hier erzielten hohen Ernteerträge und die Kontinuität der agrarischen Produktion ließen Babylonien zu einem der wichtigsten landwirtschaftlichen Zentren Vorderasiens werden.

Aber es hat in Babylonien zwischen den künstlich bewässerten Feldern auch Ödflächen gegeben, die nur als Weiden für Schafe und Ziegen genutzt wurden, sowie größere Sumpfgebiete.

Im Westen wurde der Irrigationsbereich von der syrisch-arabischen Wüstensteppe abgeschlossen, wobei sich der Übergang in einem breiten – und in seinem Verlauf während der Jahrhunderte sich verändernden – Saum vollzog. Nach Osten hin nimmt das jährliche Niederschlagsmittel kontinuierlich zu und erreicht am Rande der Gebirge eine Höhe, die einen ständigen Regenfeldbau gestattet. Auch im nördlichen Zweistromland dehnen sich Regenfelder, die sich dann über das nördliche und mittlere Syrien bis nach Palästina hinziehen und den sogenannten Fruchtbaren Halbmond bilden. In den Bergen schließlich ist in fruchtbaren Talböden ein Ackerbau möglich – und er wurde noch ergiebiger, als im frühen 1. Jahrtausend der schwere Pflug mit eisernem Schar eingeführt wurde. Die Bergweiden boten der Viehzucht günstige Bedingungen; Ackerbau in den Talböden und «Almwirtschaft» waren oft miteinander verbunden.

Die Aufteilung des agrarischen Nutzungsraumes Mesopotamiens in einen Bewässerungs- und einen Regenfeldbaubereich hat in hohem Maße die Lage der hauptsächlichen Siedlungsgebiete bestimmt, die – zumal sich in historischer Zeit keine grundlegenden klimatischen Veränderungen feststellen lassen – damals wie heute sowohl im Raum um Mosul sowie westlich davon lagen, als auch im

Gebiet südlich von Bagdad; die natürlichen Bedingungen haben dabei im babylonischen Bereich eine größere Siedlungsdichte ermöglicht und auch erfordert.

Angebaut wurden vor allem Weizen und Gerste, wobei sich schon vor der altbabylonischen Zeit der Schwerpunkt des Anbaus von Weizen, der ja höhere Ansprüche an den Boden stellt, aus dem mesopotamischen Süden weiter nach dem Norden verlagerte. Heute wird im Südirak überwiegend Gerste angebaut. Man darf diese Erscheinung gewiß in einen Zusammenhang mit jenem Problem bringen, das der Landwirtschaft an Euphrat und Tigris bereits vor Jahrtausenden schwer zu schaffen gemacht hat: der Bodenversalzung. Es wäre jedoch falsch, eine kontinuierlich zunehmende Versalzung anzunehmen. Wie weit sie fortschreiten konnte, hing nicht zuletzt vom Menschen, von seinen Fähigkeiten und Erfahrungen ab und vor allem davon, ob die politischen und gesellschaftlichen Verhältnisse es ihm erlaubten, den Ackerboden zu pflegen. Dennoch bedeutete die Versalzung eine ständige Gefahr für die Ertragsfähigkeit der Felder, und der Bauer muß sich mit ihr seit vielen Jahrhunderten auseinandersetzen.

Bodenpflege und Bodenversalzung

Euphrat und Tigris sowie die Tigris-Nebenflüsse führen aus den Bergen Salze und Sinkstoffe mit, die sich auf den überfluteten oder bewässerten Fluren ablagern. Da es in Babylonien wenig regnet und gerade im südlichen Mesopotamien die Höhenunterschiede sehr gering sind, werden die Salze nicht hinreichend wieder abgeschwemmt. Das verdunstende Wasser hinterläßt weiße Salzausblühungen, und wenn man heute durch den südlichen Irak reist, dann könnte man zuweilen sogar glauben, es habe geschneit. Bei einer langwährenden Bewässerung der Felder wuchs die Salzkonzentration in der Wurzelzone der Kulturpflanzen allmählich an. Minderte sie bei 0,1 bis 0,2 Prozent bereits die Erträge, so wurde bei Konzentrationen von 0,5 bis 1 Prozent die agrarische Nutzung der Flächen unmöglich.

Stelle, an der in Babylon einst der Turm (Hochtempel) des Marduk stand.

Vor allem aber liegt in Südmesopotamien der Grundwasserspiegel sehr hoch; durch die Überflutungen wird zudem Grundwasser kapillar hochgezogen und bringt die Salze wieder an die Oberfläche. Durch die Ablagerungen in den Flüssen und vor allem den abgezweigten Kanälen drohte sich außerdem ständig das Fluß- oder Kanalbett zu erhöhen, was nicht nur der Bewässerung hinderlich war, sondern auch den Grundwasserspiegel der Umgebung weiter hochzog. So stellen Räumarbeiten in Flußläufen und Kanälen nicht zufällig ein wichtiges Thema sowohl altbabylonischer Briefe als auch der gesetzlichen Bestimmungen dar.

Untersuchungen haben gezeigt, daß die Bodenversalzung die Effektivität auch der altbabylonischen Landwirtschaft beeinträchtigt hat. Man baute in zunehmendem Maße die resistentere Gerste an, hat aber auch dabei ein Absinken der Erträge hinnehmen müssen. Berechnungen über Felderträge, die auf Grund der in den Keilschrifttexten selbst genannten Mengen angestellt wurden, lassen vermuten, daß um etwa 2400 v. Chr. der Anteil des Weizens im südlichen Mesopotamien noch etwa 16 Prozent der kombinierten Weizen-Gerste-Produktion betragen hat; um 2100 waren es dann nur noch etwa 2 Prozent. Und erbrachte der Gerstenanbau um 2400 noch ungefähr 2500 Liter je Hektar an Ertrag, so um 2100 nur noch etwa 1460 Liter und um 1700 – also in der Mitte der altbabylonischen Periode – nur noch etwa 900 Liter[10]. Wenn auch die Zahlenangaben je nach den regionalen Bedingungen zu variieren sein werden, so zeigen sie doch eine allgemeine Tendenz in der südmesopotamischen Bewässerungslandwirtschaft an.

Anders war die Situation im Norden, in Assyrien: Hier regnete es häufiger, im Winter sind ausgiebige Schneefälle nicht selten; die künstliche Bewässerung durch das Zuführen von Flußwasser hat hier nur in einigen begrenzten Bereichen eine gewisse Rolle gespielt. Der Regen vermochte die Minerale leichter von den Feldern zu waschen, die Flußbetten lagen tiefer, und der Grundwasserspiegel befand sich wesentlich weiter unter der Wurzelzone der Kulturpflanzen. So nahmen die Bodenversalzung und die durch sie verursachten Effektivitätsverluste im Getreideanbau weniger krasse Formen an und erfolgten hier auch wesentlich später. In der altbabylonischen Zeit wurden jedenfalls in Assyrien offenbar noch recht gute Weizenerträge erzielt; auch heute wird gerade im nördlichen Irak viel Weizen angebaut. Im Bereich des mittleren Euphrat lagen die Verhältnisse ebenfalls günstiger als im Süden.

Es gibt heute verschiedene Möglichkeiten, der Bodenversalzung Einhalt zu gebieten: einmal durch eine Brache, während der das Grundwasser absinkt und dann nicht so rasch wieder nach oben gezogen werden kann, wenn das Feld zur Bestellung wieder bewässert wird; sodann hilft eine gute Drainage, wie sie allerdings in der altbabylonischen Periode noch nicht bekannt war. Schließlich vermögen auch chemische Zusätze zum Überflutungswasser die Gefahr der Versalzung zu vermindern – ebenfalls ein Verfahren, das damals nicht angewendet werden konnte.

Die Bedeutung der Brache haben schon die Sumerer erkannt, die den Feldern, die sonst bis zu viermal jährlich bewässert wurden, eine Erholungspause gönnten. Der Reinigung der Kanäle und Flußläufe ist große Aufmerksamkeit geschenkt worden, und wie wir noch sehen werden, setzte sich gerade in der altbabylonischen Periode die individualisierte Parzellenwirtschaft durch, die eine bessere Bodenpflege ermöglichte. Es ist dem zähen Kampf der Menschen mit der Natur zu verdanken, wenn die agrarische Produktion im südlichen Mesopotamien aufrechterhalten und zeitweilig sogar vorangebracht werden konnte. Auch manche Maßnahme, die Hammurapi in seinen Gesetzen und Briefen anordnete, wird vor dem Hintergrund dieser Bedingungen in der Landwirtschaft Babyloniens besser verständlich.

Rohstoffprobleme

Noch ein Faktor wäre hier zu notieren: die Rohstoffarmut des Landes. Reichlich vorhanden war nur der von den Flüssen abgelagerte Lehm; er wurde zum vorrangigen Baumaterial. Aus Ton formte man auch die Schreibtafeln, in die man mit einem Griffel die keilförmigen Zeichen eindrückte, und gleichfalls aus Ton wurden jene zahllosen Figurinen (Terrakotten) mit der Hand geformt oder aus der Model gedrückt, die weite Verbreitung fanden. Auch gab es – insbesondere am Unterlauf des Euphrat – Schilfrohr in großer Menge; man verwendete es zum Bau von Hütten, als Zwischenlage bei größeren Lehmbauten oder auch als Viehfutter. Schließlich verfügte man etwas weiter den Euphrat aufwärts, beim heutigen Hit, über Asphaltvorkommen, die vor allem für das Bauwesen, jedoch auch für das Abdichten von Schiffen, ja sogar als Exportgut Bedeutung hatten. Aber es fehlte an Holz: Zwar gediehen Palmen und einige andere Bäume, so etwa Tamarisken, in Babylonien reichlich, doch eignete sich dieses Holz wenig für größere Bauten oder zur Konstruktion von Schiffen und Wagen. Dazu benötigte man das harte Holz der Zeder oder anderer Bäume, wie sie im wesentlichen in den Gebirgen anzutreffen waren. Holz war also in Babylonien wertvoll, und so nimmt es nicht wunder, wenn in altbabylonischen Hausmietverträgen oder Erbteilungen die Holzbestandteile – wie Tür, Schwelle, Treppe – gesondert aufgeführt und behandelt wurden. Bauholz war demnach nur durch Handel zu erlangen, oder aber es wurde mit militärischer Gewalt dafür gesorgt. Das Fällen von Zedern und anderen festen Holzarten wird schon früh in den Feldzugsberichten mesopotamischer Herrscher erwähnt; es war offenbar eines der Ziele, deretwegen man weite Märsche auf sich nahm. Sie führten zunächst in die östlichen Randgebirge Mesopotamiens, dann in das nördliche Syrien bis hin zum Amanus, und schließlich war es der durch seinen Holzreichtum berühmte Libanon, der zum «Zederngebirge» schlechthin wurde und von dessen duftenden, schattigen Wäldern auch die Bibel berichtet.

Ferner mangelte es an einem Material, das in anderen Ländern so reichlich vorhanden ist, daß es der wirtschaftlichen Entwicklung sogar hinderlich wurde: Es gab kaum Stein. Für die großen Palast- und Tempelbauten, auch für das Herstellen von Statuen bedurfte man dieses «Rohstoffs», der vor allem aus dem nordsyrischen Gebiet herbeigeschafft wurde. Obsidian kam vorwiegend aus den Bergen Armeniens, und Lapislazuli (Blaustein) wurde aus dem fernen Afghanistan gebracht; der wertvolle Karneol, freilich nur als Schmuck verwendet, mußte aus Indien in das Zweistromland transportiert werden. Und nicht zuletzt fehlte es an Erzen. Sie wurden zur Herstellung von Waffen und Geräten benötigt. Ihr Import hat Zwischenhandelsplätzen wie Ur in Südmesopotamien, Assur am Tigris und Mari am mittleren Euphrat reiche Gewinne gebracht.

Für die Kommunikation innerhalb Mesopotamiens, das ja, wie wir gesehen haben, durchaus keine landschaftliche Einheit darstellt, hatten vor allem die Flüsse und Kanäle eine wesentliche Bedeutung. Euphrat und Tigris waren nicht nur wichtig für den Schiffsverkehr, sondern ihrem Lauf folgten auch die Karawanen auf dem Landweg. Vom Euphrat bog bei Mari eine in altbabylonischer Zeit viel benutzte Straße nach Westen ab, um über Tadmur (Palmyra) Syrien zu erreichen; eine andere verließ beim Hafenplatz Emar (Meskene) den Flußlauf und verlief über Halab (Aleppo) zum Meer. Andere Wege führten über das Gebiet des oberen Euphrat nach Kleinasien. Handelsstraßen zogen auch den Tigris entlang, durchquerten dann, wie altbabylonische Itinerare zeigen, das obere Mesopotamien und profitierten dabei von der recht dichten Besiedlung dieses Gebietes und den guten Möglichkeiten der Wasserversorgung. Als Transportmittel selbst dienten vorrangig Esel – ein Umstand, der für den Verlauf der Handelswege von großer Bedeutung war. Denn erst mit der Verwendung von Kamelen und Pferden wurde es später, nach der altbabylonischen Periode, möglich, Gegenden zu durchreisen, in denen die Wasserstellen weiter voneinander entfernt lagen. Insbesondere das Kamel hat dem Menschen neue Möglichkeiten der Kommunikation und neue Territorien erschlossen. Wenn es auch in der Hammurapi-Zeit bereits Pferde gab und einige Gestüte in Südostanatolien und Nordsyrien existierten, die gelegentlich auch mesopotamische Herrscher mit diesen wertvollen Tieren versorgten, und wenngleich das Kamel ebenfalls nicht unbekannt war – für den Handelsverkehr, für den Kontakt zwischen Regionen, die durch ungünstige Naturbedingungen voneinander getrennt waren, spielten weder Pferd noch Kamel damals eine wesentliche Rolle.

Die erwähnten natürlichen Voraussetzungen haben in starkem Maße auf die Entwicklung Babyloniens eingewirkt. Nur zwei Tendenzen seien zunächst erwähnt: einmal die Begrenzung des agrarischen Nutzungsraumes durch Bedingungen, die nur durch den kontinuierlichen Einsatz zahlreicher Arbeitskräfte überwunden werden konnten. Gerade auf dem Gebiet der Arbeitsorganisation, dem Einsatz des Menschen als wichtigste Produktivkraft, wurden im südlichen Mesopotamien schon früh große Fortschritte erzielt, während die technische Entwicklung offenbar relativ langsam voranging. Werkzeuge aus Stein und aus Holz, gelegentlich auch aus Bronze fanden in der Landwirtschaft vorrangig Verwendung; Eisen wurde erst etwa ein Jahrtausend nach der Regierung des Hammurapi zu einem auch im Bereich der Produktion wichtigen Werkstoff.

Zum anderen kam es infolge dieser Naturbedingungen zur Ausbildung mehrerer Wirtschaftsgebiete Mesopotamiens, so auch verschiedener «Bewässerungsprovinzen» in Babylonien selbst. Sie erschwerten die politische Einigung des Landes; waren sie durch militärische Gewalt zu einer größeren Einheit verbunden worden, erstrebten sie ihre Selbständigkeit. Wenn man auch nicht, wie etwa im gleichzeitigen Syrien, von einem Polyzentrismus sprechen kann, so führte die Rivalität zwischen diesen Zentren Mesopotamiens oft zu kriegerischer Auseinandersetzung.

Die politischen Ereignisse

Das Reich der Könige von Ur

Betrachten wir im folgenden das politische Geschehen in Mesopotamien bis zum ersten zentralisierten Territorialstaat, dem Reich der Könige von Ur, in einem knappen Überblick. Am Ende des 4. Jahrtausends wird im archäologischen Befund und bald auch im inschriftlichen Material im Süden Mesopotamiens eine Hochkultur faßbar, als deren Träger eine Bevölkerung anzusehen ist, deren Zeugnisse im wesentlichen in sumerischer Sprache auf uns gekommen sind. Diese «sumerische Hochkultur», die durch die frühesten Monumentalbauten und vor allem die Einführung der Schriftlichkeit, durch die Entdeckung der Schönheit des Menschen in der Kunst und andere Leistungen ihren Beitrag zur Kulturgeschichte geliefert hat, ist heute nicht mehr ganz so erstaunlich, wie sie lange Jahre hindurch erschien. Wir wissen jetzt, daß ihr in den Gebieten des Regenfeldbaus eine nach Jahrtausenden zählende Entwicklung des Ackerbaus vorangegangen ist – seit jener Zeit, die oft als «neolithische Revolution» bezeichnet wird und den Übergang von der Nahrungssuche zur Nahrungsproduktion brachte. Die archäologischen Entdeckungen gerade der letzten Jahre haben überdies immer deutlicher werden lassen, daß an bestimmten Plätzen – etwa im südwestlichen Iran, im Bereich des mittleren Euphrat und in Nordsyrien – ein Entwicklungsniveau erreicht wurde, das mit dem des sumerischen Südens Mesopotamiens durchaus vergleichbar ist.

Kann also jetzt das Aufblühen des Landes Sumer immer mehr in einen größeren Zusammenhang eingeordnet werden, treten die in den Regenfeldbaugebieten Vorderasiens erkennbaren, wenn auch nicht stets kontinuierlich weiterlaufenden Veränderungen zunehmend ins Blickfeld, so wird andererseits doch der wirtschaftliche und gesellschaftliche Fortschritt gerade in den Gebieten mit künstlicher Bewässerung an Euphrat und Tigris besonders deutlich. Als der Mensch gelernt hatte, kleinere natürliche Wasserläufe, später dann auch die großen Ströme selbst für die Bewässerung der Felder zu nutzen, Kanäle immer bedeutenderen Ausmaßes von ihnen abzuzweigen, Wasser durch Schleusen und einfache Hebezeuge dem vom Regen so vernachlässigten Boden zuzuführen, andererseits auch überflutete oder versumpfte Bereiche zu entwässern, da erzielte er auf den Äckern besonders reiche Ernten. Die landwirtschaftlichen Arbeiten erforderten hier mehr als in den Gebieten des Regenfeldbaus eine ständige Zusammenarbeit unter einheitlicher Leitung – eine Aufgabe, die mit dazu beitrug, daß sich aus dieser leitenden Gruppe eine herrschende Schicht formierte, die danach strebte, einen möglichst großen Teil der Ernteerträge in ihre Hände zu bekommen. So ist es kein Zufall, daß sich gerade im Bewässerungsgebiet bereits früh nicht nur Elemente des Staates ausprägten, sondern sich zu einem System miteinander verbanden, das sich bis zur Mitte des 3. Jahrtausends v. Chr. voll entwickelte. Es entstanden eine sozial stratifizierte Gesellschaft und der Staat.

Damals existierten in Babylonien eine Reihe von Stadtstaaten, die miteinander rivalisierten und unter denen sich vor allem Städte wie Ur und Uruk, Lagasch und Umma im Süden sowie Kisch weiter im Norden hervorhoben. Die wirtschaftliche Entwicklung drängte dabei über die Grenzen eines Stadtstaates hinaus; die Versuche einzelner Stadtfürsten, mit militärischer Gewalt ihren Herrschaftsbereich zu vergrößern, lagen demzufolge im Sinne des historischen Fortschritts. Geburtshelfer des ersten, fast ganz Mesopotamien umfassenden Staates wurde Sargon von Akkad, der um 2300 in einer Serie von Feldzügen das Gebiet vom Persischen Golf bis weit nach dem nördlichen Mesopotamien hinein seinem Machtspruch unterwarf. Handelswegen folgend, drangen seine Heere sogar bis zur Küste des Mittelländischen Meeres vor. Die Nachfolger Sargons mußten allerdings ständig um die Aufrechter-

Ur, Hochtempel (Zikkurrat) des Mondgottes Nanna, erbaut von Ur-Nammu (2111-2094).

haltung ihrer Machtpositionen kämpfen, die zur Regierungszeit des Königs Naram-Sin um 2250 noch einmal einen glänzenden, wenn auch nur kurzzeitigen Höhepunkt erlebten. Sargon und seine Dynastie entstammten offenbar dem semitisch sprechenden Bevölkerungselement, und ihre Vorfahren könnten Halbnomaden im Gebiet des mittleren Euphrat gewesen sein. Der rasche Erfolg Sargons scheint einerseits durch die Uneinigkeit der mesopotamischen Stadtfürsten, andererseits aber durch die Unzufriedenheit der Bevölkerung mit ihren priesterlichen Stadtherren begünstigt worden zu sein. Vom Niedergang des im Innern nicht gefestigten, durch Aufstände der Unterworfenen zunehmend erschütterten Akkad-Reiches, dessen politischer Schwerpunkt in Mittelmesopotamien lag, profitierte das Gebirgsvolk der Gutäer. Sie gewannen im Tiefland an Euphrat und Tigris Einfluß und beherrschten es teilweise etwa einhundert Jahre lang. Im Kampf gegen die Gutäer setzte sich dann mit dem Staat der Könige von Ur in Mesopotamien das territorialstaatliche Prinzip durch, und zugleich fand damit auch die Despotie als zentralistische Herrschaftsform ihre erste Ausprägung.

Diese Zeit der sogenannten III. Dynastie von Ur (etwa 2111 bis 2003) verdient hier besondere Beachtung – nicht nur, weil sie der altbabylonischen Zeit unmittelbar vorausging, sondern vor allem deshalb, weil die sozialökonomische Entwicklung der altbabylonischen Periode gerade durch den Vergleich und die Gegenüberstellung mit der Ur-III-Zeit erst voll verständlich wird. Ohne auf Details einzugehen, soll daher wenigstens in groben Zügen ein Eindruck von den Verhältnissen im Ur-III-Staat vermittelt werden.

Die fünf aufeinanderfolgenden Könige dieser Dynastie von Ur beherrschten einen Staat, der sich von der Küste des Persischen Golfes bis in das nordmesopotamische Regenfeldbaugebiet erstreckte. Wurde damit etwa der Umfang des Reiches der Akkad-Könige, die ja die von ihren Truppen durchzogenen syrischen Bereiche niemals fest ihrem Staat hatten eingliedern können, erreicht, so hatten sich doch im Innern starke Wandlungen vollzogen. Tausende von Wirtschaftsurkunden, wie sie aus den Archiven von Girsu/Lagasch, Nippur, Umma, Drehim und Ur erhalten sind, vermitteln einen Eindruck vom Funktionieren einer königlichen Großwirtschaft und der Tempelwirtschaften. Letztere waren dabei der königlichen Souveränität untergeordnet; die Frage nach der Vorherrschaft von «Palast» oder «Tempel» war zur Zeit der Herrscher aus der III. Dynastie von Ur ganz eindeutig zugunsten des «Palastes» entschieden worden. Gerade die Überwindung der einzelnen «Bewässerungsprovinzen» oder Stadtstaaten als grundlegende politische Einheit, die bereits von Sargon erfolgreich in Angriff genommen worden war, verschaffte dem Herrscher und seinem «Palast» gegenüber den lokalen Priesterfürsten eine starke

Links: Terrakotta-Figur eines bärtigen Kriegers mit Axt. Aus Tello (Girsu). Höhe 19 cm. Bagdad, Irak-Museum.

Rechts: Statue des Puzur-Ischtar, Statthalter von Mari. Gefunden in Babylon. Diorit, Höhe 1,7 m. Berlin, Vorderasiatisches Museum (Kopf), und Istanbul, Altorientalisches Museum (Körper).

Position, die auch durch seine Rolle bei der Schaffung und Kontrolle großräumiger Bewässerungssysteme gestützt wurde. Der Herrscher verfügte als Despot über alle Ressourcen des Landes – teils als Repräsentant des staatlichen Bodeneigentums, teils als

Souverän, als «Landesvater». Dennoch wäre es verfehlt, für diese Zeit ausschließlich «staatliches» Eigentum an Grund und Boden anzunehmen – ein Eindruck, wie er durch das aus den Tempelarchiven stammende Material leicht entstehen kann. Es gibt vielmehr auch Hinweise auf privates Bodeneigentum, wenn auch mehr oder weniger eingebunden oder vermittelt durch die Dorfgemeinden. Der Herrscher hat offenbar versucht, seinen gesamten Bereich im Sinne einer königlichen Großwirtschaft zu organisieren, wobei er mit den privaten Bodeneigentümern und den Gemeinden in Konflikt geriet; Zeugnisse darüber sind uns allerdings nicht überliefert.

Der König bediente sich zur Stützung seiner Macht und zur Durchsetzung seines Anspruchs als oberster Grundherr aller außerökonomischen Mittel, die ihm als dem Souverän des gesamten Landes zur Verfügung standen. Sie ermöglichten ihm, die Bevölkerung zu umfangreichen Arbeiten – wie etwa dem Bau von Kanälen oder Festungen – zu zwingen und Abgaben einzuziehen. Zudem aber verfügte er in seiner Großwirtschaft selbst über eine starke wirtschaftliche Basis. Die im Lande verteilten königlichen Domänen wurden von einem Personal bewirtschaftet, das zum Teil an den Boden gebunden war. Dazu kamen noch Sklaven sowie gemietete Arbeitskräfte, die vor allem während der Hochsaison in der Landwirtschaft, zur Erntezeit, mit herangezogen wurden. Ein Teil des Landes des «Palastes» konnte zur Bewirtschaftung vergeben werden. Auch im Fernhandel besaßen die Könige von Ur den Vorrang; in ihrem Auftrag reisten die Kaufleute zwischen den Ländern am Persischen Golf und dem Mittelmeer hin und her. Ein umfangreicher Beamtenapparat war notwendig, um für das Funktionieren dieser Großwirtschaft zu sorgen, die Arbeiten zu koordinieren und zu beaufsichtigen sowie sich um das Eintreiben von Abgaben zu kümmern. Und schließlich ist nicht zu vergessen, daß sich die Königsgewalt auf den Anspruch stützte, nicht nur göttlichen Ursprungs, sondern selbst göttlich zu sein. Die Herrscher galten als Schutzgottheiten ihres Landes, sie wurden kultisch verehrt, und ihnen wurden Opfer dargebracht.

Durch die Eigenwirtschaft, die Abgaben und die Handelsgewinne floß also ein großer Reichtum in den Palast der Könige von

Ur. Die Errichtung einer despotischen Zentralgewalt brachte aber auch verstärkte Lasten für die Bevölkerung. Dieser zentralisierte Staat hat jedoch auch jene Aufgabe erfüllt, die von den einzelnen Stadtstaaten nicht mehr bewältigt werden konnte: Er leitete und organisierte die Arbeiten an den großräumigen Bewässerungssystemen, sorgte – was auch in den Jahresformeln der Könige von Ur seinen Widerhall gefunden hat – für eine Erweiterung des agrarischen Nutzungsraumes und setzte einen Teil seiner Einkünfte im Fernhandel ein, der außer Luxusgütern auch die dringend benötigten Rohstoffe ins mesopotamische Tiefland brachte. Diese im Irrigationsbereich notwendige Funktion hat auch später immer wieder die Zentralisierungsbestrebungen der mesopotamischen Herrscher begünstigt.

Amurritische Zuwanderer

Aber trotz der straffen Konzentration aller Macht in der Hand des Königs bestand das Reich von Ur nicht sehr lange. Die königliche Großwirtschaft mit ihren Beamten, Handwerkern und Arbeitern und der ständigen Notwendigkeit einer strengen Aufsicht erwies sich innerhalb eines Territorialstaates letztlich doch als weniger leistungsfähig, als das im Rahmen der enger begrenzten sumerischen Stadtstaaten der Fall war. Außerdem konnte der sich weiter entwickelnde private Grundbesitz, wie es die altbabylonische Periode dann offenkundig machte, nicht aufgehoben oder entschieden zurückgedrängt werden. Zwar lassen sich die sozialen Spannungen und Auseinandersetzungen im Quellenmaterial mehr erahnen als erfassen, aber die regionalen Unterschiede und Sonderinteressen werden etwas deutlicher. Hinzu kam ein wachsender Druck von außen: Außer dem elamischen «Erbfeind» waren es vor allem Stammesgruppen der Martu oder – in akkadischer Bezeichnung – der Amurriter, die gegen das Reich von Ur andrängten.

Die Amurriter, die auf Grund ihrer Sprache zuweilen auch als «Westsemiten», von manchen auch als «Kanaanäer» bezeichnet werden, stießen vor allem über den Bereich am mittleren Euphrat in die mesopotamische Tiefebene vor[11]. Und obwohl ihnen Truppen der Könige von Ur Widerstand leisteten und sogar eine Mauer errichtet wurde, um das Bewässerungsgebiet vor ihren Angriffen zu schützen, gelang es ihnen doch, allmählich in Babylonien einzudringen. Wenn auch einige noch ihre halbnomadische Lebensweise fortführten oder als «Saisonarbeiter» ihren Unterhalt fanden, so wurden die meisten doch durch die Bedingungen der Bewässerungslandwirtschaft gezwungen, zum seßhaften Ackerbau überzugehen. Der Umfang der amurritischen Zuwanderung und Seßhaftwerdung zeigt sich unter anderem darin, daß sich unter den zahlreichen überlieferten Personennamen, die die Texte aus der staatlichen Verwaltung von Ur enthalten, immer mehr amurritische Namen finden. Vor allem aber haben Angehörige dieses Bevölkerungselements wesentlich zum Sturz der Dynastie von Ur beigetragen und an vielen Orten selbst die politische Macht in die Hände nehmen können. Unter ihnen befanden sich auch die Vorfahren des Hammurapi von Babylon.

Isin und Larsa

Das Ende der Dynastie von Ur bedeutete auf dem Gebiet der politischen Geschichte zweifellos eine wichtige Zäsur; der erste zentralisierte Territorialstaat in der Geschichte Mesopotamiens zerfiel in eine Reihe miteinander rivalisierender Kleinstaaten. Innere und äußere Faktoren führten zum Scheitern eines Herrschaftssystems, das in dieser Ausprägung in den übrigen Gebieten Vorderasiens, in den Bereichen des Regenfeldbaus, gar nicht erst entstanden war und daher auch nicht überwunden zu werden brauchte, um dem weiteren historischen Fortschritt neuen Raum zu geben. Der Zusammenbruch des Ur-III-Staates und der Fall der meisten königlichen Monopole begünstigte das stärkere Hervortreten privaten Eigentums und privater Initiative. Auch der Versuch einiger Fürsten, die sich auf den Trümmern des Reiches von Ur eigene kleine Herrschaftsbereiche gesichert hatten, im Stile der

Links: Sogenannte Korbträgerfigur mit einer Inschrift des Kudurmabuk, des Vaters des Rim-Sin von Larsa. Bronze, Höhe 24,8 cm. Berlin, Vorderasiatisches Museum.

Rechts: Statue des Ischtup-ilum, Statthalter von Mari. Aus dem Palast des Zimri-Lim in Mari. Schwarzer Stein, Höhe 1,52 m. Aleppo, Archäologisches Museum.

Dynastie von Ur zu regieren, erwies sich in der Folgezeit als nicht durchführbar. Etwa einhundert Jahre nach dem Zusammenbruch des Staates von Ur setzten sich in Babylonien jene gesellschaftlichen Verhältnisse endgültig durch, die der eigentliche Gegenstand unserer Betrachtung sind.

Militärisch stellte sich der Niedergang von Ur vor allem als eine Auseinandersetzung mit den andrängenden Amurritern sowie dem im Südosten angrenzenden Staat Elam dar. Der letzte König von Ur, Ibbi-Sin (2027–2003), sah sich einer äußerst schwierigen Situation gegenüber, die durch die Selbständigkeitsbestrebungen der einzelnen Statthalterschaften noch verschärft wurde. Wir dürfen dennoch annehmen, daß es ihm wenigstens zeitweilig gelang, seine Gegner untereinander auszuspielen, um die eigene Machtposition zu halten. Die aus seiner Zeit überlieferten Nachrichten sind oft recht widersprüchlich – oder besser: sie sind für uns häufig schwer durchschaubar. Die Amurriter, «die die Kraft des Südsturms besitzen», sind jedenfalls weiter vorgedrungen, und ein gewisser Ischbi-Erra, der wohl zuvor in Mari ein hohes Amt bekleidet hatte, erhob sich gegen seinen König und proklamierte sich in der Stadt Isin zum Herrscher. Im südmesopotamischen Larsa ging die Macht an einen gewissen Naplanum über, der, wie sein Name anzeigt, ebenfalls den Amurritern zuzurechnen ist.

Zerstört wurde die glänzende Hauptstadt Ur jedoch von den Elamern und den mit ihnen verbündeten Bergstämmen. Die Verwüstung Urs hat in einem altbabylonischen Klagelied literarischen Ausdruck gefunden: «An diesem Tage schwand der Stadt das Licht, wurde die Stadt zur Ruine, Gottvater Nanna, wurde die Stadt zu einer Ruine gemacht, und das Volk klagt. An diesem Tage schwand dem Lande das Licht, und das Volk klagt. Die Einwohner – und nicht Scherben – füllten seine Außenstadt, in ihre Mauer wurden Breschen gelegt – und das Volk klagt. In ihren großen Toren, durch die man vordem schritt, liegen nun Leichen. Auf ihren Märkten, auf denen man sonst Feste feierte, sind die Menschen hingestreut. In ihren Gassen, durch die man vordem schritt, liegen Leichen, und in den Stätten, in denen man zuvor die Freudenfeste des Landes zu feiern pflegte, liegen die Menschen zu Haufen hingebreitet. Das Blut des Landes ist vergossen, so wie man Kupfer und Zinn in die Schmelzgruben gießt, und die Leichen sind in der Sonne wie Hammelfett vergangen[12].» Die Zerstörung der Stadt zu dieser Zeit ist durch Ausgrabungen bestätigt worden. In den Ruinen lagerte nach dieser Katastrophe eine elamische Garnison, bis sie dann von Ischbi-Erra, dem Fürsten Isins, vertrieben wurde. Das schreckliche Ende der Königsresidenz, deren letzter Herr in die Gefangenschaft nach Elam gehen mußte, blieb noch lange im Gedächtnis der Menschen.

Die fast zweieinhalb Jahrhunderte, die bis zu einer erneuten gewaltsamen Vereinigung Mesopotamiens unter Hammurapi von Babylon noch vergingen, sind angefüllt vom Waffenlärm der Auseinandersetzungen jener Staaten, die sich unmittelbar während des Sturzes der Dynastie von Ur oder kurz danach gebildet hatten. Dem Historiker bietet sich ein oft verwirrendes Bild von militärischen Erfolgen und Niederlagen, wechselnden Bündnissen und zeitweiligen Hegemonien. Die politische Entwicklung läßt sich in zwei Phasen darstellen: die Zeit, die im wesentlichen durch die Rivalität der Staaten Isin und Larsa geprägt war und bis in das späte 19. Jahrhundert v. Chr. währte; sodann eine Epoche von etwas mehr als einem halben Jahrhundert, in der ein relatives Gleichgewicht zwischen einer Reihe mesopotamischer Fürstentümer bestand; sie fand ihr Ende durch die Eroberungen, die Hammurapi von Babylon gegen Ende seiner Regierung gelangen.

Babylon, von dem die erneute Zusammenfassung Mesopotamiens unter der Herrschaft eines Königs ihren Ausgang nahm, war zu Beginn des 2. Jahrtausends v. Chr. keines der alten wirtschaftlichen, politischen oder kulturellen Zentren des Landes. Obgleich die Ausgrabungen in Babylon wegen des hohen Grundwasserstandes nicht weiter als bis in die altbabylonische Schicht vordringen konnten, darf man doch annehmen, daß die Stadt damals ein ziemlich unbedeutender Platz war. Sie bestand gewiß schon einige Jahrhunderte, als sich amurritische Gruppen hier festsetzten; zur Zeit der III. Dynastie von Ur hat ein Ensi, ein Statthalter, in Babylon residiert. Der Ortsname Babila wurde von den Amurritern als Bab-ilim, «Gottespforte», ausgedeutet, woraus dann später bei den Griechen der Name Babylon wurde, der in der Literatur allgemein üblich geworden ist. Unsere Kenntnis über das Schicksal dieser Stadt setzt jedenfalls erst mit dem amurritischen Fürsten ein, der die erste Dynastie von Babylon begründete, mit Sumuabum (1894–1881). Für ihn und seine Nachfolger stellen bislang die

Jahresformeln auf den verschiedenen Urkunden sowie die alten Datenlisten die wichtigste Quelle dar. Wir müssen uns im wesentlichen an ihnen orientieren, wenn wir die wichtigsten Ereignisse erfassen wollen.

Sumuabum hat insgesamt 14 Jahre lang in Babylon regiert. Eine Jahresformel auf einer Tontafel aus dem etwa 30 Kilometer entfernten Dilbat zeigt, daß er auch die weitere Umgebung Babylons beherrschte. Die Stadt Kazallu wurde von ihm zerstört, doch war sie wohl nur kurze Zeit unter babylonischer Herrschaft, da auch Sumuabums Nachfolger Sumula'el (1880–1845) sowohl gegen diesen Ort als auch gegen Kisch gekämpft hat. Von Sabium (1844–1831) wissen wir, daß er als Kronprinz in Sippar eine Funktion ausübte; als König scheint er gegen Larsa einen Erfolg errungen zu haben, lautet doch eine seiner Jahresformeln: «Er schlug das Heer von Larsa mit der Waffe[13].» Apil-Sin (1830–1813) regierte bereits einen beträchtlichen Teil Nordbabyloniens; seine Daten nennen Mauerbauten in verschiedenen Orten, und man kann wohl annehmen, daß mindestens Kisch, Dilbat, Borsippa und Sippar wichtige Plätze in seinem Herrschaftsbereich darstellten. Mit Sin-muballit (1812–1793) erwähnen wir bereits den Vorgänger des Hammurapi. Seine Jahresformeln melden Siege über das Heer von Ur und über Isin, während gegen Larsa offenbar eine Niederlage eingesteckt werden mußte. Isin fiel bald danach wieder an Larsa zurück.

So zeigen die Jahresformeln ein allmähliches Anwachsen des Machtbereiches der Dynastie von Babylon im nördlichen Babylonien. Freilich war das Herrschaftsgebiet, das Sin-muballit seinem Sohn Hammurapi hinterlassen konnte, immer noch recht begrenzt. Der Versuch, weiter nach dem Süden vorzudringen, war an dem starken Staat von Larsa gescheitert, der offenbar das südliche Babylonien unangefochten kontrollierte, seitdem Rim-Sin auch Isin erobert hatte. Neben den kultischen Aktivitäten, wie dem Bau von Tempeln, dem Stiften von Statuen und anderem kultischen Inventar – so wurde zu der Zeit des Sabium Esangila, das zentrale Heiligtum der Stadt Babylon, errichtet –, wird vor allem über die Anlage von Kanälen und Dämmen sowie über die

Erbauung von Stadtmauern berichtet. Gleich die ersten beiden Daten des Sumuabum beziehen sich auf den Mauerbau von Babylon selbst; vielleicht hatte die Stadt während des Zusammenbruchs des Reiches von Ur und in der unmittelbar darauffolgenden Zeit schwer gelitten und bedurfte nun einer neuen Befestigung. Mauern sind damals auch in anderen Städten des Herrschaftsbereiches von Babylon sowie im Süden Mesopotamiens errichtet worden. Es hat den Anschein, daß das Vordringen der Amurriter in Babylonien nicht nur zur Zerstörung älterer Maueranlagen geführt hatte, sondern vor allem die allgemeine Lage so unsicher war, daß zuvor unbefestigte Plätze nun durch Mauern geschützt werden mußten.

Formte sich also im mittleren Zweistromland, dort, wo sich Euphrat und Tigris einander am nächsten kamen, mit Babylon eine politische Kraft, die zwar noch bescheiden war, aber durch ihre günstige Position ein besonderes Gewicht erhielt, so bildeten sich gleichzeitig im Süden und im Norden Mesopotamiens zwei andere Staaten aus: Larsa und Assur. Sie vermochten das einige Jahrzehnte hindurch herrschende Gleichgewicht der Kräfte in Mesopotamien zu durchbrechen und stellten bis weit in die Regierungszeit des Hammurapi hinein die wichtigsten politischen Zentren dar.

Es wurde bereits erwähnt, daß es dem König Rim-Sin von Larsa gelungen war, die Stadt Isin an sich zu bringen. Rim-Sin gehörte dem Stamm Jamutbal/Emutbal östlich des Tigris an, und sein Vater Kudur-Mabuk bekleidete offenbar die Stellung eines Scheichs und verfügte über mehr Macht als andere Stammesführer. Er brachte seinen Sohn Warad-Sin im südmesopotamischen Larsa auf den Thron (1834–1823), und als dieser starb, folgte ihm dessen Bruder Rim-Sin (1822–1763). Sechs Jahrzehnte hindurch hat Rim-Sin als König in Larsa regiert, und sein größter militärischer Erfolg war zweifellos die schon erwähnte Einnahme von Isin in seinem 30. Regierungsjahr – jenes Ereignis, das den nachfolgenden 31 Herrschaftsjahren des Rim-Sin ebenfalls den Namen gab. Die übrigen Daten erwähnen Bauten in den Städten Ur und Adab sowie Siege über Uruk, dessen Bevölkerung geschont wurde, sowie über Kisurra und Der. Das Jahr 14 nennt unter den geschlagenen

Heeren auch das von Babylon, wo damals noch Sin-muballit regierte. Wie es scheint, hat sich Rim-Sin auch um die Erschließung von Neuland sehr bemüht und den Bau von Kanälen gefördert. So lautet etwa das Datum des Jahres 24: «Auf Geheiß der Götter Anu, Enlil und Enki grub der wahre Hirt Rim-Sin, der Weisheit besitzt und dessen Klugheit hervorragend ist, den ‹Zwillingskanal›, der Trinkwasser für die weite Bevölkerung beschafft und dessen ganzes Ufer Fülle des Weizens hervorbringt, bis zum Meere hin und verwandelte das an ihm gelegene Land in Ackerboden[14].» Gerade im neu erschlossenen Gebiet konnte ja Weizen angebaut werden, der sonst von der zunehmenden Bodenversalzung bedroht wurde. Es gibt auch Hinweise darauf, daß Rim-Sin den Staat von Larsa ökonomisch stärkte und sich um die Landwirtschaft bemühte. Er mochte dem jüngeren Hammurapi von Babylon wohl in manchem als Vorbild gedient haben.

Das Reich des Schamschi-Adad

Im Norden Mesopotamiens hatte sich mit der Herausbildung des assyrischen Staates und vor allem seit der Machtübernahme durch den Amurriter Schamschi-Adad I. (etwa 1812–1780/76) ein weiteres Zentrum politischer Macht gebildet. Schamschi-Adad, dessen Vorfahren nach Angabe der assyrischen Königsliste in Zelten gelebt haben sollen und der offenbar dem halbnomadischen Milieu entstammte, hatte sich der Stadt Assur (heute Qal'at Scherqat) am Tigris bemächtigt. Dieser Ort konnte bereits auf eine lange Geschichte zurückblicken. Schon im 3. Jahrtausend hatte er eine bedeutende Rolle im Handelsverkehr gespielt, vor allem dem mit Zinn. Im frühen 2. Jahrtausend verfügte Assur über Handelsniederlassungen sogar im entfernten Anatolien. Wie die in altassyrischer Sprache abgefaßten Keilschrifttexte, die vor allem in Kültepe (dem alten Kanesch) entdeckt wurden, bezeugen, brachten die assyrischen Kaufleute in erster Linie das zur Herstellung von Bronze begehrte Zinn nach Kleinasien, ebenso auch Stoffe und andere Luxusgüter; dafür erhandelten sie insbesondere Silber, das sie dann auf dem langen, durch ein schwieriges Gelände führenden Weg bis nach Assur transportierten. Wenn auch diese Handelsaktivität assyrischer Kaufleute in Kleinasien nach einigen Generationen aufhörte, vielleicht auch in Zusammenhang mit den ethnischen und politischen Veränderungen im kleinasiatischen und nordsyrischen Raum, so hatte sie doch wesentlich zum Aufblühen Assurs beigetragen.

Hier etablierte sich bald nach dem Fall der III. Dynastie von Ur eine amurritische Dynastie, deren bedeutendster Vertreter, Iluschuma (um 1920), laut einem eigenen Bericht bis nach Babylonien vorgestoßen sein soll. Mit Schamschi-Adad bestieg dann wieder ein Amurriter den Thron Assurs, und es gelang diesem Fürsten sogar, die Kontrolle über die wichtige Handelsstadt Mari am mittleren Euphrat zu gewinnen und dort seinen Sohn Jasmach-Adad als Vizekönig einzusetzen. Ein anderer Sohn Schamschi-Adads, Ischme-Dagan, erhielt den Ort Ekallatum – nicht weit von Assur – als Residenz zugewiesen und hatte sich in der Folgezeit vor allem mit den immer wieder in das Tiefland eindringenden Bergvölkern auseinanderzusetzen. Schamschi-Adad verbrachte einen Teil des Jahres in seiner eigentlichen Residenz[15], in Schubat-Enlil in Obermesopotamien (heute Tell Leilan). Er beherrschte den gesamten nördlichen Teil des «Fruchtbaren Halbmondes», und er hat, wie er in einer seiner Inschriften berichtet, einmal sogar bis zur Küste des Mittelmeeres vordringen können. Da er auch eine dynastische Ehe zwischen seinem Sohn Jasmach-Adad, dem Vizekönig von Mari, und der Tochter des Herrschers von Qatna (heute Tell Mischrife bei Homs) zustande brachte, waren die wichtigsten Handelswege zum Mittelländischen Meer – der durch Nordsyrien und der von Mari über Tadmur und Qatna – unter seine Kontrolle gebracht. Stolz legte sich Schamschi-Adad den alten Titel eines «Herrschers der Gesamtheit» zu. Zahlreiche seiner Briefe sind erhalten, vor allem die an seinen Sohn in Mari, in denen er ständig Anweisungen, Ratschläge und Zurechtweisungen aussprach. Wir erkennen darin Schamschi-Adad, dessen Herrschaftsbereich sehr eng an seine äußerst aktive Persönlichkeit geknüpft war, als einen Fürsten, der sich um die Verwaltung seines Staates bemühte, sich um die Land-

Ausschnitt aus einem Wandgemälde des Palastes Zimri-Lims in Mari (Opferzug). Paris, Louvre.

wirtschaft ebenso kümmerte – er propagierte beispielsweise die Einführung eines neuen Pfluges – wie um die Ansiedlung von Nomadengruppen. Er war, wie auch Rim-Sin von Larsa, ein älterer Zeitgenosse Hammurapis von Babylon, und vielleicht hat auch sein Vorbild die Persönlichkeit des Herrschers von Babylon mit geformt.

Um das Entstehen des Hammurapi-Reiches etwas verständlicher zu machen, sind hier noch zwei weitere Staaten Mesopotamiens zu nennen, mit denen sich der König von Babylon auseinandersetzen mußte, wollte er die Herrschaft über das gesamte Zweistromland erringen: das bereits erwähnte Mari am mittleren Euphrat sowie der Staat von Eschnunna am Dijala-Fluß, der etwas südlich des heutigen Bagdad in den Tigris mündet.

Mari und Eschnunna

Mari, heute Tell Hariri etwa 11 Kilometer oberhalb von Abu Kemal, hatte schon im 3. Jahrtausend als Sitz eines semitischen Fürstengeschlechts eine Rolle gespielt; die französischen Ausgrabungen haben eindrucksvolle Zeugnisse seiner Kultur zutage gebracht. Man darf annehmen, daß es auch schon im 4. Jahrtausend ein bedeutender Platz war. Mari profitierte vom Handel, indem es die Euphratroute kontrollierte, und die Effektivität der Landwirtschaft in der Talaue des Stromes bot ihm eine gesicherte Grundlage seiner Existenz. Zur Zeit der III. Dynastie von Ur residierte in Mari ein Statthalter, und es war später – wie wir bereits wissen – Ischbi-Erra, der «Mann von Mari», der zum Gegner seines in Ur residierenden Oberherrn wurde und sich in Isin zum Herrscher aufwerfen konnte. Seit dem Beginn der Ausgrabungen in Mari im Jahre 1933 sind hier mehr als 25000 Tontafeln ans Licht gefördert worden, die vor allem aus der Zeit von 1810 bis 1760 stammen und zu einer äußerst wichtigen Quelle für die historische Erforschung Obermesopotamiens und Nordsyriens geworden sind[16]. Auch Hammurapi von Babylon erscheint in diesen Texten, unter denen sich eine Reihe von Briefen befindet, die der Herrscher Babylons nach Mari bringen ließ. Wir erfahren aus diesem Quellenmaterial etwas über die Beziehungen Maris zu anderen Staaten, sein Verhältnis zu den halbnomadischen Stämmen seiner Umgebung, über seine Wirtschaft, Gesellschaft und Kultur zu einer Zeit, als hier zunächst Jachdun-Lim und danach sein Sohn Sumu-jamam, dann der Sohn des Schamschi-Adad und schließlich Zimri-Lim (1782–1759) regierten. Zimri-Lim vermochte bald nach dem Tode des Schamschi-Adad mit Unterstützung des Fürsten von Halab/Aleppo den Jasmach-Adad aus Mari zu vertreiben. Er wurde zum Bundesgenossen, später aber zum Gegner Hammurapis von Babylon.

Eschnunna, heute Tell Asmar etwas östlich des Dijala-Laufes, wurde bereits während der Regierung des letzten Königs von Ur, des Ibbi-Sin, politisch selbständig. Ipiq-Adad II., der um 1840 regierte, erreichte bei einem Feldzug den Euphrat bei Rapiqum und führte, wie wir durch eine Inschrift auf einem Schmuckstein wissen, sogar den alten Titel «König der Gesamtheit»[17]. Sein Sohn gelangte im Verlauf eines militärischen Unternehmens sogar bis an den Oberlauf des Habur-Flusses. Politisch bedeutend war dann wieder Ibalpi'el II., ein Zeitgenosse des Hammurapi; er kämpfte gegen Mari und Assur und konnte sich zeitweilig auf ein Bündnis mit dem Staat Elam stützen. Im Handelsverkehr, der dem Laufe des Tigris folgte, nahm Eschnunna eine wichtige Position ein.

Mit Larsa unter Rim-Sin, mit Obermesopotamien und Assur unter Schamschi-Adad I., mit Mari und mit Eschnunna sind die wichtigsten politischen Zentren Mesopotamiens notiert, denen sich Hammurapi gegenübersah, als er in der Nachfolge seines Vaters Sin-muballit auf den Thron Babylons gelangte. Das südmesopotamische Uruk, das nach 1860 ein selbständiges Fürstentum geworden war, hatte am Ende des 19. Jahrhunderts bereits Rim-Sin seinem Larsa-Staat einverleibt. Mit Assur im Norden und Larsa im Süden sowie dem als Bündnispartner begehrten Eschnunna im Osten sind etwa die politischen Kräfteverhältnisse skizziert, mit denen sich Hammurapi auseinandersetzen mußte, wenn er sich behaupten oder gar als neue Macht durchsetzen wollte. Daß es ihm gelang, wurde bereits eingangs vermerkt; wie es ihm gelang, soll im folgenden kurz dargestellt werden.

Der Aufstieg des Hammurapi-Staates

Wenn auch Städte wie Sippar, Kisch, Dilbat, Kazallu, Marad und andere zu den Gebieten gehörten, über die Hammurapi im Jahre 1792 die Herrschaft übernahm, so war doch sein Machtbereich immer noch recht begrenzt; er hat wohl kaum mehr als 80 Kilometer im Umkreis von Babylon umfaßt. Solange die mächtigen und erfahrenen Könige Schamschi-Adad und Rim-Sin als Nachbarn regierten, dürften sich dem jungen Hammurapi zunächst wenig Chancen geboten haben, sein kleines nordbabylonisches Fürstentum wesentlich zu erweitern. Eine Politik des Schwankens und des Lavierens zwischen den Mächtigen ist in einer solchen

Situation von kleinen Staaten oft betrieben worden, und es gibt genügend Beispiele dafür, daß sie damit nicht nur ihre Existenz – wenigstens eine Zeitlang – sichern konnten, sondern zuweilen auch im Schatten der Auseinandersetzung der Mächtigen ihren eigenen Einflußbereich auszudehnen vermochten. Hammurapi hat diese Politik später gleichfalls betrieben, doch scheint er gerade während seiner frühen Regierungsjahre dafür nicht freie Hand gehabt zu haben. Denn aus der Tatsache, daß in einer aus dem zehnten Regierungsjahr des Hammurapi stammenden Urkunde der Eid nicht nur bei Hammurapi selbst, sondern auch bei Schamschi-Adad geschworen wird[18], kann geschlossen werden, daß Hammurapi unter der Oberhoheit des Assyrerkönigs gestanden hat. Es läßt sich dann auch fragen, ob das herausragende Ereignis der Jahre 1 bis 9, der in den Jahresformeln vermerkte Sieg über Uruk und Isin im Jahre 7, tatsächlich ein selbständiger Erfolg des Hammurapi gewesen ist oder aber als eine Unternehmung betrachtet werden muß, die im Auftrag oder auch mit Unterstützung des Schamschi-Adad erfolgte. Im Jahre 8 führte Hammurapi einen Feldzug gegen Jamutbal/Emutbal durch, das Gebiet, aus dem Rim-Sin von Larsa stammte. Ohne wenigstens eine Rückendeckung oder gar eine Mithilfe Assurs zu haben, hätte sich Hammurapi wahrscheinlich kaum auf dieses Unternehmen einlassen können.

Es ist schwer, hier ein klares Bild zu gewinnen, und die Angaben der Jahresformeln wurden auch schon dahingehend verstanden, daß Hammurapi gemeinsame Aktionen gegen Rebellen, die er mit Rim-Sin von Larsa unternahm, in den Daten nur zu eignen Unternehmungen aufgewertet hat. Mehr scheint jedoch für die erste Annahme zu sprechen, die Hammurapi in eine engere Beziehung zu Schamschi-Adad setzt. Einige Briefe aus Mari deuten an, daß sich die Kontakte zwischen dem assyrischen König und Hammurapi freundlich gestalteten: Man wandte sich an Hammurapi mit der Bitte um den Schutz einer assyrischen Karawane, und man war bereit, einen Flüchtling aus Babylon auszuliefern, der sich im Bereich von Mari aufhielt[19]. Auch der Umstand, daß Hammurapi Abschriften von wichtigen diplomatischen Briefen zugesandt wurden, weist in diese Richtung und zeigt zudem, daß der König von Babylon zwar unter der Oberhoheit des Schamschi-Adad gestanden hat, jedoch nicht sein unmittelbarer Vasall war. Schamschi-Adad hielt sich während der frühen Regierungsjahre Hammurapis mehrfach im Grenzbereich Nordbabyloniens auf, und Hammurapi mag es vorgezogen haben, mit diesem aktiven und nahen Herrscher zu paktieren. Dabei wird es ihm auch übertragen worden sein, gegen das benachbarte Eschnunna vorzugehen; es lag im Interesse sowohl Assurs als auch Babylons. Die Jahresformel 10 des Hammurapi meldet einen Sieg über Malgum am Tigris, die des Jahres 11 die Eroberung der Euphratstadt Rapiqum und der offenbar in dieser Richtung zu suchenden Stadt Schalibi. Mit Malgum und Rapiqum unterwarf sich Hammurapi zwei Orte, die dem Einflußgebiet Eschnunnas zugehört hatten.

Der Tod des Schamschi-Adad etwa im 12.–17. Jahr Hammurapis[20] dürfte auch für den Babylon-König eine neue politische Orientierung eingeleitet haben. Hatte er zuvor in Schamschi-Adad einen Rückhalt gefunden, so entfiel dieser nun mit dem Dahinscheiden dieses aktiven Fürsten, der in seinen Söhnen keine gleichrangigen Erben fand. Hammurapi mußte zunächst versuchen, in ein friedliches Nebeneinander mit Rim-Sin von Larsa, aber auch mit Eschnunna zu kommen und die guten Beziehungen zu Assur aufrechtzuerhalten. In Mari gelang es Zimri-Lim, den schwachen Jasmach-Adad vom Thron zu jagen, und hinter Zimri-Lim stand der mächtige nordsyrische Fürst Jarim-Lim von Halab, der ein weites und fruchtbares, in den Texten als Jamchad bezeichnetes Gebiet beherrschte. Zimri-Lim heiratete die Tochter Jarim-Lims, was noch engere Bindungen schuf und ihm die militärische Hilfe des Jamchad-Königs sicherte. Dankbar stiftete Zimri-Lim nach der Rückeroberung des väterlichen Thrones dem weithin verehrten Wettergott von Halab seine Statue, damit sie angesichts dieses Gottes aufgestellt werde und diesem seine ständige Verehrung bekunde[21].

Aus den Briefen, die in den Archiven des weitläufigen, schon damals berühmten Königspalastes von Mari entdeckt wurden, lassen sich auch einige Informationen über die politischen Aktivitäten Hammurapis während der folgenden zwei Jahrzehnte seiner Re-

Kopf eines bärtigen Fürsten. Aus Susa (babylonisches Beutestück). Diorit, Höhe 15 cm. Paris, Louvre.

gierung gewinnen. Denn die Jahresformeln selbst, die sonst unsere eigentliche und oft einzige Stütze für die Rekonstruktion der Entwicklung des Hammurapi-Staates darstellen, versagen sich uns hierfür; sie nennen nur die Stiftung und Wiederherstellung von Götterbildern und kultischem Inventar, den Bau von Stadtmauern sowie eines Kanals, die Anfertigung eines Bildnisses Hammurapis als «König des Rechts» usw. Freilich lassen die in den Mari-Texten, vor allem von den Abgesandten Zimri-Lims in Babylon gegebenen Darstellungen, den eigentlichen Hintergrund und Zusammenhang des Geschehens oft im dunkeln, und da sich die einzelnen Briefe nur schwer oder gar nicht in eine chronologische Abfolge bringen lassen – sie sind ja im Gegensatz zu den Urkunden nicht datiert und ihre Einordnung kann nur nach inhaltlichen Kriterien erfolgen –, muß der Gang der Dinge ebenfalls häufig unklar bleiben. Allerdings bestätigen auch die Briefe einen Eindruck, den schon die Jahresformeln vermitteln können: Während der Jahre 12 bis 29 sind offenbar keine politischen oder militärischen Ereignisse zu verzeichnen gewesen, die von überragender Bedeutung für Babylon waren. Der Machtbereich des Hammurapi hat sich in dieser Zeit demnach kaum vergrößert; dennoch scheint in diesen Jahren der Grundstein für die späteren, in rascher Folge errungenen Siege gelegt worden zu sein.

Was das Verhältnis zu Ischme-Dagan von Assur betrifft, dem Nachfolger des Schamschi-Adad im Norden, der erst eine Rebellion in Assyrien niederwerfen mußte, um seine Macht dort antreten zu können, so zeigen die Mari-Texte, daß dieser seinen Einfluß auf Mittelmesopotamien aufgeben mußte. In einem Mari-Brief wird sogar darauf verwiesen, daß Ischme-Dagan immer wieder an Hammurapi geschrieben habe, um diesen seiner Loyalität zu versichern. Auch Eschnunna stand offenbar auf gutem Fuße mit Babylon. Obgleich weder den Versicherungen des Ischme-Dagan noch dem freundnachbarlichen Verhältnis zu Eschnunna vertraut werden konnte, schienen doch beide Staaten nicht stark genug, um Hammurapi ernstlich zu bedrohen. Hinzu kam, daß Ischme-Dagan in starkem Maße durch Kämpfe mit dem Gebirgsvolk der Turukkäer in Anspruch genommen war. Ein bekannter und oft zitierter Brief aus Mari nimmt sogar von Assur überhaupt keine Notiz, wenn er eine Art «Gleichgewicht der Schwäche» mit den Worten notiert: «Es gibt keinen König, der für sich selbst stark genug ist. 10 oder 15 Könige folgen Hammurapi, dem Manne von Babylon; ebensoviele folgen dem Rim-Sin von Larsa; ebensoviele Ibalpi'el von Eschnunna; ebensoviele Amutpi'el von Qatna; und 20 folgen Jarim-Lim von Jamchad[22].» Offenbar handelte es sich bei den «Königen», die den anderen «folgten», um lokale Fürsten oder auch um Anführer starker Nomadenstämme. Zu den bedeutendsten Fürsten ist dabei natürlich auch der Adressat des Briefes zu rechnen, Zimri-Lim von Mari; er konnte sich zudem gerade auf den König stützen, dem in dem Brief die meisten «folgenden» Könige zugebilligt werden.

Hammurapi und Zimri-Lim

Hammurapi hat zu Zimri-Lim von Mari in engen Beziehungen gestanden. Der König von Mari besaß Vertrauensleute – und damit zugleich Kundschafter – in Babylon, die ihm jeweils einen genauen Bericht über alle Vorgänge lieferten[23]. So heißt es in einem Brief des Ibalpi'el – er trug den gleichen Namen wie der Herrscher von Eschnunna – an Zimri-Lim: «Was Hammurapi auch unternimmt – er informiert mich stets. Wo er sich auch aufhält, so kann ich mich doch zu ihm begeben. Alles, was er im Sinn hat, teilt er mir mit, und alle wichtigen Dinge, über die er mit mir spricht, melde ich sogleich meinem Herrn[24].» Allerdings wird hier Ibalpi'el gewaltig übertreiben, um seine eigene Bedeutung herauszustreichen; denn es ist kaum anzunehmen, daß Hammurapi ihm alle seine Pläne mitteilte.

Umgekehrt hatte auch der König von Babylon seine Vertrauten am Hofe von Mari. So nimmt Hammurapi in einem Brief an einen gewissen Buqaqum Bezug auf dessen Information über bestimmte politische Vorgänge in Obermesopotamien, und wörtlich dieselbe Nachricht hatte auch Bachdi-Lim an Hammurapi geschickt, der demnach über mehrere Vertrauenspersonen am mittleren Euphrat verfügte – und die beiden genannten waren hohe Beamte des Zimri-Lim[25]. Sowohl Buqaqum als auch Bachdi-Lim wurden von Hammurapi aufgefordert, ihn ständig über Zimri-Lim und den Zustand seiner Armee, über Bewegungen der Truppen von Elam und von Eschnunna, die gerade die obermesopotamische Stadt Razama belagerten, auf dem laufenden zu halten. Er seinerseits sandte über Bachdi-Lim einige Informationen an Zimri-Lim. Es muß damals einen recht lebhaften Briefwechsel zwischen den beiden Euphratstädten gegeben haben, und wie sich Briefe aus Babylon bei den Grabungen in Mari fanden, so liegen gewiß Schreiben des Zimri-Lim noch heute unter den Ruinen Babylons.

Der Grund für dieses freundschaftliche Verhältnis[26] war nicht nur, daß Babylon mit seinem nordwestlichen Nachbarn, der zudem wichtige Handelswege kontrollierte, Frieden brauchte. Die

Mari-Briefe zeigen auch recht deutlich, daß Mari dem König von Babylon Truppen zur Verfügung stellte oder solche aus Syrien – vor allem aus Jamchad – vermittelte. So berichtete Zimri-Lims Abgesandter aus Babylon, daß dort Truppen aus Jamchad eingetroffen seien, die von Zimri-Lim in Halab beschafft worden waren. Hammurapi habe sich sehr darüber gefreut[27]. In den verschiedenen Schreiben zu militärischen Angelegenheiten werden – auch wenn ihr Inhalt nicht immer ganz klar wiederzugewinnen ist – recht beträchtliche Kontingente erwähnt, deren Stärke sich bis auf 30000 Mann beläuft. Zimri-Lim selbst hat Hammurapi vom Erfolg seiner Bemühungen unterrichtet, in Jamchad Hilfstruppen für Babylon zu erhalten: «Was die Hilfstruppen betrifft, deretwegen du mir immer wieder schreibst, so habe ich an Hammurapi, den König von Halab, geschrieben, damit er mir seine Truppen schicke. Er hat nun seine Truppen geschickt, und sie sind bei mir eingetroffen[28].» Es hatte sich wohl eine Art «Dreierbund» Halab – Mari – Babylon gebildet, und er wurde von Hammurapi offenbar vor allem genutzt, um sich militärisch gegen Eschnunna – und das mit ihm verbündete Elam – sowie gegen Larsa durchzusetzen. Zimri-Lims 11. Jahr wird «Jahr, in dem Zimri-Lim Babylon Hilfe leistete», genannt[29], und verschiedene Abgesandte des Mari-Königs bestätigten die Ankunft von Truppenkontingenten aus dem Gebiet des mittleren Euphrat in Babylonien. Ibalpi'el, «Botschafter» Zimri-Lims in Babylon und offenbar auch zuständig für die Truppenangelegenheiten, unterrichtete seinen Herrn einmal, er habe zwar weisungsgemäß den König von Babylon gemahnt, nach dem Ende der Kampfsaison – und das bedeutet zu Beginn der kalten Jahreszeit – nun endlich die Mari-Kontingente aus seinem Dienst zu entlassen, doch wolle Hammurapi noch warten, bis er Klarheit über die Absichten der Gegner habe[30]. Andererseits hat auch Hammurapi dem Fürsten von Mari gelegentlich mit Truppen ausgeholfen, wobei es allerdings zuweilen zu Verzögerungen kam. Einmal entschuldigte sich Hammurapi für das Ausbleiben von Kriegern – allein 10000 Mann sollten es aus Babylon sein – damit, daß er sich über das Verhalten seiner Gegner noch nicht im klaren sei; ein andermal sandte er die Truppen zwar ab, wies aber gleich darauf hin, daß der Weg, den diese zurücklegen müßten, sehr lang sei[31]. Das Bündnis war also zu gegenseitigem Nutzen geschlossen worden, doch hat man den Eindruck, daß Hammurapi den größeren Gewinn daraus zu ziehen vermochte. Allerdings war der Transport der Truppen von Mari nach Babylon tatsächlich leichter als umgekehrt, konnten sie doch den Strom abwärts mit Schiffen befördert werden und so rasch und ausgeruht in Babylon eintreffen.

Es ist möglich, daß wir mit diesen Briefen bereits in jene Zeit gelangen, die wiederum durch eine Reihe von militärischen Unternehmungen gekennzeichnet ist. Denn wie sehr sich auch Hammurapi in den vorangehenden Jahren um Bündnisse bemüht hatte und kleinere Feldzüge durchführen ließ – eine entscheidende Aktion ist in dieser Phase nicht erfolgt. Ja es ist sogar anzunehmen, daß einige Positionen wieder verlorengingen; so finden wir beispielsweise Malgum, im Jahr 10 Hammurapis erobert, später wieder unter den unterworfenen Ländern genannt. Auch die Dringlichkeit mancher Truppenanforderung Hammurapis läßt vermuten, daß er sich in einer schwierigen Situation befand – und da er sie nicht durch glänzende Siege meisterte, fanden sie natürlich auch nicht Eingang in die Jahresformeln.

Der Kampf gegen Larsa

Es war gleich eine ganze Reihe starker Feinde, gegen die Hammurapi dann in seinem 30. Jahr zu Felde ziehen mußte, und glaubt man seiner entsprechenden Jahresformel, wurde es ein großer Sieg: Hammurapi warf ihr zufolge «mit der hohen Kraft der großen Götter das Heer von Elam, von der Grenze von Marchaschi herkommend, ferner Subartu, Gutium, Eschnunna und Malgum, die in schwerer Masse sich erhoben hatten, nieder und festigte die Grundlagen von Sumer und Akkad»[32]. Das mit Eschnunna – oft unter dem Landesnamen Tupliasch notiert – verbündete Elam, dann das Subartu genannte Assyrien bzw. Obermesopotamien, die Einheiten des Bergvolkes der Gutäer, das bereits früher einmal unterworfene Malgum am Tigris – sie alle waren gegen Babylon angetreten. Und gleich das Datum des folgenden Jahres vermerkt einen weiteren Erfolg: Larsa, regiert von dem inzwischen greisen Rim-Sin, wurde Hammurapi untertan: «Im Vertrauen auf die Götter Anu und Enlil, die seinem Heer voranziehen, besiegte er mit der hohen Kraft, die die großen Götter ihm gegeben hatten, das Land Jamutbal und dessen König Rim-Sin.» Ein Brief aus Mari zeigt, daß zuvor keine Kämpfe stattgefunden hatten, ja sogar ein Bündnis geplant war. So erfuhr ein Abgesandter Zimri-Lims bei seinem Aufenthalt in Babylon durch das Ausfragen einiger Eseltreiber, die zwei Gesandte Hammurapis nach Larsa begleitet hatten, von einem Brief, den Rim-Sin an Hammurapi gerichtet hatte. Darin war davon die Rede, daß man sich gegenseitig unterstützen solle, wenn der Gegner – er wird hier nicht mit Namen genannt – angreife. «Meine Leute sind in meinem Lande versammelt; mögen die Leute in deinem Lande gleichfalls versammelt sein! Wenn der Feind dich angreifen sollte, werden dich meine Truppen und meine Schiffe unterstützen. Sollte aber der Gegner mich angreifen, dann mögen sich deine Truppen und deine Schiffe mit mir vereinigen[33].» Hammurapi hat von Rim-Sins Vorschlägen wohl nicht allzuviel gehalten, auch wenn er es offenbar zunächst für klug hielt, sich das Bündnis offenzuhalten. Nach seinem Sieg über Eschnunna und dessen Bundesgenossen allerdings hat sich Hammurapi in einer günstigeren Position gewußt und wandte sich gegen Larsa.

Der Ausbruch der Feindseligkeiten wird in einem Mari-Brief[34] allerdings Rim-Sin angelastet, dessen Truppen mehrfach babylonische Siedlungen geplündert und Landesbewohner verschleppt hätten. So konnte Hammurapi seinen Kampf gegen Larsa als legitimen Akt der Verteidigung und als von den Göttern Schamasch und Marduk gewünscht verstehen. Die Stadt Maschkanschapir, zeitweilige Residenz des Rim-Sin, wurde mit einem großen Heer belagert, zu dem auch Hilfstruppen aus Mari gehörten. Nach der Einnahme wurde die Stadt offenbar schonend behandelt[35]. Danach führte Hammurapi seine Truppen nach Larsa – als Vollender dessen, was ihm von seinem Gott Schamasch aufgetragen worden sei[36]. Die Eroberung Larsas, das nach dem Bericht eines Vertrauten des Zimri-Lim von 40000 Mann verteidigt worden sein soll[37], erfolgte im 30. Jahr der Regierung des Königs von Babylon und wurde im Namen des 31. Jahres mit erwähnt. Zu denen, die Hammurapi aus diesem Anlaß Geschenke sandten, gehörte auch Zimri-Lim von Mari[38].

Mit dem Sieg über Rim-Sin[39], der in die babylonischen Chroniken Eingang fand, fiel Hammurapi ein weites Gebiet Südmesopotamiens zu. Larsa wurde eine Provinzhauptstadt des babylonischen Staates; die Stadt wurde geschont, ja sogar noch ausgebaut. Darauf weist auch ein Hammurapi-Brief hin, demzufolge einem in Larsa tätigen Beamten Hammurapis 180 Lastträger zur Verfügung gestellt wurden, um beim Ausbau der Stadt zu helfen[40]. Ob die besiegten, keinesfalls aber unterworfenen Koalitionspartner im Nordosten ihre letzte Chance sahen, der Expansion Babylons entgegenzuwirken, oder ob Hammurapi selbst nach seinem Erfolg gegen Larsa und dem damit verbundenen Kräftezuwachs den Kampf eröffnete, ist unklar. Jedenfalls kam es im Jahre 32 nochmals zu einer Auseinandersetzung mit Eschnunna, Assyrien und Gutium. Hammurapi trug den Sieg davon und dehnte nun seine Macht weit nach Nordosten aus.

Vielleicht gehört jener Mari-Brief in diese Zeit, in dem Zimri-Lim den Hammurapi auffordert, selbst den Thron Eschnunnas zu besteigen oder dort jemanden einzusetzen, dem er vertraue[41]. Denn Zimri-Lim dürfte den Sieg seines Bundesgenossen Hammurapi begrüßt haben, weil er selbst erst von Eschnunna angegriffen worden war. Die nächsten Jahre zeigten allerdings dann, daß er damit die Situation nicht richtig eingeschätzt hatte. Mit Eschnunna ist es in Hammurapis 38. Jahr nochmals zu einer Auseinandersetzung gekommen, heißt es doch in der Jahresformel, Hammurapi habe «in der ihm von Marduk gegebenen Weisheit Eschnunna mit großen Wassermassen» zerstört[42], was wir wohl so verstehen dürfen, daß er durch Dammbauten eine künstliche Überschwemmung herbeiführte, die Eschnunna verwüstete. Es hat seitdem jedenfalls keine Rolle mehr in der Geschichte gespielt – ein Schicksal, das es mit Mari teilte. Denn Hammurapi, Herr über Süd- und Mittelmesopotamien, richtete nunmehr seine Aktivitäten nach dem Norden: auf das Tal des mittleren Euphrat und auf das assyrische Kernland.

Die Eroberung von Mari

Es gibt in den Mari-Texten, die in der Regel das Bündnis mit Babylon und die gegenseitige Truppenhilfe hervorheben, auch einige Hinweise darauf, daß das gegenseitige Verhältnis nicht immer ungetrübt war. So wird zuweilen Unzufriedenheit laut über eine schleppende Entsendung von Truppen und zu langes Zurückhalten von Hilfskontingenten, und auch hinsichtlich der strategischen Pläne kam es gelegentlich zu Meinungsverschiedenheiten. Die Brüskierung einer aus Mari in Babylon eingetroffenen Delegation wird in einem Brief berichtet, den Zimri-Lims Gesandter am Hofe Hammurapis an seinen Herrn schickte. Es heißt, er und die anderen Beauftragten Zimri-Lims seien zwar – ebenso wie die Leute aus Jamchad – anläßlich eines Gastmahls bei Hofe mit Festgewändern bekleidet worden, aber anderen Dienern des Zimri-Lim habe man diese Ehrung verweigert, worauf diese empört den Hof verlassen hätten. Hammurapi, dem der Vorfall gemeldet wurde, habe sie zurückrufen und auch ihnen Festkleider anlegen lassen, doch habe er bei dieser Gelegenheit bemerkt, daß es schließlich seine Sache sei, wem er Festkleider geben wolle. Künftig werde er den fremden Abgesandten beim Empfang im Palast überhaupt nicht mehr solche Gewänder anlegen lassen[43].

Es wäre unrichtig, den Bruch des guten Verhältnisses zwischen Babylon und Mari aus derlei Affären, deren zeitliche Einordnung überdies unklar ist, abzuleiten. Verstimmungen sind auch unter Bündnispartnern nichts Ungewöhnliches, und nur durch unsere Kenntnis der späteren Ereignisse mögen sie etwas aufgewertet werden. Immerhin könnten sie darauf deuten, daß Hammurapi dem Bund mit Mari nicht mehr ein so hohes Gewicht beimaß – was vor allem dann erklärlich wäre, wenn man diese Vorgänge in die Zeit nach seinen Siegen der Jahre 31 und 32 datiert. Die in einem Mari-Brief enthaltene Frage, ob Hammurapi von Babylon sterben werde, ob er aufrichtig sei, ob er eine feindliche Expedition gegen Mari unternehmen werde oder vielleicht davon profitieren wolle, daß Zimri-Lim sich gegenwärtig im «Oberen Land» (d. h. nicht in Mari) sei, könnte aus dieser Situation entstanden sein[44].

Wie dem auch sei: Das handelspolitisch und strategisch wichtige Gebiet am mittleren Euphrat war Hammurapis nächstes militärisches Ziel. Daß man sich in Mari auf die Auseinandersetzung mit Hammurapi vorbereitete[45], zeigt eine als «göttliche Botschaft» dem Zimri-Lim von seiner Gattin Schibtu übermittelte Weissagung. Hammurapi werde einen Mißerfolg gegen Zimri-Lim haben, seine Tage seien gezählt. Es fehlte auch nicht an Prophezeiungen gegen Babylon und seinen König Hammurapi[46].

Über das frühere Bündnis hat er sich recht skrupellos hinweggesetzt. Sein Erfolg über Mari wird in der Jahresformel 33 fast nebenher notiert: Zunächst werden Wiederherstellungsarbeiten am südmesopotamischen Kanalsystem erwähnt, das offenbar durch den Kampf mit Larsa in Mitleidenschaft gezogen worden war. Sodann heißt es, daß Mari und Malgum besiegt worden seien und assyrische Städte unterworfen wurden. Mari und Malgum haben sich danach wiederum gegen Hammurapi erhoben. Denn nachdem das Datum des Jahres 34 nur einen Tempelbau als überlieferungswürdiges Ereignis nennt, findet sich im Namen des Jahres 35 die Notiz: «Auf das Geheiß Anus und Enlils vernichtete er (d. i. Hammurapi) die Mauer von Mari und die Mauer von Malgum[47].» Über das Schicksal des Zimri-Lim ist nichts bekannt; es gibt keinen Hinweis darauf, daß er noch bis zum 34. Regierungsjahr des Hammurapi auf dem Thron saß. Ebenso wenig ist klar, wie weit die Stadt selbst bei diesen Ereignissen in Trümmer ging; die Zeugnisse aus Mari geben darüber keine Auskunft mehr. In der Folgezeit hat Mari jedenfalls keine Rolle mehr gespielt.

Hammurapi, nun auch Herr über das Land am mittleren Euphrat, hat im letzten Jahrzehnt seiner Regierung vor allem mit Subartu, dem obermesopotamisch-assyrischen Gebiet, gekämpft. Hatte er zuvor schon assyrische Truppen geschlagen, die als Bundesgenossen seiner anderen Gegner gegen ihn marschiert waren, so errang er seine Erfolge nunmehr im assyrischen Bereich selbst. Es bleibt aber unklar, wie weit er dabei vorstieß; eine in Dijarbekir gefundene Stele des Hammurapi deutet auf einen weiten Marsch den Tigris aufwärts, wenn sie tatsächlich als ein Siegeszeichen zu werten ist, das dort von Hammurapi errichtet wurde. Und es bleibt auch unklar, in welchem Maße das assyrische Kernland in das Reich Hammurapis einbezogen wurde; die Nennung von Assur und Ninive unter den von Hammurapi eroberten Orten im Prolog zu der berühmten Gesetzessammlung bleibt so lange ein recht unsicherer Beweis für ihre Unterwerfung, wie andere, bestätigende Zeugnisse fehlen.

So hatte Hammurapi gegen Ende seiner 43jährigen Regierung innerhalb weniger Jahre fast ganz Mesopotamien unter seiner Herrschaft zusammengeschlossen. Im erwähnten Prolog zu den Gesetzen hat er diese Erfolge herausgestellt, wobei er sich bemüht, nicht die vorausgehende Niederwerfung der Gegner zu erwähnen, sondern die nachfolgenden Wohltaten, die er ihnen erwiesen haben will. Der König von Babylon erscheint hier als «Wiederhersteller», «Füllespender», «Träger von Überfluß», als begnadigender Krieger, als «Beleber», der seinen Untertanen «Wasser in Fülle» bringt – kurz, als ein gläubiger, die alten Riten erneuernder, Wohlstand bringender Fürst, der seinen Feinden gegenüber Gnade walten läßt und als «Hirte der Menschen» zum Wohlgefallen der Götter sein hohes Amt ausübt. Auch eine «Selbstpreisung» des Hammurapi aus dem südmesopotamischen Ur setzt seine militärischen Erfolge voraus. In dem Text, der uns in einer sumerischen sowie einer zweisprachigen sumerisch-akkadischen Fassung überliefert ist, heißt es: «Diejenigen, die gegen mich feindselig sind, habe ich getötet, ihre Waffen zerbrochen, ihr Land habe ich zerschlagen, ihre Einwohner gefangengenommen, ihre Truppen habe ich niedergeworfen, diejenigen, die mir ungehorsam sind, habe ich unter meinen Fuß gebeugt. Der König, der den Kampfeswunsch des Gottes Marduk erfüllt hat, der seinem Feinde (vernichtende) Kraft ausgehen läßt, bin ich. Den Feindseligen habe ich vertrieben, das Böse habe ich ausgerissen, (die Menschen) meines Landes habe ich auf üppiger Wiese liegen lassen, meinen Menschen habe ich keinen, der (ihnen) Schrecken einjagt, übriggelassen[48].»

Hammurapis Nachfolger

Hammurapi hat das durch eine zweifellos geschickte, wenngleich skrupellose Politik zusammengebrachte Reich nicht lange regieren können. Es wird noch zu zeigen sein, daß mangelnde Stabilität im Innern sowie Angriffe äußerer Feinde sein Werk bereits kurz nach seiner Vollendung bedrohten. Sein Sohn und Nachfolger Samsuiluna (1749–1712) hat sich dabei vor allem einer aus zwei Richtungen drohenden Gefahr erwehren müssen: Einmal rebellierte das südliche Mesopotamien, und damit gerade jener Bereich, in dem das babylonische Königtum seine wichtigste ökonomische Basis hatte. Zum anderen drangen die Kassiten – Angehörige eines wohl aus dem Osten kommenden Volkes – in Babylonien ein.

In Larsa und im traditionsreichen Ur warf sich ein gewisser Rim-Sin II. zum Herrscher auf und knüpfte schon durch seinen Namen an jene lange Periode der Regierung Rim-Sins I. an, in der Larsa auf dem Höhepunkt seiner wirtschaftlichen Entwicklung und politischen Macht gestanden hatte. Mehrere Jahresformeln des Samsuiluna sind jedoch nach Siegen in Südmesopotamien benannt, die er über die Rebellen errang; sie notieren die Zerstörung der Befestigungen von Ur, Uruk und Isin. Rim-Sin II. wurde im Jahre 14 bei der Stadt Kisch entscheidend geschlagen. Samsuiluna selbst hat seine Erfolge, zu denen im Jahre 20 noch ein Sieg über Eschnunna/Tupliasch kam, wie folgt resümiert: «In dieser Zeit wurde mir die Gesamtheit von Sumer und Akkad (d.i. Süd- und Mittelmesopotamien) feindlich. Im Verlaufe eines Jahres habe ich achtmal die Waffen erhoben, habe die Orte meiner Gegner in Ruinen verwandelt, habe die Wurzel des Feindlichen und Bösen des Landes vernichtet. Die Gesamtheit des Landes ließ ich fürwahr nach meiner Weisung wohnen[49].»

Es ist Samsuiluna dennoch nicht gelungen, ganz Südmesopotamien unter seiner Herrschaft zu halten. Einige Jahresformeln aus der Stadt Nippur lassen erkennen, daß sich bereits zu seiner Regierungszeit ein gewisser Iliman (oder Iluma'ilum) am Ufer des Persischen Golfes festsetzte. Er begründete eine Dynastie, die fortan in den inschriftlichen Quellen als die des «Meerlandes» erscheint.

So begannen bereits unter dem Nachfolger des Hammurapi Teile des erst kürzlich entstandenen Reiches wieder abzusplittern, und man darf wohl annehmen, daß die «Rebellen» bei ihren Aktionen auch bei breiten Schichten der Bevölkerung Unterstützung gefunden haben. Im Jahre 9 hat sich Samsuiluna mit einem hier zum ersten Mal in den Inschriften auftauchenden Gegner auseinandersetzen müssen, den Kassiten. Seine Jahresformel meldet einen Sieg über «das Heer der Kassiten», und einige Befestigungen wurden gegen die Eindringlinge errichtet. Wenn sich auch nur noch Samsuilunas Nachfolger einmal in seinen Inschriften mit den Kassiten befassen mußte und die übrigen altbabylonischen Herrscher sie dann nicht mehr erwähnen, so zeigen doch andere Texte dieser Zeit, daß einzelne kassitische Gruppen nach Babylonien einwanderten[50]. Man würde diesen Kassiten nicht so viel Bedeutung beimessen, wären nicht gerade sie es dann gewesen, die nach dem Ende der Hammurapi-Dynastie in Babylon die Macht ergriffen und fast ein halbes Jahrtausend hindurch dort regierten.

Abi'eschuch (1711–1684), der Nachfolger des Samsuiluna, hat zu Beginn seiner Herrschaft nochmals gegen die Kassiten gekämpft. Danach stand er mit ihnen aber offenbar in einem friedlichen Verhältnis, worauf auch ein Brief an die Honoratioren von Sippar deutet. In ihm kündigt der König das Eintreffen kassitischer Abgesandter aus Babylon an und gibt die Anweisung, 300 Krüge Bier für sie zur Verfügung zu halten[51]. Sonst zeigen die Jahresformeln Abi'eschuch als Bauherrn, Kanalbauer und Stifter von kultischem Gerät. Eine Auseinandersetzung mit dem Fürsten des «Meerlandes» führte offenbar zu keinem dauerhaften Erfolg, und in der Gegend nördlich von Mari etablierte sich eine Dynastie «von Hana». Einer dieser Hana-Fürsten trug den kassitischen Namen Kaschtiliasch, und man darf annehmen, daß kassitische Gruppen sich auch am mittleren Euphrat niedergelassen hatten. Das Hammurapi-Reich zerfiel also unter Abi'eschuch weiter, jedoch läßt sich dieser Zerfallsprozeß unter den Regierungen von Ammiditana (1683–1647), Ammisaduqa (1646–1626) und schließlich Samsuditana (1625–1595) nicht mehr im einzelnen weiterverfolgen. Es fehlt dafür an Quellen, und die sonst so nützlichen Jahresformeln verzeichnen nur Bauten und Stiftungen, aber keine Siege über auswärtige oder innere Gegner. Das schließt nicht aus, daß die babylonischen Könige in diesen Jahren Niederlagen hinnehmen mußten, denn sie waren für sie gewiß kein Anlaß, Jahre danach zu benennen. Der rasche Erfolg der Kassiten nach dem Abzug des Heeres der kleinasiatischen Hethiter, die unter ihrem König Mursili I. über Halab/Aleppo und das Land Hana bis nach Babylon vorgestoßen waren und der Herrschaft der Hammurapi-Dynastie ein Ende bereitet hatten, zeigt jedenfalls, daß die Kassiten ihren Einfluß seit Samsuiluna und Abi'eschuch in Babylonien ausgedehnt haben.

Wir wissen nicht, was die Hethiter dazu bewogen hat, einen so weiten und gefahrvollen Feldzug bis nach Babylonien zu unternehmen. Eine Zielstellung, das riesige Territorium zwischen ihrem anatolischen Kernland und dem Persischen Golf zu einem Großstaat zu machen, klingt auch in der historischen Literatur der Hethiter, in die die Eroberung Babylons als ein überragendes Ereignis breiten Eingang gefunden hat, nirgends an. War es vielleicht die Erinnerung an das einstige Bündnis Halab – Mari – Babylon, die hier eine Rolle spielte, oder war es einfach ein Plünderungszug, stimuliert durch die Bedeutung Babylons, in dessen Tempeln zahlreiche Gegenstände aus edlem Metall aufbewahrt wurden? Oder war es eine Legitimation des hethitischen Herrschaftsanspruchs, des Anspruchs, nunmehr gleichberechtigt im «Konzert der Mächte» dieser Zeit mitzuspielen, ja sogar zu dominieren? Die Einnahme der inzwischen traditionsreichen Residenz Babylon hätte den Eintritt unter die wichtigen Staaten Vorderasiens gut gerechtfertigt[52]. Daß die Hethiter nur als Bundesgenossen der Kassiten fungierten, ist wenig wahrscheinlich; daß sie sich mit ihnen abgesprochen hatten, darf angenommen werden. In der babylonischen Chronik wird die Eroberung durch die Hethiter nur kurz notiert; das Ereignis war auf jeden Fall kaum mehr als ein gewaltsamer Schlußstrich unter eine Entwicklung, die zum Niedergang der Macht der Hammurapi-Dynastie geführt hatte. Die politischen Erben des hethitischen Gewaltmarsches über mehr als eintausend Kilometer waren die Kassiten, mit deren Herrschaftsantritt jener Abschnitt der mesopotamischen Geschichte ein Ende fand, den wir als den «altbabylonischen» bezeichnen.

Die altbabylonische Gesellschaft

Veränderungen in der frühen altbabylonischen Zeit

In der wissenschaftlichen Literatur gerade des vergangenen Jahrzehnts ist immer wieder auf den Wandel in der ökonomischen und sozialen Struktur Mesopotamiens aufmerksam gemacht worden, wie er sich bei einem Vergleich der Quellenaussagen der frühen altbabylonischen Periode mit jenen der voraufgehenden Zeit der III. Dynastie von Ur offenbart. Gemeint ist dabei vor allem das starke Hervortreten privaten Eigentums, privater Initiative in Landwirtschaft, Handel und Gewerbe. Es wird ein Prozeß deutlich erkennbar, der sich – von den Fesseln, die ihm das Herrschaftssystem der Dynastie von Ur angelegt hatte, gleichsam befreit – nunmehr voll auswirken konnte und in den zahlreichen, nach Tausenden zählenden altbabylonischen Urkunden und Briefen auf zuweilen sehr eindrucksvolle Weise augenfällig wird. Es ist in diesem Zusammenhang sogar von einer «Verbürgerlichung» der babylonischen Verhältnisse gesprochen worden, womit vor allem die Erscheinung des selbstbewußten Stadtbewohners begriffen werden sollte, der die Chancen, die ihm der Zusammenbruch des straff zentralisierten Reiches von Ur bot, zu nutzen verstand. Wir haben hier zweifellos eine Entwicklung vor uns, die eine bedeutende Zäsur in dem gesellschaftlichen Fortschritt Mesopotamiens markiert und die in den verschiedensten Bereichen des Lebens wie auch der Religion ihre Widerspiegelung gefunden hat. Es ist ein Problem, das uns auf den nachfolgenden Seiten beschäftigen soll.

Vorab aber einige Bemerkungen, die gerade bei der starken Betonung des «Bruchs» zwischen Ur III und der frühen altbabylonischen Zeit angebracht zu sein scheinen. Einmal präsentiert sich das Bild dieser Vorgänge fast ausschließlich auf Grund eines Quellenmaterials, das aus dem mesopotamischen Süden bis hin etwa zur Höhe des heutigen Bagdad, also aus Babylonien stammt. Es ist das Gebiet, in dem die auf künstlicher Bewässerung der Felder beruhende Landwirtschaft dominierte und dessen natürliche Bedingungen eine ständige Zusammenarbeit der Menschen bei dem Anlegen und Instandhalten von Kanälen und Deichen erforderten. Die agrarische Produktion, nach wie vor die Grundlage der Wirtschaft, setzte eine beträchtliche Intensität der Arbeit und eine hohe Kontinuität voraus, wenn sie zu guten Erträgen führen sollte. Dieser Bereich war an der Wende vom 3. zum 2. Jahrtausend in Vorderasien wohl am weitesten fortgeschritten, und hier lag – trotz der drohenden Bodenversalzung – immer noch der Schwerpunkt in der Erzeugung landwirtschaftlicher Produkte. Weniger als in den Regenfeldbaugebieten waren hier die Erfolge im Ackerbau durch ein Ausbleiben des Regens, durch Dürre oder andere Katastrophen unsicher. Aber wenn von «Mesopotamien» nicht im engeren Sinne eines «Landes zwischen den Strömen» gesprochen wird, sondern, wie das allgemein üblich wurde, vom Land zwischen der syrisch-arabischen Wüste und den westiranischen Randgebirgen, dann wird deutlich, daß der weitaus größte Teil Mesopotamiens nicht Irrigationsland war. Und die Proportionen verschieben sich noch mehr zuungunsten des Bewässerungslandes, wenn man den Blick über Mesopotamien hinaus auf ganz Vorderasien richtet. In den Regenfeldbaugebieten vollzog sich die Entwicklung der sozialökonomischen Verhältnisse nicht grundsätzlich anders als im Irrigationsbereich: Auch hier verlief sie in Richtung auf eine Gesellschaft, in der der Besitz der einzelnen Sippen und Großfamilien an Grund und Boden nicht nur unterschiedlich war, sondern in der ein immer größerer Teil der Bevölkerung davon überhaupt ausgeschlossen wurde. Es kam zu einer immer stärkeren «Individualisierung» in der Produktion und in den ihr zugrunde liegenden Eigentumsverhältnissen – bis hin zum Privateigentum an den Mitteln, die den Erwerb des Lebensunterhalts ermöglichten[53]. In Babylonien hatte die III. Dynastie von Ur vergeblich versucht, diesen Prozeß aufzuhalten. Gerade die Zeugnisse aus der Zeit von

Kniender Beter, wohl aus Larsa. Bronze mit Goldauflage, Höhe 19,5 cm. Paris, Louvre.

Akkad, also aus der Periode vor der III. Dynastie von Ur, zeigen deutlich ein Anwachsen dieses «individualisierten» Eigentums außerhalb der unmittelbaren Verfügungsgewalt von Palast oder Tempel, und damit verloren hier auch die Dorfgemeinden immer mehr den ursprünglichen Charakter, wandelten sich allmählich um in einen mehr oder weniger administrativen Rahmen, waren nicht mehr kollektive Eigentümer des zu ihnen gehörenden Bodens. Und obgleich sich die überlieferten Urkunden aus dem Reich von Ur fast ausschließlich auf die Aktivitäten von Palast und Tempel orientieren, so ist doch andererseits auch ein Anwachsen von Verträgen zwischen Privatpersonen festzustellen.

Wenn also die Veränderungen am Ende der Zeit von Ur III als eine Zäsur betrachtet werden, dann nur in dem Sinne, daß eine bereits lange zuvor einsetzende allgemeine Entwicklung in den fortgeschrittenen Gebieten Mesopotamiens voll zur Entfaltung gelangte.

Siegelabrollungen der Ur-III-Zeit und der altbabylonischen Periode mit der Wiedergabe von sogenannten Einführungsszenen. Berlin, Vorderasiatisches Museum.

Die Familie des Iddin-Lagamal und ihr Grundbesitz

Das Ende des Reiches von Ur hat der Mobilität hinsichtlich des Eigentums an Grund und Boden einen starken Auftrieb gegeben. Kauf und Verkauf von Feldern, Gärten und Hausgrundstükken nahmen zu, und auch Handel und Gewerbe legten ihre Gewinne vorrangig in Grundstücken an. Es entstand ein umfangreicher Grundbesitz einzelner Großfamilien, und Urkunden über Vermögensteilungen machen deutlich, daß sich der Immobilienbesitz auf verschiedene Ortschaften verteilen konnte. Als Beispiel für eine solche grundbesitzende Familie soll die des Iddin-Lagamal angeführt werden, die uns auf Grund einer größeren Zahl von Dokumenten über mehrere Generationen hindurch wenigstens in Umrissen vor Augen tritt und in der Stadt Dilbat, nicht weit von Babylon entfernt, ihren Wohnsitz hatte[54].

Dilbat war ein Agrarstädtchen; es besaß weder bedeutende Tempel noch spielte es in Handel und Gewerbe eine wichtige Rolle. Politisch stand es ganz im Schatten des nahen Babylon, zu dessen Herrschaftsbereich es bereits seit der Zeit des Sumuabum gehörte, des ersten Königs der Hammurapi-Dynastie. Und gewiß wurde es auch wirtschaftlich von Babylon überschattet, denn es finden sich unter Hunderten altbabylonischer Urkunden aus Dilbat kaum solche, die einen Hinweis auf einen Handelsverkehr oder ein selbständiges, blühendes Handwerk enthalten, obgleich die Texte immerhin einen Zeitraum von ungefähr 260 Jahren (19.–17. Jahrhundert) umspannen. Eine ganze Anzahl dieser Urkunden läßt sich verschiedenen «Archiven» zuweisen, die allerdings im wesentlichen der Zeit nach Hammurapi angehören. Die geschäftlichen Aktivitäten der Familie des Iddin-Lagamal, wie sie sich in dem «Familienarchiv» niedergeschlagen haben, reichen dagegen in die frühe altbabylonische Zeit zurück. Ob sie einmal alle zusammen «archiviert» worden waren, läßt sich jetzt nicht mehr sagen, denn die Tafeln wurden nicht im Ergebnis wissenschaftlicher Ausgrabungen entdeckt, bei denen die Fundlage jeweils genau notiert wird, sondern sie sind durch Ankauf in die verschiedenen Museen gelangt. Es müssen also im wesentlichen inhaltliche Kriterien zugrunde gelegt werden, wenn man Dilbat als Herkunftsort wahrscheinlich machen will. Bei den Iddin-Lagamal-Urkunden sind es – wie auch bei anderen «Archiven» – die Personennamen, die ein Zusammenstellen der Texte ermöglichen, auch wenn dabei manche Unsicherheit in Kauf genommen werden muß.

Die Unternehmungen der Familie Iddin-Lagamals werden über vier Generationen hinweg – das ist ein Zeitraum von etwa 150 Jahren – durch die in altbabylonischer Schrift und Sprache verfaßten Urkunden beleuchtet; freilich sind es nicht mehr als Schlaglichter, die nur verschiedene Einzelheiten aufhellen und deshalb eine systematische Darstellung aller Aktivitäten dieser Familie verbieten. In den Texten geht es fast ausschließlich um den Kauf von Feldern und Grundstücken. Bereits Iddin-Lagamal, der während der Regierung des Sumuabum die Familiengeschäfte führte, hat den Besitz an Hausgrundstücken in Dilbat durch eine Reihe von Käufen abgerundet. Er hat auch Felder erworben, darunter solche, die unmittelbar an größeren Bewässerungskanälen lagen. Für seinen Sohn Nachilum sind gleichfalls eine Reihe von Feldkäufen bezeugt, wobei es ebenfalls vor allem um benachbarte Äcker ging, durch deren Erwerb größere zusammenhängende – und damit auch besser zu bewirtschaftende – Besitzungen entstanden. Auch in der Stadt Dilbat selbst wurde der Grundstückserwerb fortgesetzt, und er konzentrierte sich dabei in erster Linie an der «breiten Straße». Wie die Urkunden zeigen, handelten die Kinder des Iddin-Lagamal, unter denen Nachilum als ältestem Sohn die führende Rolle zukam, oft gemeinsam – bei umfangreicheren Landkäufen und -verkäufen war offenbar die Zustimmmung der jüngeren Brüder notwendig.

Zur Zeit des Iddin-Lagamal und seines Sohnes Nachilum hat das «Haus», hat die Familienwirtschaft offenbar einen beträchtlichen Zuwachs an Reichtum erlebt, der sich vor allem im wachsenden Grundbesitz zeigte. Mit Nachilum sind wir zeitlich bereits an die Regierung des Hammurapi herangelangt, da er wohl ein halbes Jahrhundert hindurch die Geschäftsinteressen der Familie wahrnahm. Die nachfolgenden zwei Generationen, in den Texten repräsentiert durch Huzalum und Marduk-nasir, lassen bereits einige

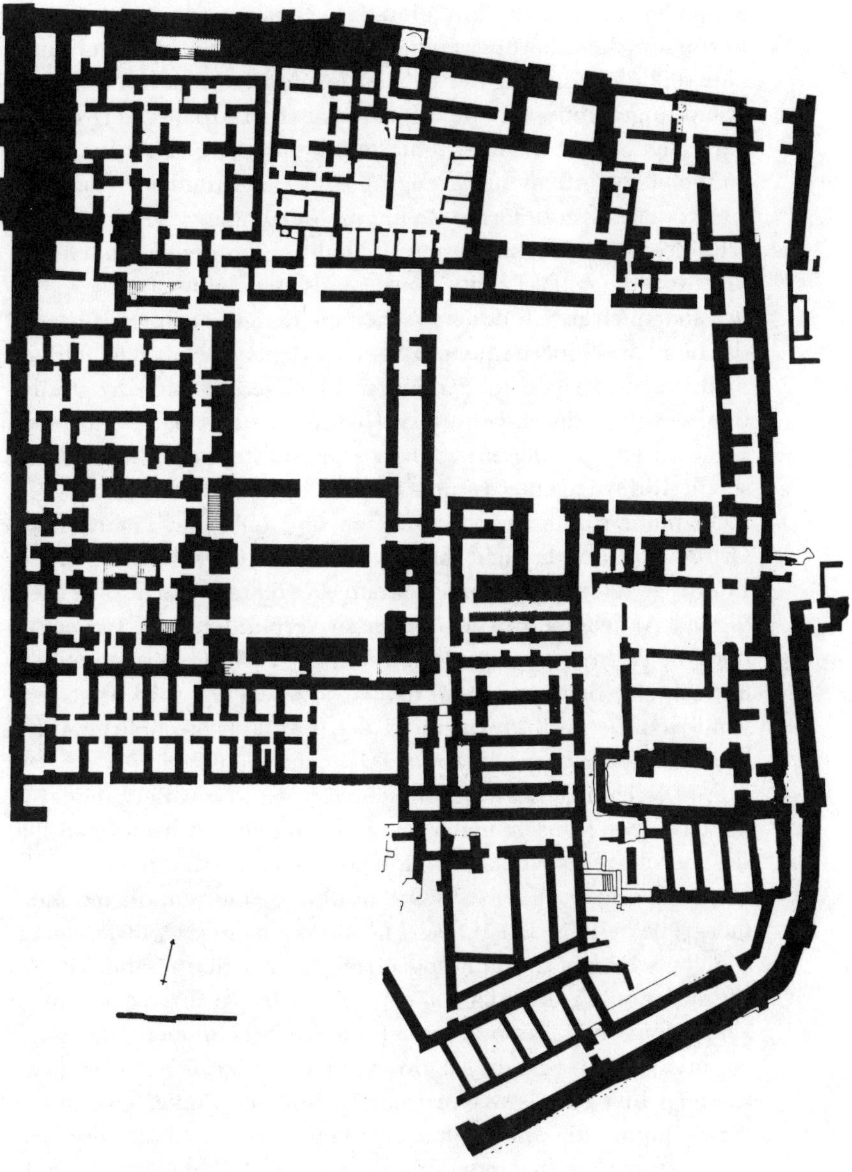

Plan des Palastes Zimri-Lims in Mari.

Veränderungen in der Situation des «Hauses» erkennen – Veränderungen, die sich wohl weniger durch ein Mißgeschick oder durch eine unkluge Führung der Geschäfte erklären, sondern durch die Wandlungen innerhalb der altbabylonischen sozialen Verhältnisse ganz allgemein. So sind – wenigstens bislang – für Huzalum keine Immobilienkäufe mehr bezeugt. Liegt es am Zufall der Überlieferung oder an veränderten Bedingungen? Dagegen gewinnen nun schuldrechtliche Urkunden an Bedeutung, in denen Angehörige der Iddin-Lagamal-Familie meistens als Darlehensgeber, gelegentlich aber auch als Schuldner erscheinen. Einige von ihnen führen in die familiäre Sphäre hinein, zeigen das Entstehen von Schuldverhältnissen innerhalb der Familie; sie bezeugen, wie weit die «Individualisierung» der Eigentumsverhältnisse auch in die einzelnen Familien eingedrungen war. Insgesamt entsteht der Eindruck, als sei die Iddin-Lagamal-Familie damals, etwa zur Hammurapi-Zeit, nicht mehr so vermögend gewesen und habe das Eigentum an Grund und Boden nicht mehr weiter ausdehnen können. Dieser Eindruck verstärkt sich noch, wenn die Texte betrachtet werden, die mit Aktivitäten des Marduk-nasir verbunden sind. Urkunden über die Pachtung von Feldern treten noch stärker hervor, und wie auch durch Texte anderer Provinzen nahegelegt wird, muß man wohl jetzt die Pacht, nicht mehr den Kauf, als das übliche Mittel betrachten, die bewirtschaftete Fläche auszudehnen.

Die Familie des Iddin-Lagamal war nur ein Beispiel dafür, wie einzelne «Häuser» in der Zeit vor Hammurapi ihren Grundbesitz ausdehnten, später aber kaum noch oder überhaupt nicht mehr Immobilien erwarben. Was zu den hinzugekauften, oft nur Zimmergröße besitzenden Hausgrundstücken bemerkt wurde, hat archäologisch seine Bestätigung erfahren. Bei den Grabungen im südmesopotamischen Ur ist ein ganzes Stadtviertel der frühen altbabylonischen Periode ans Tageslicht gekommen, die sogenannte Isin-Larsa-Stadt. An unregelmäßigen Straßen und Sackgassen liegt hier ein Gewirr privater Wohnbauten unterschiedlicher Ausdehnung, die unmittelbar aneinander gebaut sind. Vergrößerungen erforderten daher den Erwerb eines Teils des Nachbarhauses, und es gibt archäologische Indizien dafür, daß das in der Isin-

Larsa-Stadt an verschiedenen Stellen geschehen ist. Ein Mauerdurchbruch oder ein Zusetzen von Türen mochte zuweilen genügen, um die Neuerwerbung in das bisherige Grundstück einzufügen. Dieses durch die Ausgrabungen in Ur gewonnene Bild wird vielleicht auch durch die Urkunden über Grundstückskäufe illustriert, die von Iddin-Lagamal und Nachilum überliefert sind. Und es erklärt wohl auch, warum es sich bei den Käufen um oft so geringe Flächen handelte.

Kann man die Iddin-Lagamal-Familie als großen Grundeigentümer bezeichnen, so lassen die altbabylonischen Urkunden auch erkennen, daß der kleine Grundbesitz anwuchs. Grundstücke wurden gekauft und verkauft, gegen andere ausgetauscht oder verpachtet. Die Besitzer bearbeiteten die Felder entweder selbst, zusammen mit den Angehörigen ihrer Familie und vielleicht auch mit Hilfe einiger Sklaven, oder sie dingten noch Mietarbeiter – insbesondere zur Zeit der Ernte. Die Zunahme der Dienstmiete ist eine Erscheinung, die noch ausführlicher behandelt werden soll.

Diese «Individualisierung» der agrarischen Produktion, die zunehmende Bedeutung der «Hauswirtschaften» einzelner Familien gegenüber den Großwirtschaften von Palast und Tempel, stand offenbar in Übereinstimmung mit den Möglichkeiten und Erfordernissen der Landwirtschaft, die – gerade im Hinblick auf die Bodenverschlechterung – eine intensive Arbeit erforderlich machte. Diese aber war gerade dort gesichert, wo der Stimulus eines höheren Ertrages und vor allem größeren eigenen Gewinns gegeben war. Die Großwirtschaft in Form riesiger Domänen oder Tempelgüter, auf deren Feldern abhängige Arbeitskräfte unter der Aufsicht zahlreicher Beamter tätig waren, vermochte diesen Anreiz offensichtlich nicht mehr zu bieten. Die Produktion in Form kleinbäuerlicher Wirtschaften ist in der Folgezeit unter veränderten Eigentumsverhältnissen maßgebend geblieben.

Handel und Gewerbe

Bei der archäologischen Erforschung vor-altbabylonischer Siedlungsschichten in mesopotamischen Ruinenstätten sind die Ausgräber immer wieder auf Materialien gestoßen, die von weither importiert worden sein mußten. In Anbetracht der Rohstoffarmut des Zweistromlandes fällt es meistens nicht schwer, diese Feststellung zu treffen, auch wenn das Herkunftsgebiet nicht immer sicher bestimmt werden kann. Man legte auch Werkstätten frei, in denen einheimische und eingeführte Rohstoffe verarbeitet wurden. Das Zeugnis der Keilschrifttexte des 3. Jahrtausends, die Produkte ferner Länder erwähnen und eine Vielzahl von Handwerksberufen nennen, ergänzt und präzisiert den archäologischen Befund. Es läßt sich deutlich machen, daß die gesellschaftliche Teilung der Arbeit bis zur Zeit der Könige der III. Dynastie von Ur weit vorangeschritten war. Der Handel hatte sich zu einem ausgedehnten Fernhandel ausgebildet, der, wenn auch über Zwischenhändler, von Indien bis in die Ägäis reichte, vom Hochland Armeniens bis nach Ägypten. Das Handwerk hatte sich gleichfalls verselbständigt, war zu einem besonderen Wirtschaftszweig geworden und hatte sich in eine ganze Reihe von Spezialberufen aufgegliedert.

Handel und Handwerk konzentrierten sich in den Städten, die sich in Vorderasien schon seit dem 6. Jahrtausend herausbildeten. Diese spielten in der weiteren gesellschaftlichen Entwicklung eine wichtige Rolle – auch wenn sie noch im wesentlichen von ihrer agrarischen Umgebung beherrscht wurden, selbst eng mit der Landwirtschaft verbunden und ihre Bürger zugleich auch Bauern waren, die allerdings zuweilen die Bewirtschaftung der in der Umgebung der Stadt liegenden Äcker anderen Leuten übertrugen. Vor allem in den verkehrsgünstig gelegenen Städten, in den Residenzen der Fürsten und den wichtigen Kultzentren erlebten Handel und Handwerk einen raschen Aufschwung.

Da der innere Markt infolge der weitgehenden Autarkie der einzelnen Gemeinden kaum ausgeprägt war und die Warenwirtschaft noch in ihren Anfängen steckte, arbeiteten Handel und Handwerk vorrangig – wenn nicht sogar ausschließlich – für die

Bedürfnisse der oberen Klassen, für den «Palast» und für die hohe Priesterschaft. Und trotz aller Bestrebungen von Handel und Gewerbe, sich gegenüber ihren Auftraggebern zu emanzipieren, waren sie doch in starkem Maße von diesen abhängig. Dieser Widerspruch hat die weitere Entwicklung von Handel und Handwerk in Mesopotamien geprägt und auch die soziale Stellung derer bestimmt, die sie ausübten.

Zur Zeit der III. Dynastie von Ur waren Handel und Gewerbe, soweit sie nicht nur für die unmittelbaren Bedürfnisse der Bevölkerung arbeiteten oder bäuerlicher Nebenerwerb waren, praktisch staatliches Monopol. Der Kaufmann erhielt seine Exportgüter oder sonstigen Mittel vom Palast oder Tempel, also aus dem Bereich der staatlichen Großwirtschaft, die vom König und seiner Bürokratie beherrscht wurde. In ihrem Auftrag unternahm er seine Handelsreisen – oder beauftragte er seinerseits Leute, die sich für ihn auf den oft recht gefahrvollen Weg begaben. Zur Zeit des letzten Königs der Dynastie von Ur, des Ibbi-Sin, lag der Handel teilweise in den Händen eines gewissen Lu-Enlilla; eine ganze Reihe von Urkunden sind seiner Aktivität gewidmet.

Das Handwerk war gleichfalls von den Bedürfnissen von Palast und Tempel abhängig und den Großwirtschaften beigeordnet. Die Handwerker erhielten bestimmte Mengen an Rohstoffen zur Verarbeitung geliefert. So etwa die Textilhandwerker, die in großen «staatlichen» Werkstätten zusammengeschlossen waren und ihren wichtigsten Rohstoff, die Wolle, aus dem umfangreichen Wolleinkommen von Palast und Tempel erhielten. Die Produkte ihrer Arbeit wurden dann teilweise exportiert.

Der Sturz der Dynastie von Ur und ihres Herrschaftssystems ließ auch die meisten staatlichen Monopole zusammenbrechen, wenngleich die «Erben» Urs – so etwa in Larsa – zunächst versuchten, auf herkömmliche Weise weiter zu wirtschaften. Aber bereits zur Zeit von Ur hatten die Kaufleute begonnen, auch auf eigene Rechnung zu handeln und neben dem «Staatsauftrag» noch ihre eigenen Geschäfte zu machen. Ihre Erfahrungen und ihre Kontakte nutzten sie nun, um selbständig zu agieren. Sie nahmen Waren und die notwendigen Vorschüsse von privaten Auftraggebern – von einzelnen Geschäftsleuten oder Gruppen – entgegen, die ihre Mittel im Handel «investierten». Daneben blieb auch der König selbst einer ihrer wichtigen Auftraggeber. Aus Ur sind solche Kaufleute bekannt, die sich auf den Handel mit den Gebieten am Persischen Golf spezialisiert hatten[55]. Von dort importierten sie Kupfer und wohl auch Zinn, Halbedelsteine, Elfenbein und weitere Luxusgüter. Über Tilmun, das heutige Bahrein, gelangten dabei auch Waren nach Ur, die aus noch weiter entfernten Gegenden, wie dem Gebiet der Indus-Kultur, kamen. Tilmun war ein wichtiger Umschlagplatz dieses Handels, und die jüngsten archäologischen Forschungen in Bahrein haben das schriftliche Zeugnis bestätigt. Exportiert wurden von den seefahrenden Kaufleuten Urs Stoffe aus der «Textilindustrie» der Stadt und anderer südmesopotamischer Zentren, aber sie bezahlten auch mit Silber oder – seltener – mit Gold. Der Palast profitierte aus diesem Seehandel durch die Zölle, die er auf das importierte Kupfer erhob, bzw. durch einen Zehnten, der an den Ningal-Tempel in Ur zu entrichten war.

Für ein Land wie Mesopotamien war der Fernhandel einfach eine Notwendigkeit, fehlte es ihm doch an den wichtigsten Rohstoffen. Importiert wurden vor allem Metalle – insbesondere Zinn, feste und wertvolle Hölzer, Steine, auch Baumöle, Weine und Elfenbein. Dafür wurden Produkte der hochentwickelten mesopotamischen Landwirtschaft – in erster Linie Getreide, Sesamöl und Datteln – sowie Wolle, auch in verarbeiteter Form als Tuche und Gewänder, ausgeführt. Das Entstehen einer breiten Schicht freier Bürger, der wachsende Reichtum in einer Reihe von Familien, auch die nunmehr größere Anzahl lokaler Dynastien mit ihrem Anspruch auf Luxus – alles das stellte eine günstige Voraussetzung für die Entwicklung von Handel und Handwerk dar.

Der Handel der babylonischen Kaufleute zeigt eine interessante Umorientierung, eine allmähliche, sich im Verlaufe der altbabylonischen Periode deutlich ausprägende Verlagerung des Schwerpunktes. Außer dem über Tilmun vermittelten Kupfer kam es auch zu einem wachsenden Kupferimport aus dem Nordwesten, wobei – ebenso bei dem Handel mit Zinn über die Gegend des

Urmia-Sees – assyrische Kaufleute eine bedeutende Rolle spielten und die babylonische Stadt Sippar offenbar ein Zentrum des Transithandels darstellte. Wein und Essenzen, aber auch Holz und Stein kamen aus dem syrischen Bereich – zunächst mehr aus seinen nördlichen Gebieten, dann auch aus der Gegend des Libanon-Gebirges. Es ist gewiß nicht zufällig, daß der Zedernwald, der im Gilgamesch-Epos, der bedeutendsten literarischen Schöpfung des Zweistromlandes, eine wichtige Rolle spielt, im Laufe der Zeit anderenorts lokalisiert wurde: Lag er zunächst, in den sumerischen Erzählungen um Gilgamesch, noch im Osten Babyloniens, wohl in den westiranischen Randgebirgen, so war es später der nordsyrische Amanus; es wurde bereits darauf hingewiesen, daß mehrere mesopotamische Herrscher in diesem Gebirge mit militärischer Gewalt Bauholz schlagen und in ihre Heimat transportieren ließen.

Diese Verlagerung der vorrangigen Orientierung des mesopotamischen Handels mag verschiedene Ursachen gehabt haben. Einmal verbesserten sich wohl die Kommunikationsmöglichkeiten mit Syrien und dem Mittelmeergebiet, und zum anderen hat möglicherweise auch die Tatsache eine Rolle gespielt, daß die in Mesopotamien zur politischen Macht gelangten Amurriter und ihre Stammesgruppen noch Beziehungen gerade zu dem Bereich besaßen, den die zum Mittelmeer führenden Karawanenwege durchquerten. Die gestiegenen Ansprüche der herrschenden Schicht, aber sicher auch das Repräsentationsbedürfnis der wohlhabenden Stadtbürger erforderten die Erschließung neuer Quellen für den Import, und die lange Erfahrung sowie das unmittelbare persönliche Interesse der Kaufleute vermochten hier neue Wege zu öffnen. Schließlich wäre auch in Betracht zu ziehen, daß in dieser Zeit die ferne Indus-Kultur ihrem Ende entgegenging und nun nicht mehr so viele Handelsgüter über Tilmun nach Mesopotamien gelangten – man mußte sich also nach einem Ersatz umsehen und fand diesen im syrischen Bereich.

Es gewannen damit die Handelswege an Bedeutung, die den Euphrat aufwärts führten, Mari berührten und von da entweder weiter den Strom entlang verliefen, bis sie bei Emar die Talaue des

Flusses verließen und über Halab zur Küste gingen, oder aber gleich dort abbogen und über Tadmur und Qatna ihr Ziel erreichten. Die Ausgrabungen in Mari und in Emar (Meskene) zeigen recht eindrucksvoll, in welchem Maße diese Plätze vom altbabylonischen Handel zu profitieren vermochten. An der syrischen Küste waren es vor allem Ugarit (Ras Schamra) im Norden und Gubla (Byblos, Dschbel) im Bereich des Libanon, auf die sich diese Entwicklung positiv auswirkte. Die Ausgrabungen in Ugarit haben vor allem die Handelsbeziehungen dieser im frühen 2. Jahrtausend aufblühenden Stadt zum ägäischen Raum, insbesondere nach Kreta, vor Augen treten lassen, und in Byblos fanden sich in erster Linie Zeugnisse der engen Verbindung dieses Hafenplatzes mit Ägypten. Inschriftliche Quellen aus dem Lande am Nil haben gezeigt, daß Holz aus dem Libanon schon seit langem über Byblos nach Ägypten verschifft wurde. Beide Städte haben eine wichtige Rolle in der Vermittlung zwischen Vorderasien und der östlichen Mittelmeerwelt gespielt, und vielleicht lag es auch an der Einschaltung dieser Zwischenhändler, daß Ägypten – obgleich damals unter den Königen des «Mittleren Reiches» ein wohlhabendes und handelsaktives Land – in den mesopotamischen Keilschrifttexten nicht erwähnt wird.

Diese Intensivierung der Handelsbeziehungen machte es notwendig, an bestimmten wichtigen Plätzen ständige Niederlassungen einzurichten. Kaufleute aus Syrien – so etwa aus der Stadt Emar am Euphrat – besaßen Filialen in Babylon und anderen Städten Babyloniens, und babylonische Händler lebten in Mari und wohl auch in Emar. Für die spätere Zeit hat vor allem Ugarit interessante Aufschlüsse über das Leben und die Geschäftstätigkeit fremder Kaufleute geliefert, die im Hafenviertel ihre Häuser und Lagerräume besaßen. Für das frühe 2. Jahrtausend sind besonders die bereits erwähnten Handelsfaktoreien assyrischer Kaufleute bemerkenswert, die an verschiedenen Plätzen Kleinasiens entstanden waren und unter denen der Karum, etwa «Kai, Anlegeplatz» oder auch – in übertragenem Sinne – eine durch ein Handelsamt repräsentierte Kaufmannsniederlassung, von Kanesch (Kültepe) eine hervorragende Rolle spielte. Die zahlreichen altassyrischen

Geschäftsurkunden, die hier gefunden wurden, lassen sich auf Grund von Siegeln assyrischer Könige in das 19. Jahrhundert v. Chr. datieren. Die Händler aus Assur, die ihrer Heimatstadt Steuern entrichteten und damit zu deren Wohlstand erheblich beitrugen, hatten bis zu dem in Luftlinie etwa 1000 Kilometer entfernten Kanesch einen weiten und schwierigen Weg zurückzulegen. Er führte sie, wie altbabylonische Itinerare annehmen lassen, zunächst zum Oberlauf des Habur-Flusses und aus diesem – mit Wasserstellen gut versorgten – Bereich dann auf verschiedenen Wegen üben den Taurus nach Anatolien. Wenn auch das Pferd schon bekannt war, diente doch der Esel als eigentliches Transportmittel. Der vorrangig auf Zinn orientierte assyrische Handel brachte den Kaufleuten in Kanesch hohe Gewinne, die bis zu einhundert Prozent betragen konnten – der weite Weg lohnte sich also. Etwa zur Zeit des Schamschi-Adad hörte diese assyrische Handelstätigkeit in Anatolien allerdings auf, und vielleicht orientierten sich die Kaufleute aus Assur nunmehr stärker auf den Handel mit Babylonien und Syrien, verlagerten also gleichfalls den Schwerpunkt ihrer Aktivität. Als Hammurapi später gegen Eschnunna und Mari sowie gegen Assyrien vorging, mögen auch handelspolitische Erwägungen eine Rolle gespielt haben; die Zerstörungen, die dabei angerichtet wurden, mußten allerdings dann den Interessen seiner eigenen Kaufleute eher schaden, da ihnen wichtige Zwischenstationen genommen wurden.

Vorformen des Geldes

Läßt sich somit ein ausgedehnter Handelsverkehr von Tilmun/Bahrein bis nach Kreta feststellen, so darf von der Aktivität babylonischer Kaufleute dennoch kein übertriebenes Bild gezeichnet werden: Der babylonische Händler reiste – in Gruppen zusammengeschlossen – im wesentlichen in die benachbarten Gebiete. Wenn babylonische Erzeugnisse ihren Weg in weiter entfernte Länder fanden oder Produkte aus diesen Regionen in Babylonien auftauchten, so muß doch weitgehend die Rolle der Zwischenhändler in Betracht gezogen werden. Das Handwerk nahm an dem Aufschwung des Handels teil; es verarbeitete importiertes Material nicht nur für den Bedarf des eigenen Landes, sondern stellte auch «exportfähige» Waren her, die vom Strom der Handelsgüter aufgenommen wurden. Dabei kam es immer mehr zur Ausbildung regionaler Varianten in der Spezialisierung des Handwerks. Die Gewinne wurden weitgehend in Grund und Boden angelegt, nicht nur im Bereich der eigenen Stadt, sondern offenbar auch in anderen Orten. Ein Text aus Ugarit, der freilich erst aus dem 13. Jahrhundert v. Chr. stammt, gibt ein anschauliches Beispiel dafür, daß zu dieser Zeit die Immobilienkäufe durch fremde Kaufleute sogar überhand nehmen konnten. Hattusili III., Großkönig der Hethiter, ordnete nach einer Klage des ugaritischen Königs an, daß die Kaufleute der kilikischen Hafenstadt Ura in Ugarit nicht mehr durch Kauf oder Wucher Grundbesitz erwerben dürften[56].

Handel und Gewerbe haben jedenfalls auch in Babylonien dazu beigetragen, daß die traditionellen sozialen Strukturen in den Gemeinden immer stärker durchbrochen wurden: Die Ausdehnung und zugleich auch die Komplizierung der geschäftlichen Unternehmungen machten nämlich die vermittelnde Rolle des Geldes notwendig. Schon im 3. Jahrtausend war neben andere Formen des Äquivalents, wie die Gerste, immer mehr das Silber getreten, das nicht verdarb und leicht zu transportieren war, gehortet werden konnte und gegenüber dem Getreide, dessen Kurs schwankte, einen relativ stabilen Preis besaß. Es hatte nicht die Form gemünzten Geldes – dies kam in Mesopotamien erst mehr als ein Jahrtausend nach dem Ende der altbabylonischen Periode in Gebrauch –, sondern wurde als Hacksilber oder als Barren und Draht verwendet, ja es konnte auch als ringförmiger Schmuck von den Frauen getragen werden und dabei doch als Zahlungsmittel dienen. Daß es sich um reines Silber handelte, wurde zuweilen durch einen Garantiestempel angezeigt; dennoch scheinen Verfälschungen gar nicht so selten vorgekommen zu sein. Ausschlaggebend war natürlich das Gewicht, und in den Urkunden finden sich oft Hinweise darauf, daß es sich um das «Maß» eines bestimmten Tempels handelte – wie etwa des Tempels des Gottes Schamasch in

Sippar. Auch Gold wird gelegentlich erwähnt, doch spielte es gegenüber dem Silber kaum eine Rolle und erscheint interessanterweise gerade in Zusammenhang mit Unternehmungen von Tempeln. Eigentliche Verrechnungsgrundlage und häufig angewendetes Zahlungsmittel wurde das Silber; es werden in den Texten folgende Einheiten genannt: ein «Korn» oder «Gran» = etwa 44 Milligramm; ein Sekel = etwa 8 Gramm; eine Mine = 0,5 Kilogramm und schließlich ein Talent im Gewicht von etwa 30 Kilogramm. Bei Gerste wurden entsprechende Hohlmaße benutzt, wie «Scheffel», «Sea» und «Liter». Die genannten Silbereinheiten wurden im Laufe der Zeit immer mehr Repräsentanten eines bestimmten Zahlenwerts, weniger des ursprünglich zugrunde liegenden Gewichts.

Silber wurde zum «Standard» dieser Zeit, und man drückte auch dann den Wert oft in Silber aus, wenn es sich in Wirklichkeit um Naturalgeschäfte handelte. Silber wurde zu einem begehrten Objekt der «Schatzbildung» und einem bequemen Mittel im «internationalen Zahlungsverkehr». Das jetzt sich ausbildende Kaufmanns- und auch Wucherkapital verdankte gerade dem Silberäquivalent seine Entwicklungsmöglichkeiten. Dennoch dürfen die zahlreichen Silberangaben in den altbabylonischen Urkunden nicht darüber hinwegtäuschen, daß sich die Geldwirtschaft keineswegs voll durchgesetzt hatte. Vor allem im Bereich der agrarischen Produktion hat die Naturalie – zumeist die Gerste – immer noch dominiert. Zeugnis dafür sind zahlreiche Urkunden und nicht zuletzt die Gesetze Hammurapis. Silber war – ebenso wie Gold – ein Material, das nach wie vor importiert werden mußte. Es war nicht unbegrenzt vorhanden und gewiß gerade bei den kleinen Produzenten ziemlich rar. Palast und Tempel dürften dagegen – ebenso wie eine Reihe von privaten Geschäftsleuten – in größerem Umfang über Edelmetall verfügt haben.

Zur Erleichterung im Zahlungsverkehr wurde sogar eine Art «Scheck» eingeführt, Tontafeln über Guthaben mit einer sogenannten Inhaberklausel. Das Formular dieser Textgattung lautete: Die betreffende Summe oder Menge hatte jemand zu Lasten eines anderen gut. Sie war dem auszuzahlen, der diese Urkunde vorwies,

«Träger der Tafel» war. Derjenige, auf den dieses Guthaben zurückging und der die Tafel hatte ausfertigen lassen, besaß also die Möglichkeit, diese wie Geld weiterzugeben. Der Gläubiger war damit nicht von vornherein fixiert, sondern eine beliebige Person, die die Tafel in der Hand hatte, konnte die Leistung vom Schuldner einfordern, wenn der in der Urkunde genannte Termin der Erfüllung herangekommen war.

Die Miete von Arbeitskräften

Es wurde bereits erwähnt, daß man in der bäuerlichen Kleinwirtschaft weitgehend mit den Angehörigen der eigenen Großfamilie auskam. Die jahreszeitlich anfallenden umfangreichen Arbeiten, vor allem zur Zeit der Ernte, machten jedoch oft das Hinzuziehen weiterer Arbeitskräfte notwendig. Diesem Problem sahen sich auch die größeren Wirtschaften gegenüber, ja selbst die des königlichen Palastes. Die Zahl der Sklaven, die in der Landwirtschaft eingesetzt werden konnten, war dabei ohnehin sehr begrenzt; denn in den kleinen Hauswirtschaften gab es gewöhnlich nur wenige oder gar keine. Die Ursache dafür ist nicht so sehr darin zu suchen, daß sich nach dem Sturz der III. Dynastie von Ur der Aktionsradius für militärische Unternehmungen der kleinen Nachfolgestaaten Urs einengte und kaum noch Feldzüge unternommen wurden, die eine größere Anzahl von Sklaven hätten ins Land bringen können. Eher lag es daran, daß es für Sklaven in der «individualisierten» Wirtschaft weniger Einsatzmöglichkeiten gab als zuvor in der zentralisierten Großwirtschaft.

Bei der vorwiegend kleinbäuerlichen Produktion fiel der Unterhalt einer jeden Arbeitskraft mehr ins Gewicht, war der Erwerb eines Sklaven offenbar weniger «ökonomisch», da der Sklave ernährt und gekleidet werden mußte, auch während der weniger arbeitsintensiven Zeit, und sein Krankwerden und Altern dem Eigentümer zur Last fielen. Zwar war man durch Sklaven vom schwankenden Angebot auf dem «Arbeitsmarkt» weitgehend unabhängig, auch war es möglich, Sklaven weiterzuvermieten; insgesamt aber hat der Charakter der frühen altbabylonischen Landwirtschaft mit ihren dezentralisierten Eigentumsverhältnissen eine Anwendung der Sklavenarbeit in größerem Umfang nicht stimuliert.

In diesem Zusammenhang, in Verbindung mit der wichtigen Frage der Arbeitskräfte, muß auf die Institution der Dienstmiete oder Personenmiete eingegangen werden, das heißt auf die vertragliche Verpflichtung fremder Arbeitskräfte gegen Zahlung eines Lohnes, einer «Miete», die gewöhnlich in Silber ausgedrückt wurde. Es gibt eine große Zahl altbabylonischer Urkunden, die die Dienstmiete zum Gegenstand haben, und es ist wohl auch kein Zufall, daß diese Institution vorrangig aus Babylonien überliefert ist[57]. Die auf der künstlichen Bewässerung beruhende Landwirtschaft forderte dort eine ziemlich rasche und fast gleichzeitige Erledigung der landwirtschaftlichen Arbeiten auf allen Feldern, vor allem zur Erntezeit. Das dürfte zu einer gesteigerten, in einem bestimmten Zeitraum sich konzentrierenden Nachfrage nach zusätzlichen Arbeitskräften geführt haben. Nun ist die Inanspruchnahme fremder Arbeitskraft für bestimmte Aufgaben gerade im Bereich der agrarischen Produktion durchaus nichts Neues. Dennoch hat die Dienstmiete gegen Lohnzahlung erst in der frühen altbabylonischen Periode ihre volle Ausprägung erfahren und weist gegenüber früheren Verhältnissen, insbesondere denen der Ur-III-Zeit, eine Reihe von neuen Zügen auf: Einmal wurde nun ein – meistens in Silber ausgedrückter – Lohn vereinbart, nicht mehr eine Ration in Naturalform zugesagt. Ferner wurden regelrechte Verträge mit denen abgeschlossen, die die Arbeitskraft vermieteten. In diesen Urkunden wird die Dauer der Dienstleistung oder auch die durchzuführende Arbeit genannt, wird das Entgelt fixiert, und schließlich konnten auch einige besondere Bestimmungen mit aufgenommen werden. Als Beispiel sei eine Urkunde aus der Zeit des Hammurapi gebracht: «Den Schamaschmagir, den Sohn des Sinnatum, hat von Sinnatum, seinem Vater, Ipqu'irsitim, der Sohn des Warassa, für einen Monat von 30 Tagen gemietet. Als Lohn für einen Monat von 30 Tagen wird er 1⅓ Kor Gerste (etwa 400 Liter) darmessen[58].» Es handelt sich dabei um

Verträge privatrechtlichen Charakters, wie sie sich gerade in der frühen altbabylonischen Periode in verschiedenen Formen ausprägten. Damit ist zugleich noch ein weiterer Unterschied zu früheren Verhältnissen angedeutet: Der die Arbeitskraft vermietete, tat das nicht unter einem außerökonomischen Zwang des Mieters, sondern als Partner, wenngleich oft unter dem Druck besonderer Umstände.

Hier wird von Interesse, aus welchem Personenkreis sich diese Mietarbeiter rekrutierten. Vom juristischen Standpunkt her können nach den Urkunden drei Gruppen unterschieden werden: Da sind zunächst die freien Personen, die über ihre Arbeitskraft selbst verfügten. Es mögen ökonomische Gründe gewesen sein, die sie zur Selbstvermietung – einzeln oder auch im Kollektiv – veranlaßten. Woher sie stammten, wird in den Urkunden nicht erwähnt – und war auch für den Vertragsschluß nicht wichtig. Es gab Gruppen, die unter der Leitung eines Arbeiters von Ort zu Ort zogen und sich verdingten. Die Indienstnahme ganzer Arbeitstrupps wird des öfteren bezeugt; die Kontrakte wurden mit den «Vorarbeitern» geschlossen, und an sie wurde dann offenbar auch der Lohn zur Aufteilung an jeden einzelnen gezahlt. Die Selbstvermietung einer Person wird in den Urkunden durch den Passus «von ihm selbst» (hat der und der die Arbeitskraft gemietet) ausgedrückt. In der Landwirtschaft mag die Zeit unmittelbar vor der Ernte, wenn die Vorräte vom vergangenen Jahr weitgehend aufgezehrt waren, manchen zur Selbstvermietung bei Vorauszahlung eines Lohnanteils gezwungen haben. Der Zusammenbruch des Reiches von Ur mit seinen Großwirtschaften, seinen zentralisierten Eigentumsverhältnissen dürfte zudem Arbeitskräfte «freigesetzt» haben, die sich nun gegen Lohn verdingten. Auch Halbnomaden haben sich zuweilen unter diesen Leuten befunden und waren wohl insbesondere dann gefragt, wenn es sich um Arbeiten im Bereich der Viehzucht – etwa um das «Rupfen» der Schafe – handelte. Schließlich mögen unter den Mietarbeitern auch Flüchtlinge gewesen sein, die keiner fremden Gewalt unterstanden und über ihre Arbeitskraft selbst verfügen konnten.

Als zweite Gruppe müssen hier diejenigen Mietlinge erwähnt

werden, die von anderen Personen vermietet wurden, ohne jedoch Sklaven zu sein. Es waren «gewaltunterworfene» Leute, und Vorauszahlung sowie Lohn gingen an die, die den Dienstmietvertrag gemacht hatten. Wer diese waren, läßt sich meistens nicht genauer eingrenzen. In den Urkunden steht oft nicht mehr als der Name, und wir wissen dadurch weder etwas über ihren sozialen Stand noch ihr Verhältnis zum Mietling. Es mögen unter den Vermietern auch Gläubiger gewesen sein, denen der Schuldner das Darlehen nicht zurückzuerstatten vermochte und für die der Schuldner nun in ein Dienstverhältnis gebracht wurde – ein Problem, auf das noch ausführlicher eingegangen werden soll. In einer ganzen Reihe von Texten werden Angehörige als Vermieter genannt: der Vater, seltener die Mutter, beide Elternteile gemeinsam oder aber der ältere Bruder. Die Vermietung erfolgte hier im Interesse der Familie, die dadurch zuweilen aus finanziellen Schwierigkeiten – auch gegenüber Gläubigern – herauskommen konnte. Auch die «Stiftsdamen» des Schamasch, deren Geschäftstätigkeit gerade die aus Sippar stammenden Urkunden bezeugen, erscheinen des öfteren als Vermieterinnen. So heißt es in einer Urkunde aus Sippar: «Einen Sklaven namens Ilirime'anni hat von Erischti-Schamasch, der Stiftsdame des Schamasch, der Tochter des Sin-bel-aplim, Awel-Adad, der Sohn des Sililum, für ein Jahr gemietet. Als Mietlohn für ein Jahr wird er fünf Sekel Silber darwägen. Als Anzahlung des Mietlohns hat sie zwei Sekel Silber empfangen. Er wird allein von seinem Mieter bekleidet werden. Am 16. Elul ist er in das Dienstverhältnis eingetreten[59].»

Damit sind wir bereits bei der dritten Gruppe angelangt, den Sklaven. Sie wurden von ihrem Herrn – oder ihrer Herrin, wie das zuletzt angeführte Beispiel zeigt – vermietet. Unter den Bedingungen der altbabylonischen Zeit scheint die Sklavenvermietung ein recht gutes Geschäft gewesen zu sein, und es gab Kaufleute und Wucherer, die sie in ihre Aktivitäten einbezogen.

Diese Mietarbeiter wurden offenbar auch von den Eigentümern kleinerer Wirtschaften in beträchtlichem Maße in Anspruch genommen. Aber selbst der König ließ durch seine Beauftragten Arbeitskräfte für besondere Aufgaben in Kontrakt nehmen – auch für «öffentliche Arbeiten», wie Kanal- und Deichbauten oder die Reinigung der Wasserläufe, wobei er dann allerdings die Arbeitskräfte von den Anliegern finanzieren ließ, indem er von ihnen Gerste als Entlohnung für die Mietlinge einzog. Auch Priester, Beamte und Handwerker mieteten Arbeitskräfte – teils als Beauftragte ihrer Institutionen, teils als Privatleute.

Bei den Arbeiten dominierten natürlich die in der Landwirtschaft, vor allem das Schneiden des Getreides zur Erntezeit, aber auch das Pflügen, Pflanzen und das Worfeln. Bei Transportarbeiten verdingten sich die Mietlinge als Esel- und Ochsentreiber sowie als Schiffer, wobei ihre Transportmittel oft mitgemietet wurden. Ferner waren es Kanalarbeiten, Botendienste, das Mahlen von Getreide usw. Praktisch fanden Mietarbeiter überall da Verwendung, wo Arbeiten rasch oder in größerem Umfang erledigt werden mußten und die zur Verfügung stehenden Personen nicht ausreichten.

Dienstmietverträge

Für die Dienstmietverträge sind in der frühen altbabylonischen Zeit bestimmte Formulare entstanden, die den jeweiligen Bedingungen entsprechend geringfügig variierten. Neben der eigentlichen Mietformel und den Angaben über Zweck oder Dauer der Miete sowie die Entgeltleistung sind auch eine Reihe von Sonderregelungen überliefert. Interessant sind dabei vor allem die Haftungsklauseln, die die Mietarbeiter für das ihnen anvertraute Arbeitsgerät, die Zugtiere usw. verantwortlich und haftbar machen, sowie die Sicherungen gegen eine Flucht des Mietlings oder eine andere Art der Arbeitsunterbrechung. Daß der Mietling zum vorgesehenen Termin – und der Dienstbeginn wurde oft schon längere Zeit zuvor fixiert – seinen Dienst antrat, dafür konnte eine andere Person bürgen. Die Gesetze von Eschnunna forderten bei Nichtaufnahme der Arbeit sogar eine zehnfache Ersatzleistung, gemessen am vereinbarten Monatslohn[60].

Gezahlt wurden die Löhne in Silber oder aber auch noch in

Naturalien wie Gerste, Öl, Wolle und Datteln; auch eine Beköstigung durch den Mieter galt als Lohn. Zuweilen wurden beide Arten des Entgelts, Silber und Naturalien, gleichzeitig angewendet; die kleinen bäuerlichen Produzenten werden dabei danach gestrebt haben, möglichst wenig «Bargeld» zu zahlen und dafür Gerste und andere Produkte der eigenen Wirtschaft anzubieten.

Kontrolliert wurde der Dienst – wenigstens in den größeren Wirtschaften – durch Arbeitsmarken und Präsenzlisten. Ausgrabungen brachten eine ganze Reihe solcher Arbeitsmarken, die bei der Abrechnung vorzuweisen waren, zutage: Sie dürften gerade bei den Arbeitern angewendet worden sein, die nur tageweise in Dienst standen und mit denen dann wohl überhaupt kein regelrechter Mietvertrag abgeschlossen worden war. Bei einer solchen Interpretation hätten wir neben denen, die in einem fixierten Dienstmietverhältnis standen, dann noch mit den Tagelöhnern zu rechnen. Die Arbeitsmarken haben meistens die Form einer dreiseitigen Tonpyramide; sie sind mit einer Siegelabrollung versehen und besitzen ein Loch, das es ermöglichte, sie an einer Schnur zu tragen und aufzureihen. Gewöhnlich nennt eine kurze Inschrift den Namen des Mietarbeiters sowie Monat und Tag seiner Tätigkeit.

Die Präsenzlisten führen die Namen und das Datum auf, und in vielen von ihnen werden die Genannten in der Addition als Mietarbeiter qualifiziert. Häufig fehlt allerdings dieser Hinweis, und dann bleibt es offen, ob es sich um gemietete oder auf andere Weise aufgebotene Arbeitskräfte handelt. Die kleinen Wirtschaften werden freilich ohne diese Hilfsmittel ausgekommen sein.

Die in den Texten am häufigsten genannten Mietzeiträume sind ein Monat und ein Jahr. Wieviel für die in dieser Zeit zu leistende Arbeit gezahlt wurde, läßt sich nur schwer sagen. Es richtete sich nach der Qualifikation, die zu der Arbeit notwendig war, nach Art und Dauer der Arbeit, gewiß auch nach der Situation auf dem «Arbeitsmarkt». Der Durchschnitt könnte etwa bei einem halben Sekel Silber pro Monat gelegen haben – aber ein solches Ergebnis kommt nur zustande, wenn man auch die niedrigeren Löhne, die bei einem längeren Mietzeitraum gezahlt wurden, mit auf die Monatsbasis umrechnet. Der in den Gesetzen – etwa in denen von Eschnunna und denen des Hammurapi – fixierte Lohn lag, wie wir noch sehen werden, jedenfalls höher. Zudem wurden die Mietarbeiter unterschiedlich beköstigt, was sich gleichfalls auf die Höhe der eigentlichen Lohnsumme bzw. -menge ausgewirkt haben dürfte. Daß die Naturallöhne zumeist etwas höher lagen als die in Silber gezahlten, läßt sich aus dem Vorteil erklären, den dieses dauerhafte, in seinem Wert einigermaßen konstante Äquivalent gegenüber der Naturalie bot. Der schon erwähnte geringere Lohn-«Durchschnitt» bei einem länger währenden Mietverhältnis mag seine Ursache darin haben, daß wohl auch eine weniger arbeitsintensive Periode mit eingeschlossen war.

Als Ausdruck einer größeren «Mobilität» der Arbeitskraft verdiente die Dienstmiete eine besondere Aufmerksamkeit. Ihre Ausprägung und häufige Anwendung wurde durch die gesellschaftlichen Bedingungen der frühen altbabylonischen Periode noch begünstigt, vor allem durch die Dezentralisation und «Individualisierung» der agrarischen Produktion. Vielleicht vermag auch diese gewachsene Rolle der Dienstmiete mit zu erklären, daß die Vermietung der Sklaven zwar genutzt wurde und notwendig war, aber doch eine ziemlich begrenzte Anwendung fand. Denn ein Sklave kostete – nach den Urkunden zu urteilen – meistens zwischen 10 und 30 Sekel Silber, ein Preis, der auch durch die im Hammurapi-Gesetz zugrunde gelegten 20 Sekel bestätigt wird (§ 116). Das war ein Vielfaches dessen, was normalerweise ein Mietarbeiter pro Monat bekam, und während der altbabylonischen Zeit zeigte der Sklavenpreis sogar eine etwas ansteigende Tendenz. Allein für die Ernährung und Kleidung eines Sklaven mußte man monatlich mit durchschnittlich einem Sekel Silber rechnen. Demgegenüber wird kaum ins Gewicht gefallen sein, wenn man – wie das in den Kontrakten öfter festgelegt ist – dem Mietling monatlich drei freie Tage gewährte, in denen er, wie es heißt, «die Hand fassen» konnte.

Außerdem gab es eine offenbar noch «rentablere» Art, Arbeitskräfte zu gewinnen. Daß solche billigen Kräfte zur Verfügung standen, sich ihre Zahl sogar steigerte, hat seine Ursache in einer weiteren Erscheinung, die sich gerade in der altbabylonischen Zeit immer deutlicher abzeichnete: in der Verschuldung der kleinen Produzenten.

Kredit und Wucher

Gläubiger und Schuldner standen sich in der mesopotamischen Gesellschaft seit langem gegenüber. Drückende Abgaben, die Auswirkungen von Naturkatastrophen und militärischen Auseinandersetzungen, persönliches Mißgeschick oder Fehlverhalten, geplante Vorhaben, die die eigenen Mittel und Möglichkeiten überstiegen – es gibt eine breite Skala von Bedingungen, unter denen jemand genötigt war, um Kredit zu ersuchen. In der frühen altbabylonischen Zeit wurde die Verschuldung gerade der freien Unterschicht zu einem wachsenden Problem, mit dem sich auch die Herrscher auseinanderzusetzen hatten und versuchen mußten, dieser Entwicklung entgegenzuwirken. Die Ursache dafür liegt letztlich in jener sozial-ökonomischen Veränderung, die sich an der Wende vom 3. zum 2. Jahrtausend vor allem in Babylonien vollzog und die hier als eine «Individualisierung» der gesellschaftlichen Verhältnisse bezeichnet wurde. Das Dominieren der bäuerlichen Kleinwirtschaft, das starke Hervortreten von Hauswirtschaften, die nur über geringe oder doch begrenzte Mittel verfügten, ließ die Bedeutung des Kredits stark anwachsen. Zudem konzentrierte sich der Bedarf an zusätzlichen Mitteln in Babylonien auf jene Periode, in der die letztjährigen Vorräte verbraucht waren, die neue Ernte aber noch nicht erfolgt war, sowie auf die Zeit der Aussaat. Hier schalteten sich also Kreditgeber ein – entweder der Palast selbst oder ein Tempel, Kaufleute, reichere Grundbesitzer oder andere wohlhabendere Personen. Dabei wurde das Kreditwesen durch das Silber als allgemein anerkanntes und zugrunde gelegtes Äquivalent noch begünstigt, und mit dem schwankenden Kurs von Naturalien gegenüber dem Silber konnten weitere Geschäfte gemacht werden.

So ist es kein Wunder, daß sich unter den altbabylonischen Urkunden eine große Anzahl von schuldrechtlichen Texten befindet, zu denen vor allem Darlehen und Verpflichtungsscheine, aber auch bestimmte Arten von Kauf- und Tauschurkunden, Miet- und Pachtverträge zu rechnen sind. Die Verpflichtungsscheine wurden nach dem Schema ausgefertigt: «Die und die Leistung hat zu Lasten des Schuldners der Gläubiger gut. Der Schuldner wird die Schuld dann und dann begleichen.» Bei den Kaufverträgen sind es der Lieferungs- und der Kreditkauf, die hier mit einbezogen werden können. Bei ersterem – auch Pränumerationskauf genannt – wurde die Lieferung einer Ware zu einem bestimmten Termin zugesagt; dafür erhielt man Gerste oder Silber geliehen. Beim Kreditkauf wurde die Ware «entliehen» und die Zahlung einer festgelegten Summe zugesagt.

Besonders häufig sind die Darlehen, und sie sollen uns in erster Linie interessieren. Sie bilden eine sehr umfangreiche Gruppe privatrechtlicher Urkunden mit einem bestimmten, meistens sumerisch geschriebenen Formular: «Silber (oder Naturalien) hat vom Gläubiger der Schuldner erhalten. Er wird zu einem bestimmten Termin das Silber (oder die Naturalien) zurückzahlen.» Dieses Formular wurde den jeweiligen Bedingungen entsprechend erweitert, vor allem hinsichtlich der Zinsvereinbarungen: «1 Sekel Silber – den feststehenden Zins wird er zahlen – hat von Ninurta-gamil der Enamtila entliehen. Zur Zeit der Ernte wird er das Silber und seine Zinsen zahlen.» Es folgen zwei Zeugen und ein Datum des Königs Sin-muballit von Babylon[61].

In den meisten Fällen ist Silber oder Gerste Gegenstand des Darlehens, seltener – und dann gewöhnlich vom Tempel vergeben – wird Gold genannt, während bei den Naturalien auch Wolle, Sesam, Datteln, Dörrfisch und sogar Ziegel vorkommen. Zuweilen wurde auch Silber zusammen mit Gerste oder anderen Naturalien vergeben. Die Zinsen werden meistens genauer erwähnt. (Es ist dabei übrigens interessant, daß das Zeichen für «Zins» zugleich – und wohl auch ursprünglich – einen jungen Ziegenbock bezeichnet. Kann das als ein Hinweis darauf verstanden werden, daß die Viehleihe der von Gerste voraufging?) Bei Silberdarlehen betrugen die eingeforderten Zinsen – nach den Urkunden selbst zu urteilen – zwischen 5 und 28 Prozent, meistens aber zwischen 20 und 25 Prozent – je nach den Bedingungen, unter denen das Darlehen zustande kam; diese entziehen sich aber fast stets unserer Kenntnis. Bei Gerste geben die Urkunden meistens einen Zinssatz von 33⅓ Prozent an, zuweilen auch etwas weniger. Oft wird nur auf einen «feststehenden Zins» verwiesen oder aber auf den Zins des Schamasch-Tempels, wohl den des zentralen Heiligtums des Sonnen- und Rechtsgottes Schamasch in Sippar. In den Gesetzen Hammurapis wird ein Zins von 20 Prozent bei Silber und von 33⅓ Prozent bei Gerste festgelegt, und forderte jemand einen höheren, so mußte er mit dem Verlust seiner gesamten Darlehenssumme rechnen. Der Zinsfuß des Gottes Schamasch war unter Umständen etwas niedriger; das jedenfalls könnten jene Urkunden anzeigen, die namens der geschäftlich sehr aktiven «Stiftsdamen» des Schamasch in Sippar ausgestellt wurden. Zuweilen gab es auch eine ausdrücklich vereinbarte Zinslosigkeit des Darlehens – wir werden sehen, daß auch dabei der Gläubiger die Möglichkeit hatte, Vorteile aus dem Darlehen zu ziehen. Ein in der Bibliothek des assyrischen Königs Assurbanipal gefundener, doch in die frühe altbabylonische Zeit zurückgehender Lehrtext, die Serie «ana ittischu», nennt eine Reihe von Wendungen, die Zinsen betreffen und sich in den Urkunden wiederfinden; man liest da etwa «Zins trägt es», «Zins trägt es nicht», «der Zinsen ist es verlustig gegangen», «richtigen Zins wird er hinzufügen», «Zins des Gottes Schamasch», «der Zins hat sich vermehrt/vermindert», «der Zins stellt sich dem der Gerste gleich», «Zins zum festen (Gerste)kurs», «ortsüblicher Zins» usw. – ein Hinweis auf die Vielfalt der in den Kontrakten gegebenen Möglichkeiten[62].

Die «Stiftsdamen» des Gottes Schamasch

Wiederum werden die «Stiftsdamen» des Gottes Schamasch erwähnt, und wir werden ihnen auch in anderem Zusammenhang noch begegnen. Sie waren eine Art von Priesterinnen, die in einem von einem Wall umschlossenen, dem Heiligtum des Gottes Schamasch in Sippar zugehörenden Gebäudekomplex lebten[63]. Die altbabylonischen Könige haben dem Ausbau dieses «Klosters» oder, vielleicht besser, «Stiftes» große Aufmerksamkeit gewidmet und des öfteren auch seine Mauern erneuert und verstärkt. Innerhalb dieses Bezirks lebten die Damen in privaten Häusern, was auch der archäologische Befund bestätigt, der im Heiligtum des Schamasch zu Sippar eine Vielzahl von Häusern unterschiedlicher Größe erkennen läßt. Wohlhabende Frauen konnten mehrere Häuser haben, von denen sie dann eines an andere Stiftsdamen vermieteten. Wie die Sippar-Texte zeigen, gehörten die Damen meistens der Oberschicht an, ja es befanden sich unter ihnen sogar Prinzessinnen des königlichen Hauses. Bei ihrem Eintritt in das Stift erhielten die Eltern eine «Brautgabe» von der Klosterverwaltung, und vor allem: Die Mitgift der ins Kloster Eintretenden ging nicht an das Heiligtum über, sondern verblieb ihnen und fiel nach ihrem Tod an die Familie zurück. Denn die Damen blieben in der Regel unverheiratet, waren aber dennoch versorgt – und die Familien brauchten nicht zu befürchten, daß die Tochter durch eine Eheschließung die Mitgift in ein anderes «Haus» einbrachte. Vielleicht war es wirklich vor allem der Wunsch, das Erworbene möglichst in der Familie zu halten – eine Erscheinung, die gut in die Situation dieser Zeit passen würde. Dem Heiligtum gegenüber waren die Stiftsdamen nur zu Opfergaben verpflichtet, und sie galten praktisch als Familienangehörige des Schamasch.

Der Besitz der Stiftsdamen war zum Teil recht beträchtlich. Eine babylonische Prinzessin, Stiftsdame in Sippar, besaß nach Aussage ihrer Urkunden etwa 325 Hektar Land, das abhängige Bauern und Pächter für sie bewirtschafteten. Zur Abrundung des Feldbesitzes wurde gelegentlich auch noch Land hinzugepachtet. An Vieh werden für diese Prinzessin 240 Rinder und 1085 Stück Kleinvieh erwähnt. Das war freilich nicht der Normalfall, aber die zahlreichen Texte, die Feld- und Hausvermietungen, auch Immobilienverkäufe, Darlehen, Verpachtungen und Pachtungen zum Gegenstand haben, geben doch einen Eindruck davon, daß es den Damen des Schamasch-Heiligtums recht gut ging. Ein solcher Wirtschaftsverkehr bedurfte natürlich auch einer Verwaltung, und es werden in den Urkunden verschiedene Beamte erwähnt – Vorsteher, Torhüter, Schreiber usw. Archive und Vorratsgebäude

Statue einer wasserspendenden Göttin. Aus dem Zimri-Lim-Palast von Mari. Stein, Höhe 1,42 m. Aleppo, Archäologisches Museum.

waren ebenfalls vonnöten. Ein Text nennt eine Menge von über 50000 Litern Gerste, die in einem Gebäude des «Stiftes» lagerte[64]. Unter den Schreibern tauchen auch Stiftsdamen selbst auf, und von einer Schreiberin wissen wir sogar, daß sie diese Tätigkeit mehrere Jahrzehnte hindurch ausübte. Rechtsfälle gab es natürlich häufig zu verhandeln, und es amtierten zu diesem Zweck Richter im Stift. Auffällig ist, daß diese Rechtshändel seit der Regierungszeit des Hammurapi von Richtern außerhalb des Stiftes entschieden wurden. Das stimmt mit der auch sonst zu beobachtenden

Tendenz überein, die Tempel fest in die königliche Administration einzubeziehen und auch auf diese Weise zu «säkularisieren». Die Stifts-Beamten wurden zur Zeit des Hammurapi zu Zivilbeamten und bezeichneten sich in ihren Siegeln dann folgerichtig als «Diener des Königs». Ferner lebte im Stift ein recht umfangreiches Personal; es handelte sich dabei offenbar meistens um Sklavinnen, die als Weberinnen, Köchinnen, Müllerinnen usw. tätig waren.

Es läßt sich kaum genau feststellen, wie viele «Stiftsdamen» jeweils in diesem Bezirk des Schamasch-Heiligtums lebten. In den Urkunden erscheinen gelegentlich größere Zahlen, und man muß wohl annehmen, daß bisweilen über einhundert gleichzeitig im «Kloster» wohnten. Mehr als fünfhundert Namen von Stiftsdamen sind bislang in den altbabylonischen Texten genannt, und ihre wirkliche Zahl lag gewiß bei weitem darüber. In den Texten nachaltbabylonischer Zeit werden Stiftsdamen nicht mehr erwähnt; es scheint sich um eine typische Einrichtung der 1. Hälfte des 2. Jahrtausends gehandelt zu haben.

Im übrigen waren es unter den Angehörigen der «Geweihten» nicht die Stiftsdamen allein, die sich am Geschäftsleben ihrer Zeit beteiligten. In den Urkunden der verschiedensten Art werden immer wieder Priester als agierende Personen genannt. Allerdings können nicht alle, die einen Priestertitel tragen, als wirklich «praktizierende» Priester betrachtet werden. Priesterämter waren häufig in die Hand wohlhabender Familien gelangt und wurden nun nur noch als Pfründen betrachtet. Sie erhielten dann Lieferungen des Tempels, «Verpflegungsgeld» usw. Es sind auch Urkunden überliefert, in denen bestimmte Tempelämter von ihren Inhabern verkauft werden – oder besser: Die damit verbundenen Einnahmen werden von ihnen für eine bestimmte Anzahl von Tagen oder Monaten vergeben. Die «Privatisierung» hat also auch vor den Tempeln nicht haltgemacht.

Nach diesem Exkurs muß noch einmal zu den Darlehen zurückgekehrt werden. Ihr Zweck wird in einer Reihe von Dokumenten angegeben, wie etwa «zur Unterstützung», «zum Kaufen von Gerste, von Sesam, von Datteln» usw. Oft wurde Silber gegeben – oder eine auf Silberwert umgerechnete Naturalie – und Gerste,

Sesam, Datteln usw. zurückgefordert. Dabei konnte mit dem schwankenden Kurs dieser Agrarprodukte spekuliert werden. Denn zur Erntezeit sanken sie im Kurs, und da dem Gläubiger eine Menge «zum derzeitigen Kurs» zurückerstattet werden sollte, war diese Menge natürlich größer als die, die ursprünglich dem Silberwert des Darlehens entsprochen hatte. Hier konnte also selbst bei einer vereinbarten Zinslosigkeit des Darlehens ein Geschäft gemacht werden – es wird in der Literatur zuweilen als «verhüllter Fruchtwucher» bezeichnet.

Die Geschäfte des Balmunamche

Soziale Konsequenz des sich immer stärker ausbildenden Kreditsystems und des damit verbundenen Wuchers war das Entstehen einer großen Gruppe von Schuldnern von unterschiedlichem Status und Beruf. Vermochte der Schuldner den Verbindlichkeiten, wie sie in der Urkunde fixiert waren, nicht nachzukommen, so konnten – je nach den entsprechenden Klauseln des Kontrakts – sein Haus, Familienangehörige oder Sklaven «anstelle der Zinsen» dem Gläubiger übergeben werden. Oder der Schuldner geriet in Schuldhaft bzw. Schuldknechtschaft, und befand er sich einmal in dieser Situation, war es für ihn besonders schwierig, aus dem Schuldverhältnis wieder herauszukommen. Außer einer durch den König verkündeten Seisachthie, einem Schuldenerlaß, war es vor allem das Eintreten eines Bürgen, das hier helfen konnte. Es gibt eine ganze Reihe von Zeugnissen dafür, daß ein Bürge für die Schuldverpflichtung eines anderen eintrat. Es wechselte dann durch das Begleichen der Schuld seitens des Bürgen der Gläubiger; aber wenn auch die größte Gefahr damit beseitigt sein konnte – insbesondere, wenn der Schuldner dem neuen Gläubiger familiär oder freundschaftlich verbunden war –, so blieb doch die Schuld bestehen. Durch den Mangel an billigen Arbeitskräften blieb der Gläubiger in der Lage, aus seinen Schuldnern und ihrer Zahlungsunfähigkeit Kapital zu schlagen.

Neben dem Kaufmannskapital entwickelte sich in der altbabylonischen Zeit auch das Wucherkapital. Ein raffiniertes System von Klauseln in den Schuldkontrakten und die recht hohen Zinsforderungen machten den Wucher zu einem gewinnbringenden und verbreiteten Geschäft vor allem in Babylonien.

Einige Geschäftemacher nutzten das aus, um sich zu bereichern. Als ein Beispiel dafür mag hier Balmunamche genannt werden, auf dessen Aktivitäten eine ganze Reihe von Texten aus der südmesopotamischen Stadt Larsa hinweisen[65]. Diese Urkunden, die sicher nur einen kleinen Teil des Archivs darstellen, das sich Balmunamche anlegte, stammen aus der Zeit, als in Larsa zunächst Warad-Sin und nach ihm sein Bruder Rim-Sin regierten; sie führen uns bis etwa in jene Zeit, als in Babylon Hammurapi den Thron bestieg. Mindestens vier Jahrzehnte hindurch hat Balmunamche im Geschäftsleben der Stadt Larsa gestanden; sein Vater, ein wohlhabender Grundbesitzer, hinterließ ihm offenbar ein ziemliches Vermögen, das zur Grundlage von Balmunamches Unternehmungen wurde. Seine drei Söhne, in Texten des Archivs erwähnt, sind sonst nicht durch eigene Urkunden ausgewiesen. Das mag ein Zufall der Überlieferung sein, könnte aber auch so verstanden werden, daß sie tatsächlich eine weniger bedeutende Rolle als ihr Vater Balmunamche gespielt haben – oder auch unter den sich verändernden Bedingungen ihrer Zeit zu spielen vermochten.

Für Balmunamche war die Vergabe von Darlehen eine wichtige Quelle seiner Einnahmen, wenngleich bisher nur wenige Urkunden dieser Art mit seinem Namen verbunden sind. In einem Text geht es um einen zinslosen Kredit in Höhe von 6 Sekel (ungefähr 50 Gramm) Silber, wobei die Rückerstattung des Darlehens in Form von Sesam vereinbart wurde – entsprechend dem dann zur Erntezeit gültigen Kurs. Die Zinslosigkeit bedeutete also keinen Verlust, war nicht Zeichen eines «sozialen Empfindens» des Balmunamche, sondern es handelt sich vielmehr um ein Geschäft mit dem zur Erntezeit gegenüber dem Silber niedrigeren Preis des Sesams. Zuweilen verzichtete Balmunamche auch auf eine Zinsforderung, wenn das entstehende Schuldverhältnis für ihn von Wichtigkeit war – so vielleicht im Falle der Vergabe von 10 Kor Gerste an mehrere Personen, also eine Schuldnergemeinschaft. Wenn wir 1

Kor mit 300 Litern gleichsetzen, dann handelte es sich hier um ein Darlehen von 3000 Litern. In zwei anderen Schuldurkunden wird die Höhe des Zinses nicht genannt; wurde dennoch ein Zins erwartet, entsprach er wohl dem üblichen Satz. Interessant ist dabei, daß hier – was sich auch sonst des öfteren in Urkunden findet – für die Schuldsumme kein fester Termin der Rückgabe vereinbart wird. Sie war vielmehr zurückzuerstatten, wenn es Balmunamche wünschte. Befand sich der Schuldner gerade zu jenem Zeitpunkt in einer schwierigen Lage und war zahlungsunfähig, drohte ihm die Schuldknechtschaft. Auch mehrere Verpflichtungsscheine zeigen Balmunamche als Gläubiger, wobei es unter anderem auch um Schuldforderungen betreffend Datteln und Sesam geht. Die Vergabe von Darlehen bildete für Balmunamche offenbar die Voraussetzung für ein weiteres Geschäft.

In diesem Zusammenhang muß auf die sogenannten Bürgschaftsurkunden eingegangen werden, die uns aus der altbabylonischen Zeit in größerer Zahl überliefert sind. Eine ganze Anzahl von ihnen enthält auch den Namen des Balmunamche aus Larsa. Es geht dabei darum, daß für eine Person, die als «Sklave des Balmunamche» bezeichnet wird, eine andere Person – oder auch eine Personengruppe – als Bürge eintritt. Charakteristisch ist eine Formulierung, die in wörtlicher Übersetzung lautet: «Vom Gläubiger hat die Hand bezüglich des Schuldners der Bürge genommen.» Vielleicht darf man hier an einen Handschlag denken oder einen anderen Gestus, der das Eintreten des Bürgen symbolisierte. Die Garantiesummen, die von den Bürgen übernommen wurden und gegebenenfalls an Balmunamche zu zahlen waren, belaufen sich dabei auf ⅓, ½ oder 1 Mine Silber, wobei als Gewicht für eine Mine 0,5 Kilogramm angesetzt werden. Damit ist die Garantiesumme größer als der normale Preis, der um diese Zeit für einen Sklaven zu zahlen war. Interessant sind auch die genannten Eventualitäten, bei denen die Bürgschaft wirksam werden sollte, d. h. die Garantiesumme fällig wurde: das persönliche Fehlverhalten des «Sklaven», oder «höhere Gewalt». Genannt werden die Flucht des Sklaven, das Aufsuchen des Schutzes des Palastes oder eines «Mächtigen», Zuflucht im «Frauenhaus», ferner das Niederlegen der Arbeit, die

Gefangennahme durch einen Feind sowie der Tod durch einen Löwen – ein Tier, das heute im Irak nicht mehr vorkommt, damals aber noch recht verbreitet gewesen sein muß. Einige dieser Fälle deuten darauf hin, daß bestimmte Institutionen dem Flüchtenden Asyl zu bieten vermochten und dem Zugriff des Balmunamche entzogen. Als Beispiel soll hier eine Urkunde zitiert werden, die aus dem Jahre 25 des Königs Rim-Sin stammt, damit also einer Zeit zugehört, in der Balmunamche schon mehr als dreißig Jahre «Geschäftspraxis» hinter sich hatte: «Ein gewisser Illulum, Sklave des Balmunamche – bei Balmunamche, seinem Herrn, haben sich Luschtamar und der Schmied Hambalum für ihn verbürgt. Sucht er den Palast, einen Mächtigen, das Frauenhaus auf, entkommt er, flieht er, nimmt ihn ein Feind gefangen, tötet ihn ein Löwe, so werden Luschtamar und der Schmied Hambalum 1 Mine Silber darwägen.» Es folgen dann die Namen der Zeugen und das Datum der Urkunde.

Die Interpretation solcher Urkunden ist oft recht schwierig; häufig ist nicht klar zu erkennen, was sich hinter den zuweilen zu Formeln erstarrten Texten verbirgt, was sie in der Praxis bedeuten. Vielleicht darf man es sich so vorstellen: Bei den sogenannten Sklaven des Balmunamche handelte es sich wenigstens zum Teil auch um Schuldknechte, die entweder durch eigene Verschuldung und Zahlungsunfähigkeit in die Gewalt des Balmunamche geraten waren oder aber ihm von den Schuldnern als Pfand überlassen wurden. Andere mögen einfach als Sklaven gekauft worden sein. Häufig muß dann eine Kreditgewährung oder ein anderes schuldrechtliches Verhältnis vorangegangen sein, worauf freilich in keiner dieser Urkunden Bezug genommen wird. Aber es wurde ja bereits betont, daß diese Texte jeweils nur den zu behandelnden Vorgang – mit der gebotenen Knappheit und unter Verwendung eines vorgegebenen Formulars – beschreiben, nicht aber die Situation, die Bedingung, unter der sich dieser Akt vollzog. Den Beteiligten dürfte der Sachverhalt und Zusammenhang ohnehin bekannt gewesen sein, er war jedoch im gegebenen Falle nicht notierenswert. Balmunamche übergab dann jedenfalls die Sklaven an einzelne Personen oder an Personengruppen, und diese hatten mit einer recht beträchtlichen Garantiesumme für sie einzustehen. Es war hier also keine Bürgschaft in dem Sinne, daß man für einen zahlungsunfähigen Schuldner eintrat, um diesen erst einmal aus seinen Verbindlichkeiten gegenüber dem Gläubiger zu befreien; vielmehr ging es um die zeitweilige Indienstnahme des Schuldners bzw. Sklaven, und man verbürgte sich für dessen unversehrte und termingerechte Rückgabe an Balmunamche. Für die «Bürgen» ergab sich daraus der Vorteil, daß sie unter recht günstigen Bedingungen zu Arbeitskräften kamen, die sie wohl nur zu verpflegen und zu kleiden hatten. Eine Lohnzahlung wurde mit Balmunamche, jedenfalls gemäß den überlieferten Urkunden, nicht vereinbart; war stillschweigend die Entrichtung eines Mietzinses vorgesehen, dann mochte er recht niedrig gewesen sein.

Verstehen wir diese Texte in einem solchen Sinne, dann erscheint es auch nicht als zufällig, daß sich unter den – allerdings nicht sehr zahlreichen – Berufsangaben bei den «Bürgen» gerade Handwerksberufe finden, wie Schmiede, Wäscher und Bäcker. Auch unter den Zeugen werden Vertreter verschiedener Handwerksberufe genannt. Diese Handwerker hatten das ganze Jahr über «Saison», und sie benötigten daher ständig Arbeitskräfte – und zwar unter möglichst günstigen Bedingungen, da sie nicht über viele Mittel verfügten. Wenn man einmal die Monatsdaten der Balmunamche-Urkunden durchsieht, die zu diesem Typ gehören, dann läßt sich feststellen, daß es sich überwiegend um Daten handelt, die außerhalb der Hochsaison im landwirtschaftlichen Bereich liegen. Wahrscheinlich bestand in diesen weniger arbeitsintensiven Monaten für Balmunamche eine geringere Aussicht, die ihm verpfändeten Leute sowie die von ihm gekauften Sklaven gewinnbringend einzusetzen. Aber er hatte sie die ganze Zeit über zu versorgen, was ihm monatlich bis zu einem Sekel negativ zu Buche schlug. Selbst wenn er keinen Mietzins forderte, brachte ihm die Weitergabe, das «Verleihen» der Sklaven also Vorteile. Die Höhe der Garantiesumme dürfte die Bürgen veranlaßt haben, gut auf die ihnen überlassenen Leute zu achten. Und wenn tatsächlich dennoch einer der Fälle eintrat, die im Kontrakt als Eventualitäten genannt wurden, und die Garantiesumme damit fällig wurde – für

Balmunamche brachte auch das zweifellos einen Gewinn. Denn die Garantiesumme wurde ganz gewiß nicht unter der Höhe der Schuldsumme, deretwegen der «Sklave» in die Hände des Balmunamche geraten war, oder unter dem Kaufpreis des Sklaven festgelegt. Für $\frac{1}{3}$ bis 1 Mine Silber war er in der Lage, einen, zwei oder gar drei Sklaven zu erwerben. Zudem ergab sich für Balmunamche noch ein weiterer Vorteil: In den Urkunden ist kein Rückgabetermin vereinbart. Balmunamche hatte also, wie auch bei einigen Darlehen, die Möglichkeit, die Leute jederzeit zurückzufordern, wenn er eine gewinnbringendere Einsatzmöglichkeit für sie fand. Schon aus diesem Grunde wurde offenbar auch die Forderung eines Mietzinses nicht fixiert; sie hätte dann leicht zu Komplikationen führen können.

Da in einigen Urkunden die gleiche Personengruppe erscheint, ist es möglich, einen tieferen Einblick in die sozialen Verhältnisse dieser Zeit zu gewinnen. In zwei Fällen werden unter den «Bürgen» die Eltern eines Sklaven Balmunamches erwähnt: Puzur-Numuschda und seine Ehefrau Taribatum bürgten für ihren Sohn Sin-magir. Im Jahre 14 des Rim-Sin gaben sie eine Garantiezusage in Form einer bestimmten Menge von Silber; die Höhe ist im Text leider nicht erhalten. Fünf Jahre danach haben die Eltern ihren Sohn abermals «freigebürgt», wenigstens auf Zeit. Diesmal hafteten sie mit ihrem Haus und ihrem Garten dafür, daß ihr Sohn wohlbehalten und zur geforderten Zeit in die Gewalt des Balmunamche zurückkehrte. Vielleicht war das alles, was sie überhaupt besaßen, und sie wären im Falle einer Flucht ihres Sohnes völlig mittellos geworden. Wir wissen nicht, ob Sin-magir die Zeit zwischen diesen beiden Bürgschaften seiner Eltern in den Händen des Balmunamche war; es ist jedenfalls nicht auszuschließen. Möglicherweise konnten ihn seine Eltern noch mehrfach auf diese Weise in ihr Haus zurückholen.

Aber noch eine weitere Balmunamche-Urkunde nimmt auf diese Personengruppe Bezug: Der Text datiert aus dem 14. Regierungsjahr des Rim-Sin, und zwar 17 bis 19 Tage vor dem Datum der ersten Bürgschaftsurkunde, die für Sin-magir ausgestellt wurde. Dem Text gemäß hat Balmunamche den Eltern ihren Sohn

Sin-magir für $\frac{1}{3}$ Mine, also den beim Sklavenkauf üblichen Preis, abgekauft! «Einen gewissen Sin-magir, Sohn des Puzur-Numuschda und der Taribatum, hat von Puzur-Numuschda, seinem Vater, und Taribatum, seiner Mutter, Balmunamche gekauft. $\frac{1}{3}$ Mine Silber hat er als seinen vollen Preis gezahlt.» Die Eltern haben sich offenbar in wirtschaftlichen Schwierigkeiten befunden, so daß sie sich bereit fanden, ihren Sohn für 160 Gramm Silber an Balmunamche zu veräußern. Wenig später haben sie dann – vielleicht sogar mit Hilfe einer gleichhohen Garantiesumme – ihren Sohn wieder «freigebürgt». Der Verkauf eines Familienangehörigen in die Sklaverei war in der altbabylonischen Zeit ebensowenig eine Seltenheit wie die Verpfändung von Familienmitgliedern an einen Gläubiger. Hammurapi von Babylon hat sich einige Jahrzehnte später genötigt gesehen, in einem der «Paragraphen» seines Gesetzes (§ 117) die Auswirkungen des Wuchers auf die kleinen Leute, die wirtschaftliche Stütze seiner Herrschaft, zu mildern: «Wenn ein Mann eine Schuldverpflichtung eingegangen ist und er seine Frau, seinen Sohn oder seine Tochter um Silber verkauft oder in die Schuldknechtschaft gegeben hat, so sollen sie drei Jahre lang das Haus ihres Käufers oder Dienstherrn besorgen; im vierten Jahr soll er sie in die Freiheit entlassen.»

Da es eine ganze Anzahl von Tontafeln gibt, auf denen Balmunamche als Käufer von Sklaven erwähnt wird, können wir annehmen, daß er manche dieser Sklaven dann gegen eine Bürgschaft auf Zeit aus seinem Hause gegeben hat. Waren es bei Sin-magir und sicher auch manchen anderen die Eltern, die als Verkäufer auftraten, so wissen wir doch, daß in nicht seltenen Fällen die Leute sich selbst in die Sklaverei verkauften, war ihnen dann doch wenigstens der notwendigste Lebensunterhalt garantiert. Unter denen, die Balmunamche «von ihnen selbst» kaufte, befanden sich auch jene seiner Schuldner, die keinen anderen Ausweg mehr sahen. Balmunamche nutzte die Situation, um ihnen einen recht niedrigen Preis zu zahlen, etwa zwischen 10 und 15 Sekel Silber, während sonst meistens 20 Sekel Silber für einen Sklaven gegeben wurden. Interessant ist eine Urkunde, laut der vier Personen, darunter ein Weinschenk und ein Zimmermann, an Balmunamche ein Ehepaar verkauften. Offenbar war es diesen Leuten gegenüber hoffnungslos verschuldet und hatte weder Besitz, noch fand es einen Bürgen. Der Verkauf bot den Gläubigern die Möglichkeit, den Schuldbetrag aus der empfangenen Summe zu begleichen, die gemäß ihrem Anspruch gegenüber dem Ehepaar unter sie aufgeteilt wurde.

Balmunamche hat, wie weitere Texte zeigen, Sklaven auch auf Grund von Dienstmietverträgen verdingt, und er hat es auch verstanden, aus der Vermietung von Schiffen, wie sie vor allem zur Erntezeit dringend für den Transport benötigt wurden, Gewinn zu ziehen. Andere Zeugnisse weisen ihn als Eigentümer von Grundstücken und Dattelpalmen aus. Er kaufte Felder und Hausgrundstücke hinzu und legte damit wohl einen Teil seiner Gewinne in Boden an. Unter den erworbenen Feldern waren auch solche von Tempeln, beispielsweise von einem Heiligtum in der Stadt Ur. Tempelland ging damit in Privathand über, wofür es auch sonst aus der frühen altbabylonischen Periode Zeugnisse gibt. Für 824 Quadratmeter hat Balmunamche, hier zusammen mit seinem Vater Sin-nur-matim agierend, dem Tempel die ziemlich hohe Summe von 2 Minen Silber, also einem Kilogramm, gezahlt. Es ist auffällig, daß alle Urkunden über den Immobilienerwerb des Balmunamche in den Jahren zwischen Warad-Sin 3 und Rim-Sin 7 liegen, während die nachfolgenden etwa 24 Jahre geschäftlicher Aktivität Balmunamches bislang keine Urkunden dieser Art überliefert haben. Da etwa ab der Mitte der 60jährigen Regierung des Rim-Sin in Larsa auch die Namen anderer wohlhabender Geschäftsleute immer weniger in den Urkunden genannt werden und besonders die privaten Landkäufe eine rückläufige Tendenz zeigen, scheint sich hier eine Veränderung in den Eigentumsverhältnissen anzudeuten. Erinnern wir uns an die Situation innerhalb der Iddin-Lagamal-Familie in Dilbat – wir werden später zu erklären versuchen, welche Gründe zu dieser Veränderung geführt haben.

Geschäftsleute wie Balmunamche haben unter den Bedingungen ihrer Zeit, der Periode vor Hammurapi, ein besonders weites Betätigungsfeld gefunden. Denn die Gewährung von Krediten war zu einer Notwendigkeit geworden, und sie mochte zuweilen auch genutzt worden sein, um die Produktion zu verbessern oder auszudehnen sowie aus nur zeitweiligen finanziellen Schwierigkeiten anderer Art herauszugelangen. Dieser positive Aspekt sollte nicht unterschätzt werden, auch wenn sich das Kreditsystem durch die recht hohen Zinsen auf die gesellschaftliche Entwicklung negativ ausgewirkt hat. Gerade der selbständig arbeitende Handwerker und der kleine agrarische Produzent kamen aus den Schulden oft nicht heraus, wenn freilich auch nicht alle in jene bedauernswerte Situation geraten sein werden, wie sie ein Privatbrief schildert, den jemand an eine Gottheit richtete: «Vor Elend kann ich mich nicht aufrichten ... habe ich nicht genug Brot zu essen. Ich habe kein hübsches eigenes Gewand, mit Öl kann ich meinen Körper nicht pflegen[66].»

Der altbabylonische Mensch als Persönlichkeit

Der Prozeß, der hier als eine «Individualisierung» der gesellschaftlichen Verhältnisse bezeichnet wurde, hat auch im Selbstverständnis dieser Zeit und ihren künstlerischen und literarischen Äußerungen einen Widerhall gefunden. Deutlich wird vor allem das gewachsene Selbstbewußtsein des altbabylonischen Menschen, der sich allerdings mehr und mehr mit einer wirtschaftlichen und sozialen Verunsicherung seiner Position auseinandersetzen mußte.

Schon im Quellenmaterial selbst ist eine auffällige Erscheinung festzustellen: Haben wir aus der Zeit von Ur III nur wenige und noch dazu recht knapp gefaßte «briefliche Anweisungen», so steht dem aus der altbabylonischen Periode eine zunehmende Fülle von Briefen gegenüber, in denen fast alle Bereiche des öffentlichen Lebens zur Sprache gebracht werden. Dabei ist nicht nur an die vielen Briefe zu denken, die Hammurapis Schreiber im Auftrage ihres Herrn verfaßten, sondern vor allem an die Vielzahl von Privatbriefen. Stark zugenommen hat auch die Zahl der Rechtsurkunden, und sie lassen insbesondere die Entwicklung des privaten Rechts hervortreten. Auch das, was Amtspersonen, Träger von Titeln aus der königlichen Verwaltung, uns an Urkunden hinterlassen haben, ist gewöhnlich privatrechtlich formuliert. Schließlich ist es wohl auch kaum ein Zufall, daß sich die bereits erwähnten Omina in der altbabylonischen Zeit zu einer Literaturgattung ausbilden. Die Rechts- und Geschäftsfähigkeit des Individuums hat nach dem Ende des Reiches der Dynastie von Ur offensichtlich zugenommen und sich insbesondere in den Städten bemerkbar gemacht.

Dieser Vorgang hat unter anderem auf dem Gebiet der Glyptik, in der Herstellung und Gestaltung der Siegelsteine seinen Ausdruck gefunden. Es sind vor allem drei Merkmale, die die altbabylonische Glyptik gegenüber der früherer Zeit unterscheiden und zugleich eine Verbindung zur allgemeinen Situation herstellen lassen: Erstens stellt sie sich nun als eine Massenware dar. Zwar sind bereits aus dem 3. Jahrtausend eine Vielzahl von Rollsiegeln und Siegelabrollungen auf uns gekommen, und Stempelsiegel führen uns sogar in noch wesentlich frühere Perioden zurück. Aber gerade in der altbabylonischen Zeit ist das Tragen und Benutzen eines Siegels besonders verbreitet gewesen, war es Zeichen der Persönlichkeit, der Rechtsfähigkeit. Vor allem der Umstand, daß die Zahl der Urkunden zunahm, die einer Siegelung bedurften, muß hier in Betracht gezogen werden. Diese Siegel wurden offenbar in Werkstätten in großer Menge hergestellt oder besser: vorgefertigt; die endgültige Bearbeitung wurde erst vorgenommen, wenn der Siegelinhaber feststand. Ging einmal ein Siegel verloren, so zeigte man den Verlust an, um einen Mißbrauch zu verhindern: «Seit dem Monat Schabatum, dem 1. Tag, ist dem Silli-Urasch sein schwarzes Siegel abhanden gekommen[67].» Es folgen die Zeugen und der Schreiber, das Datum des Verlusttages, die Formel des Jahres Ammiditana 23. Sogleich am Tag, an dem der Verlust bemerkt wurde, hat der Siegelinhaber diesen «Sperrvermerk» auf Ton bringen lassen. War ein Siegel nicht vorhanden, so konnte man auch einen Fingernagel in den feuchten Ton der Tafel drücken und mit einer entsprechenden Beischrift versehen lassen, die diesen Abdruck als Siegel auswies. Auch das Abstreifen eines Gewandsaumes am Tafelrand war möglich.

Zweitens ist in diesem Zusammenhang als Novum anzumerken, daß durch die Einführung einer meistens dreizeiligen Siegellegende in Keilschrift das Siegel mit seiner unpersönlichen, sich auf vielen Siegeln in gleicher Weise wiederholenden bildlichen Darstellung auf das Individuum, auf die Person des Inhabers zugeschnitten wurde. Der Träger des Siegels – es war durchbohrt und konnte an einer Schnur getragen werden – stellt sich in dieser Beischrift mit seinem Namen vor und mit dem seines Vaters, was nötig war, um sich von seinen zahlreichen Namensvettern zu unterscheiden, sowie mit seiner Beziehung zu einer bestimmten Schutzgottheit. Eine Siegelverwendung durch eine andere berechtigte Person, etwa durch den Sohn, wurde auf der zu siegelnden Urkunde gewöhnlich besonders vermerkt, auch mit Angabe des Grundes: «Da er sein Siegel nicht zur Hand hatte» oder ähnliches. Auch die Götter selbst wurden als Siegelinhaber aufgefaßt: Siegel, die in ihrer Legende allein die Namen von Gottheiten nennen, vor allem den des Schamasch und seiner Gemahlin Aja, finden sich des öfteren auf altbabylonischen Urkunden abgerollt, und zwar gerade dann, wenn ihre Tempel als «handelnde Person» in den Urkunden auftreten. Dabei war die Legende natürlich wichtiger als die bildliche Darstellung; man achtete beim Abrollen des Siegels auf der Tontafel darauf, daß eben gerade die Inschrift lesbar wurde, die spiegelschriftlich in den Siegelstock eingeschnitten war. Das Identifizierende, Individuelle mußte auf der Urkunde erkennbar werden, und man verzichtete eher darauf, einen Teil des Bildes mit abzurollen. Gelang es nicht, die Inschrift auf die Urkunde zu übertragen, so wurde der Name des Siegelinhabers bei der Bildabrollung wenigstens notiert.

Als eine dritte Besonderheit kann bei den Motiven eine Veränderung, wenn freilich auch nicht durchgängig, beobachtet werden: Bei den sogenannten Einführungsszenen, die seit der Zeit von Ur III nicht nur in der Glyptik, sondern auch in der Reliefkunst ein gern verwendetes Motiv sind, wird der vor den Gott tretende Mensch – oder auch ein Gottkönig – an der Hand einer fürbittenden Gottheit vor den zumeist thronenden Hauptgott geführt. Damit wurde ein Mittler eingeschaltet, der sich des Menschen annahm und sich für seine Sache einsetzte. Das Motiv der

«Einführungsszene» behielt zwar in der altbabylonischen Glyptik seine Bedeutung, doch zeigen sich zuweilen Umstellungen der Komposition: Es kommt vor, daß der Mensch vor der fürbittenden Gottheit erscheint – oder auch, was im Hinblick auf die Möglichkeiten der Darstellung dieser Zeit denkbar wäre, diese als neben ihm stehend gedacht ist. Zuweilen fehlt die fürbittende Gottheit ganz, und der Mensch steht seiner Gottheit allein gegenüber. Hier dokumentiert sich ein gewachsenes Selbstbewußtsein, übertragen auf die Ebene zwischen dem Menschen und den Göttern. Man könnte vielleicht, auch wenn solche Vergleiche meistens hinken, an jene spätmittelalterlichen Bildwerke denken, auf denen sich die Stifter deutlich in den Vordergrund rücken und so den Gegenstand der Verehrung fast in den Hintergrund drängen.

Selbstbewußtsein und Verunsicherung

Wir sind damit bereits in den Bereich der religiösen Vorstellungswelt des altbabylonischen Menschen gelangt. Und wenn auch Entwicklungen im «Irdischen» nicht sofort und getreulich ihre Widerspiegelung in der religiösen Sphäre gefunden haben, so sind doch auch dort Veränderungen feststellbar, die zweifellos in eine enge Verbindung mit der gesellschaftlichen Wirklichkeit des frühen 2. Jahrtausends v. Chr. gebracht werden können. So gewinnen nunmehr neben den Landes- und Stadtgottheiten, die ihrerseits die früheren Naturgottheiten weitgehend abgelöst hatten, die «persönlichen» Gottheiten an Bedeutung. Fühlte sich der Mensch zuvor machtlos gegenüber den Dämonen, die ihm Unheil und Krankheit brachten, so übertrug er die Erkenntnis seiner eigenen gewachsenen Möglichkeiten und größeren Verantwortung nunmehr auf einen speziellen Gott, der ihm als sein Schutzgott galt und ihm nicht nur helfen konnte, sondern auch zu helfen hatte! Vielleicht ist bereits die fürbittende Gottheit der Ur-III-Zeit als persönliche Gottheit zu verstehen; die Stellung des Menschen zu ihr hat sich dann offenbar verändert. Man wandte sich direkt an den Schutzgott, und es gibt einige altbabylonische Briefe, die zeigen, daß man

Tell Harmal (Schaduppum) bei Bagdad. Restaurierte Fundamente des großen Tempels, dessen Eingänge von Terrakotta-Löwen bewacht werden, sowie (im Vordergrund) eines altbabylonischen Wohnhauses.

seine Bitten an den Adressaten, die Gottheit, in einem geradezu fordernden Ton richtete, ja sogar mit einer versteckten Drohung: Blieb die von der Schutzgottheit erwartete Hilfe aus, so «revanchierte» sich der Mensch, indem er die Opfergaben überhaupt nicht mehr – oder wenigstens nicht so reichlich und regelmäßig – darbrachte. Das Verhältnis Mensch–Gott nahm sehr persönliche, sehr menschliche Züge an; es war von einem Problem der Gemeinschaft nun zu einem Problem des Individuums geworden. Für manche Herrscher wurde diese Situation zu einem Konflikt: Offiziell galt der Gott des Landes oder der Stadt als Hauptgottheit, als Gott des Staates, doch verehrte man selbst häufig einen anderen. So äußert beispielsweise der König Jarim-Lim von Halab/Aleppo, ein älterer Zeitgenosse des Hammurapi, in einem seiner Briefe, daß der Wettergott zwar der Stadtgott seiner Residenz Halab sei, der Mondgott jedoch der Gott seines Hauptes, seiner eigenen Person[68]. Wir werden auf diese Erscheinung auch bei Hammurapi von Babylon noch einmal zurückzukommen haben.

In der Literatur hat das Persönlichkeitsbewußtsein altbabylonischer Prägung gleichfalls seine Widerspiegelung erfahren. So wurde ein neuer Typ des Helden eingeführt, eines Helden, der zuerst Mensch war, nicht Gott oder Halbgott. Es war ein Typ, der den im Leben erfolgreichen Menschen symbolisierte, den Mann, der sich durchgesetzt hatte. Aber gerade dieses gewachsene Selbstbewußtsein, das sich auch an den Göttern maß, empfand es als ungerecht und in der Welt schlecht eingerichtet, daß die Menschen – im Gegensatz zu den Göttern – sterblich waren. So wurde die Suche nach dem ewigen Leben zu einem wichtigen Motiv in der Literatur. Das nach den sumerischen Erzählungen um den Helden Gilgamesch, den von Legenden umwobenen König von Uruk, in der altbabylonischen Zeit zusammengestellte Epos, das bis zum ausgehenden 2. Jahrtausend dann zum größten Literaturwerk des alten Vorderasiens ausgeformt wurde, erhielt damals die Suche nach der Unsterblichkeit als «Leitmotiv» eingefügt. In der altbabylonischen Version des Epos wird in diesem Zusammenhang Gilgamesch der Rat erteilt: «Gilgamesch, wohin läufst du? Das Leben, das du suchst, wirst du sicher nicht finden! Als die Götter die Menschheit erschufen, teilten sie den Tod der Menschheit zu, nahmen das Leben für sich in die Hand. Du, Gilgamesch – dein Bauch sei voll, ergötzen magst du dich Tag und Nacht! Feiere täglich ein Freudenfest! Tanz und spiel bei Tag und Nacht! Deine Kleidung sei rein, gewaschen dein Haupt, mit Wasser sollst du gebadet sein! Schau den Kleinen an deiner Hand, die Gattin freue sich auf deinem Schoß! Solcher Art ist das Werk der Menschen[69]!» Daß man dem Tod nicht entrinnen konnte, wußte man mit Sicherheit, auch wenn man es als ungerecht empfand. Aber es ist interes-

Terrakotta-Löwe (restauriert) vom Eingang des Tempels von Tell Harmal (Schaduppum) bei Bagdad. Bagdad, Irak-Museum.

sant, daß hier der Rat erteilt wird, gerade eben darum das Leben zu genießen, sich nicht um das ohnehin unvermeidbare Ende zu kümmern. Und es fehlt auch der Hinweis, durch Frömmigkeit zu versuchen, das Wohlgefallen der Götter zu erringen und damit vielleicht doch noch der Unsterblichkeit teilhaftig zu werden.

Der Widerspruch zwischen dem Individuum als einer ihres Rechts bewußten Persönlichkeit einerseits und der Unsicherheit seiner wirtschaftlichen Existenz andererseits hat in der Literatur gleichfalls Widerhall gefunden. Es entstanden Werke, die oft als «Hiob-Literatur» bezeichnet worden sind: Hiob, der Held eines Buches des Alten Testaments, war ein frommer und rechtschaffener, glücklicher und reicher Mann. Er wurde durch den Bösen bei Gott verdächtigt, wurde daraufhin Prüfungen unterworfen und bewährte sich in ihnen. In Reden mit seinen Freunden erörterte er das Problem, ebenso mit Gott selbst; es ist das Problem des leidenden Gerechten, die Frage nach der Gerechtigkeit Gottes und der von ihm eingerichteten Welt. Bei Hiob endet die Geschichte mit einer positiven Entscheidung Gottes, mit einer Wiederherstellung von Hiobs Glück und seinem Reichtum. In der altbabylonischen Literatur tritt in jenen Texten, die mit dem Hiob-Problem verglichen worden sind, vor allem die Klage über die Ungerechtigkeiten in der Welt hervor, der Zweifel daran, daß die Götter alles gut eingerichtet haben. Die Konsequenz ist nicht das erfolgreiche Bestehen göttlicher Prüfung, sondern ein hedonistisches Nutzen aller günstigen Möglichkeiten oder, später dann, ein Sich-eben-Fügen, ja sogar schließlich die Erkenntnis der Aussichtslosigkeit, gegen sein Schicksal anrennen zu wollen, da es die Götter nun einmal so gefügt hatten. Weder die Entstehung dieses «Problems» in der babylonischen Literatur noch seine weitere Gestaltung können ohne eine Betrachtung des gesellschaftlichen Hintergrunds verstanden werden. Daß es gerade in der frühen altbabylonischen Periode in die schriftliche Überlieferung Eingang gefunden hat, muß mit den hier skizzierten sozialen Entwicklungen in Verbindung gebracht werden.

Denk- und Verhaltensweisen

In der schriftlichen Hinterlassenschaft der altbabylonischen Zeit haben auch Denk- und Verhaltensweisen der einfachen Bevölkerung ihre Widerspiegelung gefunden. Das gilt insbesondere für die Briefe, obwohl hier die glättende Hand und die Formulierungskunst des Schreibers, dessen Dienst für die Abfassung in Anspruch genommen wurde, gewiß manches davon verwischt haben. In die

Rekonstruierter Doppeltempel in Tell Harmal (Schaduppum) bei Bagdad.

privaten Briefe, aber auch in die an Beamte flossen dabei gelegentlich auch umgangssprachliche Wendungen ein, die ein wenig von der Sprache verraten, in der man sich auf der Straße unterhielt. Je offizieller ein Schreiben war, desto mehr folgte seine Formulierung offenbar einem Verwaltungsstandard oder übernahm Floskeln aus der Rechtspraxis.

Sind die einleitenden Gruß- und Segensworte meist noch Formsache und deuten vor allem auf die Beziehungen des Absenders zum Adressaten, sollten letzteren auch auf das nachfolgende Anliegen einstimmen, so ergeben sich aus dem eigentlichen Brieftext doch Hinweise auf die Denkweise des Absenders und auf das Verhalten des Adressaten. Es wird auf eine baldige Beantwortung gedrängt, auf mehrfache vergebliche Anschreiben verwiesen oder eine nachlässige Korrespondenz beklagt. «Schönes Benehmen» wird ironisch konstatiert oder die Gleichgültigkeit des Adressaten beklagt, dem es offenbar nicht von Bedeutung sei, ob der Absender lebe oder gestorben sei. Andererseits finden sich auch tröstende Worte für den Briefempfänger, der aber auch aufgefordert werden konnte, den Absender nicht zu verärgern oder ihm Kummer zu bereiten. In einem Schreiben gibt der Absender seiner Erregung mit den Worten Ausdruck, er sei drei Tage lang «wie ein Südsturm» gewesen und habe weder Brot noch Wasser zu sich genommen[70]. Oft wird das Herz als Sitz von Emotionen ins Spiel gebracht: Es wird gebrochen oder erfreut, es macht sich Sorgen, es schmerzt aus Reue, es soll zufriedengestellt werden oder kann rastlos sein.

Nicht selten ist in den Briefen die Ansicht zu finden, daß Wohltaten eine entsprechende Belohnung finden sollten. «Ein gesunder Mann wird demjenigen, der ihm eine Freundlichkeit erwies, diese vergelten[71].» Die Bitte um ein Entgegenkommen konnte auch mit der Wendung «netze meine Lippen mit Wasser» wiedergegeben werden[72] – im heißen Babylonien eine verständliche Phrase. Und schließlich fehlt es auch nicht an dem Hinweis, daß die erbetene Gunst nicht einem Unwürdigen zuteil werde.

Eine «Bruderschaft» zwischen Absender und Empfänger wird häufig erwähnt, vor allem mit den Worten «laß mich deine Bruderschaft erkennen» oder «wenn du wirklich mein Bruder bist», die gewiß der Umgangssprache entnommen wurden. Sie sollten Bindungen herstellen und Anliegen erfüllbarer machen; dabei mußte keineswegs ein wirkliches Bruderverhältnis zugrunde liegen, sondern auch Clan- oder Stammesverwandtschaft, Kollegialität oder andere Gemeinsamkeiten konnten damit gemeint sein. In ähnlichem Sinne sind auch Vater- oder Sohnschaft in den Briefen verwendet worden.

Vorwürfe und Klagen haben in den Briefen besonders vielfältige Umschreibungen gefunden. So heißt es etwa: «Schickt sich etwa eine solche Handlungsweise in deinen Augen[73]?», oder: «Du tatest nichts, was auch nur einen Laib Brot für mich wert gewesen wäre[74].» Es gebe niemanden, der einem «seinen Hals zuwende»[75], man sei «nackt», d. h. mittellos, und einem sei «die Kehle durchschnitten»[76] worden. Ein Briefschreiber behauptet, er lebe so, als ob er gestorben sei[77]. «Was ich seit meiner Jugendzeit niemals erlitt, das erleide ich nunmehr», heißt es in einem anderen Brief[78]. «In einem Sumpf liege ich, und unter Jammern und Weinen bin ich betrübt»[79], «aus Mangel an Essen und Trinken bin ich mager, ferner habe ich nichts anzuziehen»[80].

Ein Schreiber hat mit dem Hinweis, daß «bei meinem Herrn kein Schwacher einem Mächtigen ausgeliefert wird, solle ganz Sippar sehen»[81], offenbar den König bei seinem eignen Wort nehmen wollen und daher einen Passus königlicher Deklarationen verwendet.

Am Schluß der Briefe finden sich häufig Aufforderungen, nun nicht untätig, langsam oder nachlässig zu sein, die Sache weder auf die lange Bank zu schieben noch ganz und gar das Anliegen des Briefschreibers zu vergessen. Es fällt aber auch auf, daß bei aller Vielfalt der in den Briefen berührten Themen die engere häusliche bzw. familiäre Sphäre kaum berührt wird – sie war Sache der Familie selbst, nicht eine Angelegenheit der Korrespondenz und eines Schreibers, den man zudem zu entlohnen hatte.

Häusliches Leben

Wenn man sich ein Bild vom alltäglichen Leben altbabylonischer Zeit machen will, so stehen dafür zunächst vor allem die Briefe und Urkunden zur Verfügung. Hinzu treten die Aussagen des archäologischen Fundgutes, wie etwa von Reliefs oder Bauresten. Mit in Betracht ziehen sollte man auch Traditionen und Lebensgewohnheiten des heutigen Irak, soweit sie von Landschaft und Klima mitgeprägt wurden; sie können das originale Quellenzeugnis zwar nicht ersetzen, vermögen die Überlieferung aber verständlicher zu machen und mit Farben zu versehen[82].

Die Geburt eines Kindes, vor allem die eines Knaben, war ein wichtiges Ereignis in der Familie. Oft war das Kind durch Gebete und Opfergaben von den Göttern erfleht worden. Während der Geburt dienten Amulette zum Schutz gegen Böses, vor allem gegen Kindbettfieber, aber es wurden auch die Dienste einer «Frau, die das Leibesinnere kennt», d.h. einer Hebamme, in Anspruch genommen. Bald nach der Geburt des Kindes wurde diesem vom

Dreibeinige Schale aus Stein mit Füßen in Gestalt von Berghornziegen. Aus Susa. Höhe 18,5 cm. Paris, Louvre.

Vater ein Name gegeben; Empfindungen, Wünsche und ein engeres Verhältnis zu einer bestimmten Gottheit spiegelten sich im Namen wider, doch wurden auch Namen gegeben, die Eigenheiten des Kindes wiedergaben und heute als Spitznamen empfunden würden. Das Pflegen und – mehrjährige – Stillen des Kindes war bei wohlhabenderen Familien Sache einer Amme, mit der ein Vertrag für zwei oder drei Jahre geschlossen wurde. Die Aussetzung nicht erwünschter Kinder, wie sie etwa in der Legende über König Sargon von Akkad erwähnt und später auch in den Erzählungen über Moses sowie Romulus und Remus berichtet wird, dürfte gewiß nicht oft vorgekommen sein. Bezeugt sind des öfteren Adoptionen, um den Fortbestand der Familie und die spätere Versorgung der Eltern zu sichern. Das heranwachsende Kind konnte mit Tonfiguren oder – als Fundgut nicht erhalten – Spielzeug aus Holz, Wolle usw. spielen. Schulbesuch und Lehrausbildung werden in Texten genannt, waren aber gewiß eher Ausnahme als Regel. Später waren Verlobung und Heirat wichtige Ereignisse im sozialen Leben, wobei die Familien entscheidend mitzureden hatten.

Haus aus Schilfrohr, Südmesopotamien. Häuser dieser Art gab es in Mesopotamien auch in altorientalischer Zeit.

Man wohnte meistens in Häusern aus luftgetrockneten Ziegeln; Lehm war im alluvialen Mesopotamien ein billiges Baumaterial. Die Häuser waren ebenerdig, zuweilen aber auch zweigeschossig und mit einem flachen Dach versehen. Es wurde von Holzbalken getragen und mit einer Erdschicht abgedeckt, die zugleich vor der Sommerhitze schützte. Die Holzteile, wie Türen und Treppen, waren besonders wertvoll und wurden daher mitgenommen, wenn man das Haus aufgab. Die Räume waren oft um einen kleinen Hof angeordnet, der ebenso wie das Flachdach in das Familienleben einbezogen war; zur Straße hin gab sich das Haus abweisend und fensterlos. Wohlhabendere Häuser besaßen eine Kanalisation mit Sickerschächten oder einer Abführung des Schmutzwassers auf die Straße. Die Abfälle wurden wahrscheinlich auf die Straße geworfen, wo Hunde und andere Tiere dafür sorgten, daß wenig davon übrigblieb.

Die Räume waren kaum «möbliert». Rohrmatten lagen auf den Stampflehmböden, Kissen und Decken aus Wolle oder Ziegenhaar dienten als Bettstatt oder anderer Bequemlichkeit. Holzmöbel, wie sie auf Reliefs abgebildet und in Texten erwähnt, jedoch nur in Bruchstücken erhalten sind, gehörten gewiß zum Luxus. Da es winters auch im südlichen Mesopotamien recht kalt werden kann, wurden gelegentlich – zum Teil sogar fahrbare – Holzkohlebecken zum Heizen verwendet. Zur Beleuchtung dienten tönerne Öllämpchen, wie sie in großer Zahl bei den Ausgrabungen zutage kamen. Das Kücheninventar bestand aus Ton- und Steingeräten, die Speisen wurden mit den Händen gegessen oder mit Brot aus einer gemeinsamen Schüssel genommen. Pflanzliche Kost dominierte; Bohnen und Erbsen, Graupen und Mehlbrei, Zwiebeln und Knoblauch waren die normale Mahlzeit. Gurken und Rettiche sowie Käse konnten das Mahl ergänzen, Honig und Datteln waren zugleich Süßmittel. Fisch oder gar Fleisch waren gewiß nur besonderen Anlässen vorbehalten, beliebt waren Kuchen und süßes Brot. Im Frühjahr suchte man in der Steppe nach Trüffeln, Heuschrekken wurden nicht verschmäht. Das übliche Getränk war Wasser, kostbarster Besitz einer jeden Gemeinschaft. Es wurde aus Brunnen oder Wasserläufen geholt und in Zisternen gesammelt. In Tongefäßen, deren poröse Wandungen gleichzeitig für Kühlung sorgten, wurde es auch aufbewahrt; bei Reisen beförderte man es in Tierbälgen. Obstsäfte, oft mit Wasser zu Limonaden vermischt, ferner Milch waren weitere Getränke, Wein – vor allem aus dem nördlichen Syrien importiert – und Bier waren gewiß ebenfalls nicht tägliche Nahrung. Bier wurde mittels Röhrchen getrunken, da es von den Gerstespelzen nicht gereinigt war, und Trinken bis zum Rausch sowie Kneipen, die in nicht besonders gutem Ruf standen, haben selbst in literarischen Texten Erwähnung gefunden.

Die Bekleidung bestand vor allem aus Wollstoffen, die Tracht wechselte mit den Jahreszeiten und der Mode[83]. In der Zeit Hammurapis von Babylon waren bei den Männern lange Wickelröcke und ein togaähnliches Gewand beliebt, bei den Frauen Schulter- oder Schalgewänder. Bei der Arbeit genügte den Männern meistens ein Schurz. Frauen wie Männer schmückten sich gern mit Bändern, Armreifen und Ringen sowie Halsketten, die auch aus eingefärbten Tonperlen bestehen konnten. Zu den Vergnügungen gehörten Brett- und Würfelspiele, und ein besonderes Ereignis stellten die religiösen und anderen Feste dar.

Beim Tode eines Familienmitgliedes zeigte man seinen Schmerz, indem man sich das Haar raufte, Schmuck zerbrach, die Kleidung zerriß oder sich sogar Kratzwunden beibrachte. Es wurde laut geklagt, wozu auch Frauen oder Männer in Dienst genommen werden konnten, die sich darauf besonders gut verstanden. Die Toten wurden in Matten oder Tücher gewickelt oder in Tonsärgen unter dem Haus beigesetzt, wodurch der Zusammenhang der Familie gewahrt blieb, oder auf separaten Friedhöfen. Könige und andere Hochgestellte haben zuweilen in steinernen Sarkophagen und in Ziegelgrüften ihre letzte Ruhe gefunden. Als Beigaben dienten einige persönliche Gegenstände, Speise und Trank waren Wegzehrung bis zum Totenreich. Totenopfer und Gebete der Angehörigen sollten dem Verstorbenen den Aufenthalt im Reich der Schatten leichter machen.

Der König und die «gerechte Ordnung»

Die sozialen Konsequenzen der hier dargestellten Entwicklung in der frühen altbabylonischen Periode, vor allem die zunehmende Verschuldung und in vielen Fällen auch Verarmung gerade der kleinen Bauern und Handwerker, wurden auch für die Herrscher der mesopotamischen Staaten zu einem Problem. Als große Grundeigentümer, als Eigner riesiger Herden, als Teilhaber am Handel und wesentliche Auftraggeber für das Gewerbe waren auch sie in diese gesellschaftlichen Prozesse integriert; ja sie dürften auf Grund ihrer ganz persönlichen Interessen als private Eigentümer mit dazu beigetragen haben, sie zu beschleunigen. Andererseits waren sie als Souveräne für den gesamten von ihnen regierten Bereich zuständig, mußten sie sich als «wahre Hirten» für alle ihre Untertanen verantwortlich fühlen. In ihrer Person spiegelte sich die Widersprüchlichkeit der Rolle des Staates wider, den sie repräsentierten. Er war einerseits ein Instrument der Herrschaftsausübung, und dieser Aspekt prägte sich im Laufe der Zeit immer deutlicher aus. Aber andererseits hatte der Staat notwendige Aufgaben insbesondere bei der Aufrechterhaltung und Erweiterung der großräumigen Bewässerungssysteme, bei der Leitung einer überregionalen Kooperation zu erfüllen. Und im Interesse seiner eigenen Existenz mußte er auch gesetzliche Regelungen treffen und durchsetzen, die wenigstens einige der negativen Auswirkungen dieser gesellschaftlichen Situation mildern sollten.

So haben sich die altbabylonischen Herrscher immer wieder um «Gerechtigkeit» bemüht, haben Gesetze erlassen, die die «Witwen und Waisen, die Armen und Schwachen» schützen sollten, wie sie es selbst in ihren Inschriften immer wieder betont haben. Sie taten dies freilich nicht, weil sie sich – und das mag bei den einzelnen Fürsten unterschiedlich ausgeprägt gewesen sein – für ihre «Herde» verantwortlich fühlten, soziale Mißstände erkannten und sie zu beseitigen wünschten oder um sich den Ruf eines gerechten «Landesvaters» zu erwerben. Vielmehr waren solche Regulative eine historische Notwendigkeit, wurden diktiert von der Verschlechterung der sozialen Position und Leistungsfähigkeit gerade jener, auf deren Arbeit nicht nur die Wirtschaft des Landes basierte, sondern auf deren Dienst in der Armee auch die politische Stabilität des Staates weitgehend ruhte. Wir vermögen jetzt kaum zu beurteilen, inwieweit das dem einzelnen Herrscher selbst bewußt geworden ist; jedenfalls handelte er unter diesem Zwang. Wenn im folgenden auf die Maßnahmen «von oben» eingegangen werden soll, die sich gegen die Verschuldung, gegen die Willkür von Reichen und von Beamten wandten, so muß das Wechselspiel zwischen Notwendigkeit einerseits und subjektiver Einsicht und Bereitschaft andererseits beachtet werden – auch deshalb, weil sonst kaum verständlich wird, warum alle diese Bemühungen um das Problem letzten Endes vergeblich waren.

Daß die Schuldenerlasse und die anderen Maßnahmen sich gerade in der frühen altbabylonischen Zeit zu mehren beginnen, ist nicht zufällig. Meistens erfolgten bereits am Anfang der Regierung eines Herrschers solche «Gerechtigkeits-Akte», gleichermaßen zur Einführung des neuen Herrschers als fürsorglichen Landesvaters, als «Patriarchen» einer überdimensionalen Familie[84]. Es war ein den Göttern wohlgefälliges Unternehmen, eine positive Einleitung einer langen und erfolgreichen Regierung. In den Jahresformeln einer Reihe altbabylonischer Herrscher verschiedener Staaten, darunter auch der von Isin und Larsa, Eschnunna und Babylon, wird erwähnt, daß der König «gerechte Ordnung im Lande geschaffen» habe, daß Schuldurkunden zerbrochen, Steuerrückstände erlassen und Dienstleistungen der Bevölkerung herabgesetzt wurden. Ausführlicher werden diese «sozialpolitischen» Maßnahmen in den Gesetzen dargestellt, die uns bereits aus einer Zeit bekannt sind, ehe im Namen Hammurapis sein großes Gesetzeswerk aufgezeichnet wurde. Diesen Gesetzen gehen zum Teil Prologe voraus, in denen der Herrscher seine Absichten darlegt und seine Verdienste hervorhebt; und es sind auch Epiloge erhalten, in denen wiederum eine Selbstverherrlichung des Herrschers erfolgt und alle mit Flüchen belegt werden, die die Gesetze nicht achten, sie verändern oder auch ihre eigenen Namen einsetzen, sich das Werk also selbst zuschreiben wollen.

Ältere Rechtssammlungen

Sehen wir von den bislang ältesten Gesetzgebungen ab, die uns überliefert sind und bereits aus dem 3. Jahrtausend stammen – man denke an die «Reformen» des Urukagina (oder: Uru'inimgina) in Lagasch und den «Kodex» des Ur-Nammu, des ersten Königs der III. Dynastie von Ur –, so treffen wir in der frühen altbabylonischen Periode zunächst auf die Gesetze des Lipit-Ischtar, des fünften Herrschers der Dynastie von Isin (1934–1924)[85]. Sie wurden in sumerischer Sprache auf mehreren Tontafeln niedergeschrieben, die bei den Ausgrabungen im südmesopotamischen Nippur entdeckt worden sind. Ein Exemplar wurde im nordbabylonischen Kisch gefunden, also gar nicht weit von Babylon entfernt. Der «Kodex» ist in den Schreiberschulen offenbar häufig abgeschrieben worden, während sich das Original wohl auf einer Stele befunden hat, so wie später die Gesetze des Hammurapi. Mit diesen stimmt Lipit-Ischtars Gesetzessammlung auch in ihrem

Aufbau überein: Prolog, eigentliche Gesetze, Epilog. Im Prolog wird darauf hingewiesen, daß es die großen Götter Anu und Enlil gewesen seien, die Lipit-Ischtar in Isin einsetzten, um «Gerechtigkeit im Lande herzustellen, die Klagen zu verscheuchen, Feindschaft, Gewalttätigkeit und Waffengewalt abzuwenden, Wohlsein für Sumer und Akkad zu bringen». In Übereinstimmung mit dem Worte des Gottes Enlil habe er in Sumer und Akkad Gerechtigkeit hergestellt und die «Freiheit» der Söhne und Töchter Nippurs, Urs, Isins, von ganz Sumer und Akkad bewirkt – offenbar hatte er einen Schuldenerlaß durchgeführt. Die Dienstleistungspflicht der Bevölkerung wurde neu festgelegt: Je nach Familienstand betrug sie nun 6 oder 10 Tage im Monat – zwar immer noch eine recht beträchtliche Zeit, aber doch wohl gegenüber den Verhältnissen zur Zeit der III. Dynastie von Ur eine Erleichterung. Hier zeigt sich deutlich, daß Lipit-Ischtar versuchte, noch im Sinne der Könige von Ur zu regieren, obwohl er nicht mehr ohne weiteres über die gesamte Bevölkerung wie über das Personal einer riesigen Domäne verfügen konnte.

Was die einzelnen Bestimmungen betrifft, so ist uns nur etwa ein Fünftel des ursprünglichen Textes erhalten geblieben. Behandelt werden die Schiffsmiete und die Haftung des Schiffers, die Gartenpacht, der Diebstahl in einem Garten – als Buße werden hier 10 Sekel Silber fixiert – und das Fällen eines Baumes in einem fremden Garten, was mit ½ Mine geahndet wird, also einer recht beträchtlichen Summe, 30 Sekel entsprechend. Wenn der Besitzer eines unbebauten Grundstücks dieses so vernachlässigte, daß dadurch im Nachbarhaus eingebrochen werden konnte, so war er zum Ersatz all dessen verpflichtet, was gestohlen wurde. Man betrachte hierzu vielleicht den hier wiedergegebenen Plan des von Archäologen freigelegten Isin-Larsa-Viertels in Ur mit seinem Gewirr eng aneinanderliegender Hausgrundstücke (S. 17). Zerfiel die Wand eines Hauses, wurde auch für den Nachbarn die Gefahr eines Einbruchs größer. Ferner wurde festgelegt, daß jemand, der einem flüchtigen Sklaven länger als einen Monat Unterschlupf gewährte, «Sklaven für Sklaven» geben sollte; verfügte er nicht über einen eigenen Sklaven, so hatte er 15 Sekel Silber zu entrichten – also wohl den Preis, den ein Sklave damals kostete. Weitere «Paragraphen» behandeln die Freilassung eines Sklaven, falsche Beschuldigung, erb- und eherechtliche Fragen sowie die Ersatzpflicht für den Mieter eines Rindes, falls dem Tier etwas zustieß. Schließlich findet sich auch die Bestimmung, daß ein Grundstücksbesitzer, der sein Grundstück wegen der darauf ruhenden öffentlichen Verpflichtungen aufgab, seinen Anspruch auf diesen Boden verlor, wenn ihn ein anderer drei Jahre lang bebaut und die entsprechenden Dienstleistungen erfüllt hatte.

Bereits der Vorgänger des Lipit-Ischar, Ischme-Dagan (1953 bis 1935), hat offenbar soziale Reformen durchgeführt; von ihnen wissen wir nur aus literarischen Werken. So heißt es einmal, Nippur, die ehrwürdige sumerische Kultstadt, habe von ihm Vergünstigungen erfahren: «Der Stadt, deren Inneres und Äußeres schön wie der Himmel ist, Nippur, dem großen Mast von Himmel und Erde, habe ich es sehr wohl gehen lassen, habe es von der Geldzahlung ausgenommen, habe sein Heer die Waffen niederlegen lassen. Das Gold und Silber, das es sonst aufzubringen hatte – den Tribut der Einwohner von Nippur habe ich gelöst.» Diese Maßnahme war freilich weniger auf die sozialen Verhältnisse gerichtet als vielmehr darauf, sich unter Verzicht auf einige Einnahmen die Unterstützung dieser wichtigen Kultstadt zu sichern; dennoch dürfte sie auch den sozial schwachen Stadtbewohnern zugute gekommen sein, und so wurde es auch in späteren Bezugnahmen auf Ischme-Dagans Erlaß verstanden: «Der Mächtige verübt keinen Raub, der Starke macht den Schwachen nicht zum Mietling. Gerechtigkeit hast du (d. i. Ischme-Dagan) in Sumer und Akkad geschaffen, es dem Lande wohlgehen lassen.» Eine offensichtlich verkündete Seisachthie sowie die Privilegierung Nippurs waren also Bemühungen des Königs um «Gerechtigkeit»[86]. Schulderlasse sind auch, wenngleich begrenzt auf die Einwohner bestimmter Orte, für weitere Isin-Könige überliefert.

Das zweite bedeutende Gesetzeswerk altbabylonischer Zeit – und zugleich das erste, das in akkadischer (babylonisch-assyrischer) Sprache auf uns gekommen ist – entstand wohl kurz vor dem Regierungsantritt des Hammurapi, und zwar in Eschnunna[87]. Zwei

Exemplare wurden bei den irakischen Ausgrabungen auf dem Tell Harmal im östlichen Teil Bagdads in den Jahren 1945 und 1947 ans Licht gebracht. Hier befand sich einst die altbabylonische Stadt Schaduppum, die zum Machtbereich von Eschnunna gehörte. In den Gesetzen wird zunächst ein Preistarif verfügt, und zwar für die wichtigsten Bedarfsgüter wie Gerste, Öl, Wolle, Salz, Schmalz, auch für Kupfer. 1 Kor (300 Liter) Gerste sollte für 1 Sekel Silber verkauft werden; man war offenbar bemüht, den allmählichen Preisauftrieb für Getreide einzudämmen. Es waren sicher Höchstpreise, die hier fixiert wurden, und sie sollten wohl dazu dienen, die Möglichkeiten privater Geschäftemacherei einzugrenzen, die die wirtschaftliche Stabilität bedrohte und gerade für den kleinen Produzenten oft einen sozialen Abstieg brachte. Dem gleichen Ziel mögen auch die nachfolgenden Bestimmungen über Miettarife und Löhne gedient haben. Dabei geht es um die Miete von Ochsen und Eseln, von Schiffen, um die Löhne von Ochsen- und Eseltreibern, Schiffern, Schnittern und Worflern – also Arbeitsmitteln und Arbeitskräften, die im wichtigsten Produktionszweig, der Landwirtschaft, eingesetzt waren. Ein Mietarbeiter sollte pro Monat 1 Sekel Silber erhalten sowie – als Verköstigung – 1 Scheffel (60 Liter) Gerste. Trat er seinen Dienst aber nicht an, so hatte er dafür eine zehnfache Ersatzleistung zu geben: 10 Sekel Silber und einen Anteil an der – nicht in Anspruch genommenen – Verköstigung in Höhe von 1 Sea 5 Liter (insgesamt 15 Liter) Gerste. Es zeigt sich deutlich, welche Bedeutung die Frage der Arbeitskräfte gerade in der Landwirtschaft besaß.

Felddiebstahl und Einbruch, Geschäftsfähigkeit von Personen sowie eherechtliche Bestimmungen folgen den Tarifen. Bei der Behandlung von Darlehen wird auch der Zinssatz fixiert: Für 1 Sekel Silber sollten ⅙ Sekel plus 6 Gran, d. h. etwa 20 Prozent, gegeben werden, bei Gerste auf 1 Kor ein Zins von 1 Scheffel plus 4 Sea, d. h. 33⅓ Prozent. Es sind das Zinssätze, die wir dann auch in der Gesetzessammlung des Hammurapi wiederfinden. Ein Gerstedarlehen sollte nicht vor der Ernte zurückverlangt werden – für den Schuldner war es häufig schwierig, zu diesem Zeitpunkt der Forderung nachzukommen, und Insolvenz hätte ihn in Schuldknechtschaft führen können. Weiterhin befassen sich einige «Paragraphen» mit der unberechtigten Pfandnahme, so etwa: «Wenn ein Mann gegen einen anderen Mann keine Forderung hat, dennoch aber die Sklavin des anderen Mannes pfändet und die Gepfändete in seinem Hause festhält und sie sterben läßt, so wird er dem Herrn der Sklavin 2 Sklavinnen ersetzen.» Nach Ehe- und Familienangelegenheiten, bei denen auch notiert wird, daß ein Stadtbewohner flüchten und seine Frau zurücklassen konnte, folgt die Fixierung einer Buße von ⅓ Mine (20 Sekel) Silber für die Entjungferung der Sklavin eines anderen; es war praktisch ein Eingriff in privates Eigentum. Weitere Regelungen betreffen die Adoption – vor allem im Hinblick auf die erbrechtlichen Konsequenzen – und das Depositum, ferner besondere Fälle des Kaufs, von Körperverletzungen – sie werden mit Geldbußen bestraft – an freien Personen sowie Flucht und Verbergen von Sklaven, die als solche gekennzeichnet waren. Schließlich wurde eine Haftung von Ochsen- und Hundehaltern für ihre Tiere festgelegt, wobei unterschiedliche Geldbußen zu entrichten waren, wenn diese Tiere jemanden töteten: bei einem freien Mann ⅔ Mine Silber, also 40 Sekel, bei einem Sklaven nur 15 Sekel, also seinen Kaufpreis. Den Abschluß bilden die Verantwortlichkeit eines Eigentümers einer Mauer für den guten Zustand dieses Bauwerks sowie verschiedene Fragen der Ehescheidung. Verstöße gegen diese gesetzlichen Bestimmungen sollten je nach ihrer Gewichtigkeit vor den Gerichten verhandelt werden: Ging es um Fälle von schwerwiegenden Delikten, um Prozesse um Leben und Tod, so war das Gericht des Königs zuständig. Fälle, die Bußleistungen zwischen ⅓ und 1 Mine Silber nach sich zogen, sollten vor den Richtern von Eschnunna zur Verhandlung gebracht werden. Bei noch geringeren Vergehen war ein Einschalten des Gerichts wohl überhaupt nicht notwendig.

Diese Gesetze von Eschnunna, wahrscheinlich verfaßt zu Beginn des 18. Jahrhunderts v. Chr., spiegeln deutlich einige Tendenzen wider: Es galt, das Eigentum des Einzelnen zu sichern, das Verhältnis des Palastes zur übrigen Wirtschaft in einigen Punkten klarer zu definieren und ganz allgemein die wirtschaftliche Situation zu stabilisieren.

Daß alle diese «Gerechtigkeits-Akte» und auch die Gesetze, deren Zahl bestimmt größer war, als wir heute sehen können, nicht voll wirksam wurden und die Verschuldung von Teilen der Bevölkerung nicht wesentlich aufzuhalten vermochten, wird aus verschiedenen Umständen ersichtlich: Einmal mußten solche Akte immer wieder neu durchgeführt werden. Zwar gehörte das «Schaffen von Gerechtigkeit», das «Festsetzen der Freiheit» für die Bevölkerung bestimmter Orte schon zum Programm eben auf den Thron gelangter Herrscher, waren sie eine Art traditioneller Verpflichtung geworden. Doch es ist auch bezeugt, daß solche Maßnahmen zuweilen innerhalb der Regierung eines Königs mehrfach getroffen wurden, und schließlich hatten auch die Gesetze selbst das Ziel, in dieser Richtung wirksam zu werden. Vor allem aber sind die zahlreichen Urkunden und Briefe altbabylonischer Zeit ein unmittelbares Zeugnis dafür, daß «das Böse» nicht ausgerottet wurde. Die in den Gesetzen fixierten Preise und Löhne wurden nicht immer eingehalten, und man nutzte offenbar die Gunst einer Situation oder auch die weite Entfernung von der königlichen Residenz, um diese Festlegungen zu umgehen. Diese Erlasse der Herrscher konnten keinen historischen Prozeß aufhalten, der das Ergebnis einer langwährenden Entwicklung der gesellschaftlichen Verhältnisse in Mesopotamien war und sich in fast allen Bereichen des menschlichen Lebens zur Geltung brachte. Dem Wirken einzelner Persönlichkeiten, auch dem zweifellos bedeutender Herrscher, waren objektive Grenzen gesetzt. Zudem betrafen die königlichen Regelungen immer nur Auswirkungen dieser Entwicklung, sollten sie bestimmte soziale Mißstände im Interesse der eigenen Herrschaft beseitigen; sie richteten sich nicht gegen das System selbst, in das der König mehr oder weniger integriert war und von dem er profitierte.

Formen sozialer Konflikte

Es bleibt zu fragen, inwieweit diejenigen, die von den negativen Auswirkungen der «Individualisierung» der gesellschaftlichen

Verhältnisse in erster Linie betroffen waren, sich zur Wehr zu setzen vermochten. Sie waren ständig von der Gefahr bedroht, auf der Leiter der Abhängigkeitsverhältnisse über die Stufen der Verschuldung, der Pfandstellung, der Verpfändung von Familienangehörigen, von Grund und Boden oder ihrer eigenen Person sozial abzusteigen, zu verarmen, wirtschaftlich und schließlich auch juristisch in fremde Gewalt zu geraten. Eine Auflehnung der Bevölkerung gegen diese Mißstände ist in den schriftlichen Quellen der altbabylonischen Zeit nirgends überliefert. Die Maßnahmen der babylonischen Könige selbst deuten zwar auf soziale Spannungen, sind aber kein sicherer Hinweis auf voraufgehende Unruhen. Selbst wenn in der Omenliteratur ein Aufruhr der Bauern gegen einen nicht genauer bezeichneten «Feind» als mögliche Variante mit durchgespielt wird, so deutet das nicht unbedingt auf größere gewaltsame Auseinandersetzungen. Immerhin aber zeigen sie – ebenso wie die in einem literarischen Text überlieferte Auflehnung der niederen Götter gegen die oberen –, daß solche Kämpfe in der Vorstellungswelt der Bewohner Babyloniens ihren Platz hatten[88].

Gewiß hat hier eine Rolle gespielt, daß die als «Haus» bezeichnete Einheit noch gut funktionierte und in vielen Fällen – als eine Art Sozialversicherung – das Schlimmste verhüten konnte. Die «Individualisierung» hatte noch nicht grundsätzlich und überall, vor allem nicht im ländlichen Bereich, die älteren Strukturen auflösen können. Verwandtschaftliche Bindungen und Zugehörigkeit zu einer bestimmten Gemeinde wogen noch schwerer als ein gleicher sozialer Status, der ohnehin durch vielfältige ökonomische und juristische Abhängigkeiten verwischt sein konnte. Nicht zu unterschätzen ist ferner die Bedeutung der religiösen und Königs-Ideologie, die einerseits den Herrscher der Welt der Götter annäherte oder sogar zuordnete, andererseits die gegebene Ordnung als von den Göttern so geschaffen und damit unveränderlich betrachtete. Interessanterweise spiegelt sich in der späteren altbabylonischen Periode und in der sich anschließenden kassitischen Zeit in der Literatur immer mehr die Vorstellung wider – oder sie wurde propagiert –, der Mensch könne nur mit göttlicher Hilfe Unheil überwinden, er selbst sei unwürdig und unvermögend.

Auch wenn damit bereits über die altbabylonische Zeit hinausgegriffen wird, soll in diesem Zusammenhang das in kassitischer Zeit, d.h. in der 2. Hälfte des 2. Jahrtausends v. Chr. entstandene Werk «Ich will preisen den Herrn der Weisheit» herangezogen werden – ein Text, der zuweilen als «babylonischer Hiob» bezeichnet worden ist. Das bereits erwähnte Problem des leidenden Gerechten wird aufgegriffen und in einem langen Monolog formuliert[89]. Der Erzähler war von seinen Göttern im Stich gelassen worden. Alle verlassen ihn, alle Übel überkommen ihn. In drei Träumen wird ihm, der nicht begreifen kann, warum der Gott ihn verließ, seine Errettung verheißen, die schließlich nach göttlichem Ratschluß auch erfolgt. Aber es war nur durch die Götter allein möglich, dem Unheil zu begegnen, und es sind nun sehr ferne Götter, die über des Menschen Geschick verfügen und deren Willen niemand erforschen kann: «Wer kennt den Willen der Götter im Himmel? Wer versteht die Pläne der Unterwelt-Götter? Wo haben je die Sterblichen den Ratschluß eines Gottes erforschen können?» Ja, es wisse niemand selbst, ob seine Tat gut oder schlecht sei. Der Verfasser des Werkes findet keine andere Lösung des Problems als die, sich im Vertrauen auf die Götter und darauf, daß das Mißgeschick nur zeitweilig sei, allem zu unterwerfen. Wie anders also ist das Verhältnis Mensch–Gott hier ausgedrückt als in der frühen altbabylonischen Periode!

Etwas später als dieser Monolog des leidenden Gerechten ist die babylonische «Theodizee» abgefaßt worden, ein Dialog zwischen dem Leidenden, der sich über die sozialen Ungerechtigkeiten beklagt, und einem Freund, der mit dem Hinweis auf die Gerechtigkeit der göttlichen Weltordnung den Zweifelnden auszusöhnen versucht[90]. Der Leidende schildert sein persönliches Mißgeschick und fragt, warum es möglich sei, daß einige Menschen die anderen unterdrücken? Warum schützen nicht die Götter diejenigen, die selbst dazu nicht in der Lage sind? Warum tun die Mächtigen den Schwachen Böses? Beide, der Leidende und der die bestehende Ordnung rechtfertigende Freund, sind sich einig darin, daß die Götter selbst die Menschen für Lügen und Unterdrückung anderer so empfänglich gemacht haben. Aber der Leidende sieht keinen Ausweg aus seiner Misere; er möchte am liebsten alle seine Bindungen aufgeben und das Leben eines Vagabunden führen. Der Freund dagegen preist eine vertrauensvolle Frömmigkeit als alleinigen Weg zum Reichtum.

Wenn mit diesen beiden Beispielen aus der Literatur um Jahrhunderte vorgegriffen wurde, so deshalb, um eine literarische Widerspiegelung der gesellschaftlichen Veränderungen in Mesopotamien anzudeuten und zu zeigen, wie sich die Antwort auf zweifelnde Fragen hinsichtlich der Gerechtigkeit der Weltordnung ins Passive wendete. An den persönlichen Gott und seinen Einfluß auf den Gang der Dinge glaubte man offenbar kaum noch; die Götter wurden ähnlich der irdischen Majestät immer mehr den Menschen entrückt, waren nicht erreichbar und schon gar nicht beeinflußbar. Diese Vorstellungen haben, wenn sie in der Bevölkerung wirksam wurden, zweifellos das Entstehen «revolutionärer» Gedanken und Bestrebungen eines gewaltsamen Veränderns sozialer Verhältnisse gehemmt.

Es läßt sich nur schwer feststellen, wie tief solches Gedankengut schon in der altbabylonischen Periode allgemein in das Bewußtsein der Menschen gedrungen war. Die sozialen Gegensätze hatten sich zwar beträchtlich zugespitzt, aber nicht zu Auseinandersetzungen späteren Ausmaßes geführt; sie waren durch eine Vielzahl unterschiedlicher Abhängigkeitsverhältnisse verwischt. Dennoch finden sich auch im Quellenmaterial dieser Zeit deutliche Hinweise auf Widerstand, vor allem Flucht[91].

Bereits vor dem 2. Jahrtausend hatten Abhängige versucht, sich durch die Flucht der Willkür eines Herrschers und seiner Beamten zu entziehen. Aber gerade in der frühen altbabylonischen Periode begann die Flucht als Ausdruck sozialen Protestes an Bedeutung zu gewinnen und spielte während des ganzen Jahrtausends dann in Babylonien sowie anderen Zentren Vorderasiens eine Rolle. Gelegentlich häufen sich die Anzeichen dafür in den schriftlichen Zeugnissen derart, daß sogar von einer Fluchtbewegung gesprochen wird. Daß Sklaven ihrem Herrn zu entfliehen suchten, hat auch in den Gesetzessammlungen des Lipit-Ischtar und von Eschnunna sowie auch des Hammurapi seinen Ausdruck gefunden. In den altbabylonischen Urkunden wird des öfteren notiert, daß sich Dienstleute durch die Flucht ihren Verpflichtungen entzogen, und auch in den Verträgen über die Dienstmiete wird sie mit einkalkuliert. Offensichtlich bot gerade die politische Zersplitterung Mesopotamiens der Flucht gute Erfolgsaussichten, und vielleicht hat auch eine Rolle gespielt, daß sich bestimmte städtische Sonderrechte ausbildeten und ein Flüchtling von den städtischen Behörden oder auch den einzelnen Bürgern nicht ohne weiteres ausgeliefert wurde. Wahrscheinlich erleichterte der Gedanke an ein Ausweichen innerhalb Babyloniens den Entschluß zu fliehen, wenn man sich auch von der Familie trennen,die gewohnte Umgebung verlassen und damit rechnen mußte, in noch schwierigere soziale Verhältnisse zu gelangen; immerhin war aber die Rückkehr nach einiger Zeit möglich. Die Flucht in die Berge, in die Wüstensteppe – es sei denn, man fand hier bei den eigenen Stammesangehörigen Zuflucht – oder in andere schwer zugängliche und für die staatlichen Autoritäten kaum zu kontrollierende Gebiete bedeutete dagegen eine starke Umstellung. Sie erfolgte gewiß nur im ärgsten Notfall; die Flüchtlinge schlossen sich dann teilweise zu Gruppen zusammen, die diese Gegenden unsicher machten und sogar den Handelsverkehr zu stören vermochten.

Eine andere Art des Widerstands waren die bewußt nachlässige Arbeit oder das Verlassen des Arbeitsplatzes; auch das Nichterscheinen am vorgegebenen Ort wird in verschiedenen Texten erwähnt. Zu diesen Mitteln des Protestes griffen vor allem Halbnomaden, die bei ihrer Stammesgruppe einen Rückhalt hatten. Dazu sind insbesondere die Briefe aus Mari aufschlußreich. Aber auch dienstpflichtige Bauern Babyloniens haben zuweilen die Arbeit verweigert – vor allem dann, wenn sie zu Hause dringende Feldarbeiten erwarteten. Bewußter Protest und individuelle Veranlagung sind hierbei freilich nicht immer gut auseinanderzuhalten.

Dieser Widerstand ist oft als «passiv» bezeichnet worden – nicht ganz zu Recht; denn sowohl Flucht als auch Arbeitsniederlegung erforderten aktive Entscheidungen. Es wäre auch unrichtig, hier – wie auch in späteren Zeiten – von einer besonderen Duldsamkeit des babylonischen Menschen zu sprechen, wenngleich ihn die

Religion dazu erzog. Es war auch keine besondere Veranlagung, die gerade diese Formen des Widerstands ausbildete, sondern die Ursache lag in der konkreten historischen Situation. Nicht zufällig hat gerade die «individualisierte» Gesellschaft mit ihrer dezentralisierten Produktion vor allem individuelle Formen des Protestes hervorgebracht.

Dies bedeutet jedoch nicht, daß die einfache Bevölkerung eine nur geringe oder sogar überhaupt keine Rolle gespielt hätte: Ihr Verhalten führte letztlich zu einer Reihe von Maßnahmen im sozialen Bereich, ihre Reaktionen auf politische Ereignisse mußten berücksichtigt werden und beeinflußten manche wichtige Entscheidung. Als unmittelbare Produzenten und als Soldaten im Aufgebot ihrer Fürsten war sie ein Faktor, mit dem stets gerechnet werden mußte. Daß sie sich nicht zu gemeinsamen Aktionen zusammenfanden, lag an den Bedingungen ihrer Zeit.

Als Zeugnis für das Gesagte sei auf einen Text verwiesen, den der König Sin-iddinam von Larsa (1849–1843) für seinen Vater Nur-Adad (1865–1850) abfassen ließ[92]. Es handelt sich um eine Art Begleitschreiben für eine silberne Statue seines Vaters, die auf Weisung Sin-iddinams angefertigt und in den Tempel des Gottes Schamasch in Larsa gebracht wurde. Am Anfang des sumerisch geschriebenen Textes steht die Widmung an den Gott Schamasch, sodann stellt sich der Stifter der Statue vor, der den Zweck der Gabe nennt: Sie möge dem Heil und dem Andenken seines königlichen Vaters dienen. Es folgt eine Darstellung historischer Ereignisse vor dem Regierungsantritt des Nur-Adad in Larsa, die zum Ausgangspunkt für die Machtübernahme Nur-Adads wurden: Ein Feind, dessen Name nicht genannt wird, drang in das Königreich Larsa ein. Dabei nutzte er, wie das anscheinend bei Auseinandersetzungen im mesopotamischen Irrigationsbereich des öfteren praktiziert wurde, die Abhängigkeit des Landes vom Kanalnetz aus: Er verstopfte Kanäle, öffnete Schleusen usw. Es kam zu Überflutungen, die die Pflanzen vernichteten. In Larsa brach eine Hungersnot aus, und die einzelnen Familien wandten sich gegeneinander. «Auf den weiten Plätzen brach der Kampf aus, man tötete sich mit dem Dolch. In den Straßen war Verderben. Brüder fraßen sich gegenseitig. Die Leute, die den Hunger überlebten, gingen durch die Waffen zugrunde. Einer beraubte den anderen.» Diese Verhältnisse eines Bürgerkrieges erbarmten Schamasch, und er beschloß, seine Stadt wiederherzustellen. Auf sein Geheiß, so überliefert der Text, wurde ein «gerechter Hirte» unter der zahlreichen Menge ausgewählt – Nur-Adad. Sein Vorgänger, der König Sumu'el, war offenbar gerade in diesen Tagen der Wirren verstorben. Nur-Adad bestieg den Thron und empfing, wie es heißt, von Schamasch selbst die Weisungen, wie das Land wiederherzustellen sei. Er vertrieb die Feinde, brachte das Kanalsystem wieder in Betrieb und ließ diejenigen Bürger Larsas richten, die sich dem Feind verbündet hatten. So stellte Nur-Adad in Larsa die Ordnung zwar wieder her; für ihn bedeutete dies eine Festigung seiner Herrschaft, für seine Untertanen jedoch die Wiedereinführung der früheren Zustände. Die Wirtschaft kam wieder in Gang, von sozialen Maßnahmen ist dagegen nicht die Rede. Krieg und Bürgerkrieg hatten lediglich einen anderen Herrscher an die Macht gebracht.

Hammurapi und die Grundlagen seiner Macht

Die neue Zentralisation

Bisher hat die sogenannte Individualisierung der altbabylonischen Gesellschaft im Mittelpunkt gestanden, nebst allen Auswirkungen, die diese Entwicklung hatte. Dieser Prozeß setzte sich zwar weiter fort, doch lenkt eine Erscheinung unsere Aufmerksamkeit auf sich, die dazu berechtigt, nunmehr einen neuen Abschnitt zu beginnen. Allerdings wäre es verfehlt, von erneuten grundlegenden gesellschaftlichen Veränderungen zu sprechen, von einer tiefgreifenden Umformung der sozialen Struktur, von einer Aufhebung der «Individualisierung» und einem Auslöschen ihrer Folgeerscheinungen.

Sowohl im Urkundenmaterial als auch in den zahlreichen Briefen aus der zweiten Hälfte der altbabylonischen Periode zeichnet sich eine Entwicklung ab, die man als eine Zentralisation der Kontrolle sowie des Eigentums bei einer fortdauernden Dezentralisation der Produktion bezeichnen kann. Das Königsland und seine Bearbeitung stehen im Vordergrund der inschriftlichen Zeugnisse Babyloniens, wohingegen die Landkäufe durch private Personen aufhören oder zumindest zurückgehen. Man wird dabei mit lokalen Unterschieden vor allem zwischen dem Bereich der alten Königsresidenzen und dem neu erschlossenen Land sowie jenen Orten und Gebieten zu rechnen haben, in denen sich das Königsland weniger konzentrierte. Aber insgesamt zeigt sich ein starkes Anwachsen des Königslandes, und besonders die Regierungen des Rim-Sin in Larsa und die des Hammurapi von Babylon haben das Königsland offensichtlich stark erweitert.

Rim-Sin, der bereits einen beträchtlichen Teil Südmesopotamiens beherrschte und Städte wie Larsa und Ur regierte, eroberte die Stadt Uruk, worüber die Formel seines 21. Regierungsjahres Auskunft gibt: «Mit der gewaltigen Waffe, die ihm Gott Enlil gab, zerstörte er (d. i. Rim-Sin) Uruk, besiegte seine Hilfstruppen, übte aber Schonung gegen seine Bevölkerung.» Und fast zehn Jahre später gelang ihm mit der Einnahme von Isin eine weitere bedeutende Eroberung: «Mit der hohen Waffe der Götter Anu, Enlil und Enki eroberte der wahre Hirt Rim-Sin die Königsstadt Isin und deren ganze Bevölkerung, soviel ihrer war, ließ ihrer zahlreichen Einwohnerschaft Schonung des Lebens angedeihen und machte seinen königlichen Namen für alle Zeiten berühmt[93].» Damit war ganz Süd- und Mittelbabylonien unter die Herrschaft des Rim-Sin gefallen, und es ist sicher, daß dadurch auch das Königsland stark anwuchs, über das Rim-Sin verfügen konnte. Zudem hat gerade Rim-Sin, wie seine Jahresformeln ausweisen, eine Anzahl von Kanälen graben oder erweitern lassen. Allein neun seiner Regierungsjahre tragen einen Namen, der sich auf den Bau eines Kanals bezieht, und es darf angenommen werden, daß auch in den 31 Jahren seiner Herrschaft, die nach der Eroberung Isins benannt wurden, die Kanalanlagen erweitert und neues Land erschlossen wurden. Auch hierdurch wird sich das Königsland vermehrt haben.

Hammurapi von Babylon hat, wie bereits erwähnt wurde, Rim-Sins Herrschaftsbereich erobert, zunächst Uruk und Isin, sodann Larsa selbst. Damit war ihm das gesamte Zweistromland bis hin zum Persischen Golf untertan. Eroberungen in Richtung auf den Mittellauf von Tigris und Euphrat folgten, und auch das brachte ein Anwachsen des unmittelbaren Königslandes mit sich, wenn sich auch sein Schwerpunkt im südlichen Teil Mesopotamiens befunden haben dürfte. Von Hammurapi sind ebenfalls viele Kanalbauten überliefert, und dabei neu gewonnenes Land wurde wohl vorrangig in das Eigentum des Königs überführt. Wenn Urkunden aus verschiedenen Orten, wie aus Ur, Larsa und Dilbat, das Zurückgehen privaten Landerwerbs anzeigen, dann kann das auch mit der Zentralisation des Bodeneigentums in den Händen des Staates bzw. des Königs – vielleicht sogar mit Hilfe von gesetzlichen Bestimmungen – in einen Zusammenhang gebracht werden. Wie dem auch sei: Gerade zur Zeit Rim-Sins und Hammurapis ist es zu einer wachsenden Konzentration von Land in der unmittelbaren Verfügungsgewalt dieser Könige gekommen, und dieser Grundbesitz war die stärkste Stütze ihrer Macht und ihres Anspruchs, Herr des gesamten Landes zu sein.

Es wurde schon vermerkt, daß im Gebiet der Bewässerungslandwirtschaft die erforderliche einheitliche Leitung und Koordinierung der Arbeiten mit der Ausdehnung der Irrigationssysteme auch die Zentralisationsbestrebungen der Herrscher begünstigte. Der König und sein Beamtenapparat hatten hier eine wirkliche Leitungsfunktion. Aus der Aufsicht über die Bewässerung erwuchs die Verfügungsgewalt über das Wasser als ein wichtiges Machtmittel gegenüber den einzelnen Gemeinden. Gerade Hammurapi hat sich in zahlreichen seiner Briefe den Fragen der Bewässerung und Instandhaltung der Kanäle gewidmet und sich dieses Problems auch in seinen Gesetzen angenommen. Die politische Einigung Mesopotamiens – vor allem Babyloniens – war auch von diesem Gesichtspunkt her eine Leistung im Sinne des historischen Fortschritts; sie entsprach den Notwendigkeiten der agrarischen Produktion. Hinzu kam, daß eine erweiterte Reproduktion, vor allem die – sowohl im Hinblick auf die Bodenverschlechterung durch die Versalzung als auch die wachsende Bevölkerungszahl – notwendige Ausdehnung des Ackerbaus auf bislang ungenutzte Flächen oft von den einzelnen Gemeinden oder Bezirken nicht durchgeführt werden konnte.

Wahrscheinlich haben die Könige, die dem «amurritischen» Bevölkerungselement angehörten, gerade bei diesen Stammesgruppen Unterstützung gefunden, vor allem bei ihren militärischen Unternehmungen. Wenn sich Hammurapi das Epitheton eines «Protektors» oder «Vaters» eines amurritischen Stammes zulegte, so wie das vor ihm schon viele andere Könige Mesopotamiens taten, war das wohl dennoch mehr als nur ein Postulat. Eine Genealogie der Hammurapi-Dynastie, niedergeschrieben zur Zeit des Ammisaduqa als eine Art Liste der zum Totenopfer geladenen verstorbenen Könige, führt bis weit in die Zeit vor Sumuabum zurück, der in Babylon die Macht zu Beginn des 19. Jahrhunderts

v. Chr. übernommen hatte[94]. Als Namen dieser fernen Vorfahren erscheinen solche, die auch als Stammesbezeichnungen bekannt sind. Man war sich demnach wohl immer noch der Herkunft aus dem Stammesmilieu bewußt – oder wollte es sogar wieder ins Gedächtnis rücken, obgleich man von dieser Vergangenheit nur noch verschwommene Vorstellungen besaß. Die Tradition der Babylon-Dynastie berührte sich hier eng mit der der assyrischen Könige, die in der Königsliste die Vorgänger des Schamschi-Adad I. als «Könige, die in Zelten wohnten» notiert[95].

In Verbindung mit der Frage, worauf sich der König bei der Durchsetzung seiner despotischen Gewalt, bei der Realisierung seiner Souveränität in einem größeren Territorium stützen konnte, darf auch seine Rolle in Religion und Kult nicht unerwähnt bleiben. Es wurde bereits festgestellt, daß die Auseinandersetzung zwischen «Palast» und «Tempel» schon im 3. Jahrtausend zugunsten des Palastes, der weltlichen Autorität, entschieden worden war. Der König war Vertreter seiner Untertanen gegenüber den Göttern, und Naram-Sin von Akkad sowie die Nachfolger des Ur-Nammu von Ur haben für sich sogar die Vergöttlichung in Anspruch genommen: Sie setzten das Gottes-Determinativ vor ihre Namen, ließen sich mit der Hörnerkrone darstellen, die in der Ikonographie die Göttlichkeit anzeigte, und ihnen wurden Kapellen errichtet sowie Opfer dargebracht. Nach dem Untergang von Ur III traten auch einige Herrscher der kleineren Territorialstaaten der Gesamtheit ihrer Untertanen in einer göttlichen Überhöhung entgegen, hinter der die Gebundenheit an einen lokalen Kult verblaßte. Diese Göttlichkeit war sowohl Zeichen gewachsener Macht als auch Mittel zu ihrer Aufrechterhaltung. Dagegen hat Hammurapi von Babylon davon keinen Gebrauch gemacht, und die Darstellung seines Herrschaftssystems läßt vielleicht erahnen, warum er auf die Bezeichnung als Gott verzichtete. Im übrigen hat die Herrschaft der weltlichen Autorität über die Tempel ganz konkrete ökonomische Konsequenzen gehabt: Die Heiligtümer und ihre wirtschaftlichen Ressourcen wurden nicht nur dem «Palast» nutzbar gemacht, sondern es kam auch zu «Säkularisierungen» von Tempelland. Die Priesterschaft, soweit sie tatsächlich noch als solche fungierte, wurde in die Schar der königlichen Beamten einbezogen.

Neben diesen günstigen Bedingungen für eine Zentralisation der ökonomischen und politischen Macht, zu denen auch noch die Rolle im Fernhandel gerechnet werden darf, ist die Bedeutung der Herrscherpersönlichkeit selbst nicht zu vergessen. Könige wie Schamschi-Adad I. und Hammurapi haben zweifellos einen starken Einfluß auf ihre Umgebung besessen, haben ihren Willen konsequent durchgesetzt und gewiß viele Bewunderer gehabt – auch bei der ärmeren Bevölkerung. Sie proklamierten nicht nur «Gerechtigkeit», sondern bemühten sich um sie tatsächlich – gerade für Hammurapi finden sich dafür zahlreiche Zeugnisse.

Des Königs Sorge um sein Land

Betrachten wir die altbabylonischen Verhältnisse zur Zeit Hammurapis und seiner Nachfolger, so sind die zahlreichen Briefe das lebendigste und unmittelbarste Zeugnis. Ihre Aussage wird durch die der Urkunden sowie die der großen Gesetzessammlung ergänzt.

Hammurapi selbst – oder besser: seine Kanzlei – hat eine sehr umfangreiche Korrespondenz geführt. Etwa anderthalb Hundert Briefe sind bisher bekannt, die im Namen des Hammurapi ausgefertigt wurden, und dabei handelt es sich nur um jene, die man in der Stadt Larsa gefunden hat und die aus einem Zeitraum von etwas mehr als zehn Jahren stammen. Andere Hammurapi-Briefe wurden in Mari entdeckt – man darf sicher sein, daß noch viele seiner Schreiben unter den Trümmern altbabylonischer Städte Mesopotamiens und Syriens begraben liegen. Aus der nächsten Umgebung Hammurapis kamen die Schreiben, die Awel-Ninurta absandte; er übte offenbar im Königspalast ein hohes Amt aus.

Die Briefe bezeugen das außerordentliche und unmittelbare Interesse, das man bei Hofe für alle Belange des Reiches und seiner Wirtschaft zeigte – insbesondere aber für alle Fragen, die die königlichen Ländereien betrafen. Nicht zufällig standen gerade die südlichen Gebiete Babyloniens im Mittelpunkt der Korrespondenz, in denen sich das staatliche, d. h. königliche Grundeigentum konzentrierte. Vor allem zwei Beamtennamen finden sich dabei oft genannt: Sin-iddinam und Schamasch-hasir.

Bislang sind uns ungefähr sechzig Briefe bekannt, deren Adressat Sin-iddinam ist. Sie betreffen so unterschiedliche Angelegenheiten wie den Kult, Prozesse und Beschwerden, Abgaben, Heeresdienst, Kanal- und Deichbauten, Schiffstransporte, Arbeitskräfte und anderes mehr. Sin-iddinam muß demnach in Larsa eine sehr verantwortungsvolle Funktion ausgeübt haben, wobei ihm eine Reihe weiterer Beamter unterstellt war. Er wird in den Briefen niemals mit einem Titel angeredet, und wahrscheinlich hat er einen solchen auch gar nicht geführt. Vielleicht müssen wir in ihm weniger einen beamteten Statthalter oder Gouverneur von Larsa und der Südprovinz sehen, als vielmehr einfach eine Vertrauensperson des Hammurapi, die nach Larsa entsandt worden war, um dort die Interessen des Königs von Babylon zu vertreten und sich vor allem um die Belange der Palastwirtschaft zu kümmern. Seine Situation war dabei nicht immer angenehm: Auf der einen Seite war er einer strengen Kontrolle durch den Herrscher selbst unterworfen; ständig empfing er Anweisungen, Rügen, Mahnungen. Andererseits setzte ihm auch die Bevölkerung zuweilen Widerstand entgegen – etwa durch die Verweigerung als ungerecht empfundener Dienstleistungen – und beschwerte sich über ihn direkt bei Hofe.

Was Schamasch-hasir betrifft, so zeigen die an ihn gerichteten – mehr als einhundert – Briefe ein etwas einheitlicheres Bild und lassen seine Funktion besser eingrenzen. Meistens geht es um Felder und Gärten, um ihre Vergabe und das Vermessen, um ihre Bewässerung sowie um Klagen über das unrechtmäßige Fortnehmen von Land. Auch er wird dabei immer wieder von Hammurapi angewiesen, gemahnt, gerügt, und auch über ihn hat mancher beim König selbst Beschwerde geführt, wenn er sich ungerecht behandelt fühlte. Schamasch-hasir war offenbar mit der Verwaltung des Königslandes im Bereich von Larsa betraut und hatte es dabei vor allem mit Leuten zu tun, die im Dienste des Königs standen und von ihm Land erhalten hatten und sich mit ihren Klagen dann auch direkt an ihren Dienstherrn wandten.

Da der Boden das wichtigste Mittel zur Sicherung des Lebensunterhalts darstellte und daher die Grundbesitzverhältnisse den Ausgangspunkt bilden müssen, wenn man ein Bild der Hammurapi-Zeit entwerfen will, soll gerade mit diesen Briefen Hammurapis an Sin-iddinam und Schamasch-hasir begonnen werden. Wir gelangen mit ihnen zeitlich in das letzte Jahrzehnt seiner Regierung – nach der «mittleren» Chronologie etwa in die Jahre zwischen 1760 und 1750.

Man erhielt vom König Land zugeteilt, indem dieser zunächst eine gesiegelte Urkunde ausstellen ließ, die dem künftigen Besitzer Land in einem bestimmten Umfang zuwies. Bei den Empfängern handelte es sich um Personen mit den verschiedensten Berufen; wir finden unter ihnen vor allem Heeresangehörige unterschiedlicher Ränge, Finanzbeamte, Richter und Schreiber, kultisches Personal, wie Opferschauer, Fahrer von Kultwagen, Reisigträger und Fischer des Schamasch-Tempels von Larsa, ferner Musikanten und Köche, Hirten, Vogelfänger, Fischer und verschiedene Handwerker: Maurer, Kupferschmiede und Goldschmiede, Rohrmattenflechter, Dachmacher, Weber, Korbflicker. Sie alle standen im Dienst des Königs und bekamen dafür Landanteile. In einem Brief der königlichen Kanzlei an Schamasch-hasir wird letzterer ausdrücklich gerügt, daß er einem Mann, der Königsdienst versah, Felder fortgenommen und an Personen gegeben habe, die in keinem Dienstverhältnis zum Herrscher standen. «Kannst du das vor dem König verantworten?» heißt es abschließend in dem Schreiben[96].

Durch die Feldzuteilung zwang der Palast diese Leute, selbst für ihren Unterhalt zu sorgen. Ein Brief Hammurapis weist Schamasch-hasir an, sogleich Felder an Fischer und Vogelfänger auszugeben; sie sollten diese bewirtschaften und den Palast nicht mehr wegen ihres Unterhalts behelligen[97]! Und in einem Schreiben des Awel-Ninurta wird angewiesen, einem Maurer ein Feld von einer Hufe, d. h. etwa 6½ Hektar, zur Verfügung zu stellen; denn dieser empfange schon seit geraumer Zeit Rationen in Form von Gerste und Wolle im Palast. Der König habe ihm nun diese Rationen entzogen und befohlen, dem Maurer in dem Ort, aus dem er stammte, ein Feld zuzuweisen. Und es wird noch ergänzt: «Der Mann, der zu dir kommt, gehört zu jenen Arbeitern, deren Tätigkeit man täglich zu sehen bekommt!» Man solle ihn dementsprechend rasch abfertigen und ihm das Feld entweder aus seinem Familienbesitz geben oder aber eine andere Parzelle[98].

Landvergabe an Dienstleute

Hier taucht also eine Formulierung auf, die sich auch noch in weiteren Briefen findet: Der König verfügte über den Familienbesitz, der sich in dem von ihm eroberten Gebiet befand, und ließ aus diesem Grundbesitz Parzellen ausgeben. Er war der eigentliche Grundherr, auch wenn das betreffende Land schon seit langem von einer bestimmten Familie bewirtschaftet und auch vererbt worden war. Teile davon konnten, wie das angeführte Beispiel zeigt, auch an Angehörige eben dieser Familie zu besonderen Bedingungen vergeben werden. So gab es in den Familienbesitzungen einerseits «Altbesitz», andererseits konnten davon oder zusätzlich Landzuweisungen durch den König erfolgen. Diese Situation ist nicht immer klar durchschaubar, aber es hatte offenbar Vorteile, wenn eine Landparzelle durch eine gesiegelte Urkunde des Königs zugeteilt wurde. So wandte sich einmal ein Landbesitzer an die königliche Kanzlei mit dem Hinweis, in seiner Familie würden sowohl Dienste als «Läufer» als auch als Kuhtreiber geleistet, doch sei das gesamte Familienfeld nur für Kuhtreiber bestimmt worden. Awel-Ninurta fragte daraufhin bei Schamasch-hasir an, ob beides wirklich nur unter dieser einen Rubrik der Dienstleistung verzeichnet worden sei. Sollte die Familie zwei verschiedene Dienste leisten, dann solle das Feld halb und halb unter sie aufgeteilt werden[99]. Die Dienstverpflichtungen für den König legitimierten praktisch den Besitz an Grund und Boden, der im weiteren Sinne als Königsland galt. Die Existenz von Land außerhalb des Palasteigentums impliziert ein anderer Hammurapi-Brief: Es wird die Vergabe von Feld angeordnet, sofern dieses nicht bewirtschaftet ist und es dem Palast zugänglich ist[100].

Man muß hierbei berücksichtigen, daß Hammurapi nach der Eroberung des Bereiches von Larsa, in dem er die Nachfolge des Rim-Sin antrat, eine recht komplizierte Situation vorfand, eine Verflechtung von Eigentums- und Besitzrechten an Grund und Boden und verschiedene Abhängigkeitsverhältnisse gegenüber dem Palast zu Larsa. Als oberster Grundherr und neuer Eigner der Palastfelder galt es, Besitztitel zu bestätigen und neue für Dienstleistungen zu vergeben, Veränderungen vorzunehmen und entsprechende Streitfälle zu schlichten.

Kehren wir zur Zuweisung von Land zurück: War die entsprechende Urkunde ausgefertigt, wurde sie von einem Schreiber dem zuständigen Beamten – hier also vor allem Schamasch-hasir – überbracht. «Dem Wortlaut der Tafel gemäß» mußte dann das Feld abgesteckt werden: Es wurden Pflöcke eingeschlagen, die die Parzellen als Besitz des in der Urkunde Genannten auswiesen. Diese Pflöcke mußten, wie in mehreren Briefen ausdrücklich betont wird, den Empfängern des Landanteils gezeigt werden. So heißt es in einem Schreiben des Hammurapi, daß er nun den Aufseher der Kupferschmiede schicke. «Die Felder, die ihr für die Kupferschmiede abgesteckt habt – schlagt in seiner Gegenwart die Pflöcke ein und weist den Kupferschmieden ihre Pflöcke an. Dann schickt ihn wieder her und haltet ihn nicht auf; fertigt ihn rasch ab[101]!»

Der Umfang des für Dienstleistungen zugewiesenen Landes war sehr unterschiedlich. Als Minimum wird eine Hufe erwähnt, also etwa eine Fläche von 6½ Hektar; doch wurden einzelnen Personen auch mehrere Hufen überlassen, wie etwa zwölf Hufen (fast 80 Hektar). Ein Brief weist Schamasch-hasir an, den Besitz des offenbar verstorbenen Idam-arschi – insgesamt 26 Hufen – an sechs Nachkommen dieses Mannes aufzuteilen, die sämtlich im Königsdienst standen: Je acht Hufen sollten zwei Leute im Range von Hauptleuten erhalten, vier Hufen ein Feldwebel, je zwei Hufen drei Soldaten[102]. Es kam auch vor, daß für ein eingezogenes Grundstück eine Parzelle in einer anderen Flur oder in einem anderen Ort zugewiesen wurde. Und manchmal sicherten Wachen dem vom

König bestimmten Besitzer das Feld. Um das ungerechtfertigte Aufstellen von Feldwachen geht es in einem Hammurapi-Brief: «Zu Schamasch-hasir, Sin-muschallim und ihren Kollegen sprich: Folgendermaßen sagt Hammurapi: Der Oberst Urasch-muballit hat auf dem Feld im Besitz des Tischlers Iddin-Nana, das zwischen Zibnatum und Egikkirum liegt und um welches zuvor der Erraqarrad den Iddin-Nana gebracht hatte, Wachen aufgestellt. Dem Urasch-muballit habe ich soeben sehr streng geschrieben, er solle die Wachen, die er auf dem Felde des Iddin-Nana aufstellte, entfernen und sich mit besagtem Feld nicht mehr befassen. Entfernt auch ihr die Wachen, die Urasch-muballit auf dem Feld des Iddin-Nana aufgestellt hat, und bestätigt besagtes Feld dem Tischler Iddin-Nana[103]!» Zur Neuvergabe von Land konnte es auch kommen, wenn das Feld durch eine Naturkatastrophe in Mitleidenschaft gezogen worden war und der Besitzer dadurch in eine Notlage geriet. So wandten sich einmal Dienstleute des Königs, deren Felder zur Hälfte vom Wasser fortgeschwemmt waren, an den Palast und klagten, daß sie nun Hunger leiden müßten. Schamasch-hasir und ein weiterer Beamter wurden daraufhin angewiesen, ihnen so viel Feld, wie ihnen fortgerissen worden war, an anderem Ort zu geben. Denn diese Leute hätten ein großes Arbeitspensum zu erfüllen und würden daher im Palast sehr geschätzt[104].

Sooft in den Briefen eine Umverteilung oder Neuzuweisung von Feldern erwähnt wird, darf das doch nicht darüber hinwegtäuschen, daß die Parzellen normalerweise längere Zeit im Besitz der Belehnten blieben. Denn in den Briefen wird ja gerade das Besondere, das Neue notiert, weniger der geregelte Dauerzustand. In einigen Schreiben findet sich sogar der Hinweis, daß die betreffenden Felder schon lange im Besitz seien, schon «seit den Vätern», seit 20, ja seit 40 Jahren. Zum Beispiel wird Schamasch-hasir im Brief eines anderen Beamten gerügt, weil das Feld, das bereits seit 40 Jahren von einem gewissen Schamasch-magir genutzt werde, von ihm weitergegeben worden sei. «Es ist eine schöne Sache, die du da gemacht hast! Ich habe niemals wegen irgendeiner Angelegenheit an dich geschickt – nun wende ich mich an dich wegen Schamasch-magir. Gib ihm sein Feld zurück, verschaffe ihm Genugtuung und sende ihn zurück[105].» Eine häufige Neuverteilung hätte sich nicht vorteilhaft auf die Effektivität der Bewirtschaftung der Felder ausgewirkt – ja in einigen Briefen wird sogar ausdrücklich auf eine solche Konsequenz aufmerksam gemacht.

In diesem Zusammenhang soll ein Brief Hammurapis erwähnt werden, der deutlich macht, welch großen Wert man darauf legte, daß die Felder jenen zugute kamen, denen sie urkundlich zugewiesen waren – und daß dennoch des öfteren Gewalt vor Recht ging und solches «verbriefte» Land einfach fortgenommen wurde. Beispielsweise beklagte sich einmal ein Hirt namens Ili-ippalsam beim König: «Das Feld von drei Hufen, das mir durch eine gesiegelte Urkunde meines Herrn verbrieft ist, hat mir vor vier Jahren der Etel-pi-Marduk weggenommen, und seither nimmt er sich regelmäßig die Gerste davon. Ferner: Ich habe zwar die Sache dem Sin-iddinam zur Kenntnis gebracht, aber man hat mir das Feld dennoch nicht zurückgegeben.» Hammurapi wandte sich daraufhin an Sin-iddinam sowie – im gleichen Brief – an Schamasch-hasir. Wenn es an dem sei, was der Hirte geschrieben habe, gebe es «keine ärgerlichere Sache als diese!». Die beiden Beamten werden beauftragt, die Angelegenheit sogleich zu untersuchen und dem König einen Bericht zuzusenden. Das Feld solle gemäß dem Wortlaut der gesiegelten Urkunde dem Ili-ippalsam zurückgegeben werden, außerdem sei – mit Hilfe einer eidlichen Aussage vor dem Gottesemblem – die Menge der Gerste festzustellen und dem Hirten zu erstatten, die sich Etel-pi-Marduk seit vier Jahren unberechtigterweise angeeignet habe[106].

Blieb auch das vergebene Land Eigentum des Palastes, d. h. des Königs, so war es doch möglich, es innerhalb der Familie zu vererben – natürlich unter Übernahme der Verpflichtungen, die mit dem Land verbunden waren. Diese Kontinuität wirkte sich gewiß stimulierend auf die Nutzung des Bodens aus, auf die Intensität der Bodenbearbeitung und die persönliche Kontrolle aller landwirtschaftlichen Arbeiten, wenn sie vom Besitzer nicht selbst durchgeführt wurden. Der König sparte dadurch seinerseits Beamte zur Beaufsichtigung der Feldarbeiten. Manche Probleme bei der Bewirtschaftung des ihnen zugewiesenen Landes ergaben sich bei denen, die im Heer Dienst leisteten. Hammurapi hat sich daher in seiner Gesetzessammlung gerade dieser Frage angenommen und Regelungen getroffen, die verhindern sollten, daß bei längerem Fernbleiben der Soldaten – auf einem Feldzug oder durch eine Gefangenschaft – ihre Felder in Privathand gerieten oder veräußert wurden. Letzteres war nur bei jenen Parzellen möglich, die als privates Land bewirtschaftet wurden, und entsprechende Landverkäufe sind auch in einer Reihe von Urkunden überliefert; allerdings fallen sie gegenüber den Immobilienverkäufen früherer Zeit nicht so ins Gewicht. Der Verkauf von Palastland erforderte die Zustimmung des Herrschers. Dafür ist uns aus der Regierungszeit des Samsuiluna, des Nachfolgers des Hammurapi, ein interessanter Text überliefert[107]. Das betreffende Feld war im 34. Jahr der Regierung des Hammurapi einem hohen Finanzbeamten namens Awat-Schamasch übertragen worden. Samsuiluna erlaubte in seinem 24. Jahr, also mehr als drei Jahrzehnte später, den Kindern des inzwischen verstorbenen Awat-Schamasch, das Feld zu veräußern. Käuferin war eine «Stiftsdame» des Gottes Schamasch, die bereits ein benachbartes Feld besaß und damit ihren Grundbesitz erweiterte. Vielleicht sind es die auf dem Feld lastenden Verpflichtungen gewesen, die die drei Kinder des Awat-Schamasch – darunter auch eine «Stiftsdame» – veranlaßten, um die Genehmigung des Feldverkaufs nachzusuchen; es ist aber auch möglich, daß der König selbst den Verkauf anordnete. Statt der – nun verlorengehenden – Dienstleistungen empfing Samsuiluna von der Käuferin den Kaufpreis des Feldes in Silber, da das Feld dem Palast gehörte.

Was die Bearbeitung des parzellierten Königslandes betrifft, so zeigen die Schamasch-hasir-Briefe deutlich, daß sie nicht immer von den Besitzern vorgenommen wurde. Gerade größere Felder sowie ein über verschiedene Fluren und Ortschaften verteilter Streubesitz sind von «Wirtschaftern» oder von Pächtern bestellt worden. Die Besitzer der Felder dürften oft weder die Zeit noch die notwendige Erfahrung gehabt haben, selbst den Acker zu bebauen. So wird in einem Brief Hammurapis erwähnt, daß ein Musikant sein Feld von zwei Hufen, etwa 13 Hektar, von einem Manne aus

Larsa bewirtschaften ließ; dieser habe aber dann dem Musikanten seinen Ertragsanteil an Gerste verweigert. Schamasch-hasir wird nun angewiesen, die fällige Gerste vom Bewirtschafter einzutreiben[108]. Auch die Pächter lieferten demnach den Feldbesitzern einen Anteil vom Feldertrag ab. Ein Hammurapi-Brief notiert, daß die Söhne eines Mannes gemeinsam die beträchtliche Fläche von zehn Hufen Feld erhalten hätten, von denen sie fünf Hufen selbst bewirtschafteten, fünf aber einem Pächter überlassen hatten[109]. Diese Pachtverträge sind zu den verschiedensten Bedingungen abgeschlossen worden: Entweder wurde eine Ertragsteilung, die Ablieferung eines Erntedrittels oder aber eine bestimmte, in absoluten Zahlen ausgedrückte Menge bzw. Summe vereinbart. Eine Durchsicht der altbabylonischen Pachturkunden läßt für die Zeit nach Hammurapi die Tendenz erkennen, eine feste Menge als Pachtabgabe zu fixieren, gewöhnlich sechs bis acht Kor (1800 bis 2400 Liter) Gerste je Hufe. Daß gerade seit Samsuiluna Pachtverträge mit derartigen Festlegungen häufig werden, läßt eine die Pachtabgaben betreffende Reform in der Zeit des Hammurapi vermuten. Vielleicht hat der Umstand, daß es sich bei dem Pachtland meistens um Königsland handelt und die staatliche Autorität nun auch mehr in die Besitzverhältnisse eingriff, eine Rolle gespielt, hat das Interesse der Krone an fixierten Abgabenmengen sich auf diese Weise im überlieferten Urkundenmaterial dominierenden Ausdruck verschafft. Die Vereinbarung einer bestimmten Abgabenmenge mag den Pächter angespornt haben, durch eine gute Bestellung des Bodens höhere Erträge zu erzielen und damit seinen Anteil an der Ernte zu erhöhen, andererseits bedeutete sie für den Verpächter eine größere Sicherheit, ein geregeltes und von vornherein fixiertes Einkommen. Diese Regelung förderte eine wirtschaftliche Absicherung jener Bevölkerung, auf die der König in erster Linie angewiesen war, von der er Dienstleistungen verschiedenster Art – vor allem im Heer – empfing.

Zu den Besitzungen des Herrschers gehörten auch «Wälder» – bei denen freilich nicht recht klar ist, wie wir sie uns im schon damals baumarmen Mesopotamien vorzustellen haben. Um Dattelpalmen scheint es sich, nach dem Inhalt der entsprechenden Texte zu urteilen, jedenfalls nicht zu handeln, denn es wird mehrfach vom Fällen, nicht aber vom Abernten der Bäume gesprochen. Briefe aus dem Schamasch-hasir-Archiv zeigen, daß der Baumbestand dieser Wälder sorgsam bewacht und vom König selbst kontrolliert wurde. So hat eine Inspektion durch einen seiner Beamten ergeben, daß in bestimmten Wäldern Bäume gefällt worden seien, weil niemand diese Pflanzungen bewache! Es solle nun schleunigst festgestellt und berichtet werden, ob die Waldwächter selbst die Bäume gefällt hätten oder aber fremde Hände[110]. Und in einem Brief des Awel-Ninurta geht es um die gleichen Wälder; ihre Aufseher seien «wegen ihrer Balken und Abgabe» in den Palast gekommen und hätten Bericht erstattet. Der König habe folgendermaßen zu ihnen gesprochen: «Vernachlässigt nicht eure Wälder! Eure Wälder sollen gut bewacht werden! Morgen werde ich bei meiner Inspektion wegen jedes veruntreuten Baumes, der gefällt wurde, den dafür Verantwortlichen nicht am Leben lassen!» Dem Absender des Briefes versicherten die beiden zuständigen Beamten, es habe schließlich zur Bewachung der Wälder keine schriftlichen Anweisungen gegeben; künftig aber solle alles genauestens geregelt werden. Zugleich wird Schamasch-hasir von Awel-Ninurta angewiesen, den beiden Beamten insgesamt 10 Hufen «Unterhaltsfeld» nach ihrer Wahl oder nach Möglichkeit auszufolgen. «Gib ihnen ihre Unterhaltsfelder rasch, damit sie sich nicht beschweren», heißt es abschließend[111]. Offenbar hatte Awel-Ninurta Sorge, die Sache mit den fehlenden Vorschriften über die Bewachung der Wälder könne ihm vom König angelastet werden, wenn sich die beiden Beamten diesem gegenüber auf mangelnde Unterrichtung beriefen.

Das «ilku»-System

Vermitteln die zahlreichen Briefe an Sin-iddinam und Schamasch-hasir einen Einblick in die Praktiken der Landvergabe an Dienstleute des Königs im Bereich von Larsa und zeigen sie zugleich auch die Komplikationen, die sich dabei ergeben konnten, so gestatten andere Gruppen altbabylonischer Texte noch eine Erweiterung unserer Kenntnis der Bewirtschaftung von Staatsland. So etwa ein bislang nur aus 26 Texten bestehendes «Archiv» aus der Regierungszeit des Königs Abi'eschuch, des zweiten Nachfolgers des Hammurapi, das sich auf den Soldaten Ubarrum bezieht[112]. Die Texte wurden in dem alten Supur-Schubula bei Kutha im nördlichen Babylonien entdeckt. Sie zeigen, daß Ubarrum für den Besitz von einer Hufe Land bei verschiedenen Beamten einen Zivildienst von 20 Tagen im Jahr zu leisten hatte. Die Tafeln notieren die Termine von Dienstantritten und bestätigen die Erfüllung dieser Verpflichtungen. Außerdem aber war Ubarrum auch zum Militärdienst eingeschrieben, dessen Dauer natürlich nicht von vornherein mit einer bestimmten Anzahl von Tagen fixiert werden konnte – sie hing von der Art der Unternehmung und ihrem Erfolg ab. Ubarrum hatte noch einen Partner, einen Mann namens Ili-iqischam, der ihm untergeordnet war und sich mit ihm die Verpflichtungen – jedoch nicht die des Heeresdienstes – teilte. Das vom König zugewiesene Land reichte allerdings nicht aus, um den Unterhalt des Ubarrum und des Ili-iqischam nebst ihren Familien zu bestreiten. Die Urkunden zeigen, daß Ubarrum noch Felder hinzupachtete, und zwar in Gemeinschaftspacht mit verschiedenen Leuten, darunter auch seinem Bruder. Die dabei entstehenden Ausgaben wurden dann von allen Beteiligten übernommen und verringerten sich damit, doch teilte man auch die Ernte; gemeinsam entrichtet man den Pachtzins. Ubarrum nahm auch eigenes Land zusammen mit einem anderen in Gesellschaftspacht, wobei eine Teilung der Ernteerträge vereinbart wurde. Schließlich verfügte er auch über Vieh, das er – bei Ausfertigung entsprechender Hüteverträge – Hirten zur Weidung anvertraute. Auch Darlehen hat Ubarrum gegeben – und zugleich selbst Kredite in Anspruch genommen. Soweit man also sehen kann, verfügte dieser Mann über königliches Land, über Pachtland sowie über eigenes Land und stand damit in sehr verschieden gearteten wirtschaftlichen und sozialen Beziehungen. Es zeigt sich auch hier, wie schwierig es ist, zwischen den einzelnen sozialen Schichten der altbabylonischen Gesellschaft scharfe Grenzen zu ziehen. Zudem bestätigt dieses Beispiel, daß die Pacht nicht notwendigerweise ein Anzeichen von sozialer Schwäche oder gar Verarmung war. Vielmehr zeigt sich – etwa in den Urkunden aus Dilbat –, daß Leute, die zum Teil über recht beträchtlichen Grundbesitz verfügten, zugleich als Landpächter auftraten. Pacht scheint in dieser Zeit ein normales Mittel gewesen zu sein, um die Anbaufläche zu erweitern, die Wirtschaft auszudehnen und – trotz der Pachtabgaben – höhere Einnahmen zu erzielen. Je mehr der Kauf und Verkauf von Land eingeschränkt wurde oder an die Grenzen seiner Möglichkeiten stieß, desto größere Bedeutung gewann die Bodenpacht.

Die Kompliziertheit des Systems, das sich auf der Vergabe von Land gegen Abgaben und Dienstleistungen aufbaute und in den Texten selbst häufig mit dem Terminus «ilku», etwa «Pflichtleistung für Landzuteilung», verbunden und charakterisiert wird, wird auch in einer anderen Gruppe von Texten deutlich. Diese lassen sich durch die Nennung eines gewissen Lipit-Ea zusammenstellen und datieren aus der Regierungszeit des Königs Samsuiluna. Auch sie beziehen sich auf die Verhältnisse im nördlichen Babylonien, vor allem auf das Gebiet um Sippar. Auch wenn nur ein kleiner Ausschnitt aus der einst ziemlich umfangreichen Korrespondenz auf uns gekommen ist, läßt sich doch etwa folgendes Bild entwerfen: Alle Felder, von denen die Rede ist, gehören dem König, d. h. dem von ihm repräsentierten Staat. Der König war es daher auch, der in letzter Instanz über alle damit verbundenen Streitfragen entschied – eine Tatsache, die sich aus der Korrespondenz zwischen Hammurapi, Sin-iddinam und Schamasch-hasir ebenfalls sicher ableiten läßt. Felder und Gärten aus dem Königsland waren an bestimmte Personen übergeben worden, die daraus ihren Unterhalt bestritten – oder wenigstens, falls sie noch über eigenes Land verfügten, einen Teil desselben. Sie gaben das Land meistens an Verwalter weiter, zu denen wir auch Lipit-Ea rechnen können. Diese wiederum überließen es gegen die Entrichtung einer Abgabe Bauern, die es bewirtschafteten. So entstand ein System abgestufter Kompetenzen und Besitztitel, das noch dadurch kompliziert wurde, daß ein und dieselbe Person in verschiedene solche Systeme einbezogen sein konnte, und zwar gleichzeitig und in oft unterschiedlicher Position.

Hier sei ein Vergleich mit einer Organisationsform der agrarischen Produktion in neuester Zeit erlaubt. Im Irak wurde 1953 als Beispiel eines größeren Gutsbetriebes das sogenannte Latifiya Estate untersucht, ein Betrieb, der etwa 40 Kilometer südlich von Bagdad lag, im Bereich der Bewässerungslandwirtschaft[113]. Dieses Gut besaß etwa 23000 Hektar Land, davon 3000 Hektar Ödland. Die agrarische Nutzfläche betrug also 20000 Hektar, von denen jedes Jahr 10000 Hektar bebaut wurden, während die andere Hälfte brach gelassen wurde. Der Grund für diesen Wechsel ist die schon behandelte Bodenversalzung: Der Grundwasserspiegel sank während des Brachjahres ab und wurde durch die im nächsten Jahr erfolgende Bewässerung dann nicht so weit erhöht, daß er mit seinen gelösten Salzen in die Wurzelzone der Nutzpflanzen gelangte. Von den 10000 Hektar – nach altbabylonischem Maß wären das etwas über 1500 Hufen – wurden nur ungefähr 2000 Hektar in eigener Regie bewirtschaftet, als ein Gutsbetrieb mit eigenem Personal. Der Grund dafür waren einmal die langen Anfahrtswege bis zu den einzelnen, teilweise durch Kanalläufe abgetrennten und längere Umwege erfordernden Feldern, und zum anderen konnte über die weiter entfernten Ländereien keine so wirksame Kontrolle mehr ausgeübt werden. Die verbleibenden 8000 Hektar, immerhin 90 Prozent der gesamten Anbaufläche, wurden an Unterpächter vergeben, 140 an der Zahl. Diese wiederum behielten etwa ein Drittel des Landes für sich selbst zur Bewirtschaftung, während zwei Drittel an Bauernfamilien ausgegeben wurden, und zwar je Familie ungefähr 5 Hektar – nach altbabylonischem Maß weniger als eine Hufe. Bei den von Hammurapi ausgegebenen Parzellen läßt sich eine Hufe als offenbar notwendiges Minimum zur Ernährung einer kleinen Familie ansetzen.

Wenn auch solche Vergleiche, noch dazu bei einem zeitlichen Abstand von fast vier Jahrtausenden, mit allem Vorbehalt gezogen werden müssen, so soll doch angedeutet werden, daß gewisse ökonomische Notwendigkeiten und Umweltbedingungen ähnliche Organisationsformen – bei allerdings gänzlich anderen sozialökonomischen Voraussetzungen – hervorbringen können. Sicher haben auch in der altbabylonischen Zeit die Streulage des Königslandes, die langen Anfahrten, die schwierige Kontrolle, aber auch die größere Intensität bei einer Bewirtschaftung von künstlich bewässerten Feldern durch kleinbäuerliche Betriebe eine Rolle gespielt und bewirkt, daß die «Dezentralisation der Produktion» in ähnlicher Weise vorgenommen worden ist. Für den Palast kam noch der Vorteil hinzu, umfangreiche Dienstleistungen auf den verschiedensten Ebenen – vor allem für das Heer – in Anspruch zu nehmen, ohne dafür unmittelbar aus den Mitteln des Palastes oder gar durch eine Entlohnung in Silber den Unterhalt dieser Leute bestreiten zu müssen. So bot sich die Großwirtschaft Hammurapis und seiner Nachfolger praktisch als eine Summe zahlreicher bäuerlicher Kleinwirtschaften dar, die Kronland bebauten und direkt oder über mehrere Zwischeninstanzen – Dienstleute und Beamte des Königs – vom Herrscher abhängig waren. Dieses System war prinzipiell nichts Neues, doch gewann es nun, zur Zeit des Hammurapi, seine eigentliche Bedeutung als Organisationsform der landwirtschaftlichen Produktion, insbesondere im Bereich der von Larsa aus kontrollierten Südprovinz.

Sieht man die Briefe Hammurapis und seiner Nachfolger durch, so wird erkennbar, daß es im wesentlichen um Angelegenheiten der «Palastwirtschaft» im weiteren Sinne des Wortes ging, um das, was zuweilen als «staatlicher Sektor» der altbabylonischen Ökonomie bezeichnet worden ist. In patriarchalisch anmutender Weise hat gerade Hammurapi hierbei seine Interessen mit Energie verfolgt, und es waren vor allem «seine» Leute, die ihm zu Dienst Verpflichteten, die sich seiner besonderen Fürsorge erfreuen konnten. In einem Brief an Sin-iddinam schreibt Hammurapi, er sei von dem Müller Lalum unterrichtet worden, der Bürgermeister des Ortes habe diesen wegen eines Feldes verklagt und ihm das auf diesem Feld geerntete Getreide fortgenommen. Man sah daraufhin im Palast die entsprechende Urkunde ein und stellte fest, daß zwei Hufen Feld für Lalum verzeichnet waren. Sin-iddinam wird nun beauftragt, den Sachverhalt genauer festzustellen und den Bürgermeister, falls er den Lalum geschädigt habe, zu bestrafen[114]. Eine andere Klage sollte nach Weisung des Königs direkt in Babylon verhandelt werden, während ein Brief an Schamasch-hasir diesem, «der Stadt und den Ältesten» die Verpflichtung auferlegt, sich um eine Klage betreffend Land zu kümmern[115]. Obgleich auch hier der König als oberste Instanz fungiert, kann doch ein Unterschied notiert werden: Im letztgenannten Beispiel geht es um «Altbesitz», der seit langem der Familie gehörte, nicht – oder wenigstens nicht allein – um zugeteiltes Königsland. Die lokalen Instanzen, als die hier «die Stadt» und «die Ältesten» genannt werden, waren daher mit zuständig, während sie bei Angelegenheiten, die unmittelbares Königsland betrafen, weitgehend ausgeschaltet wurden.

In diesen wie auch in anderen Texten wird darauf hingedeutet, daß es außer Kron- bzw. Staatsland noch privates Land gab, das mehr oder weniger in die einzelnen Gemeinden eingebunden bzw. durch sie vermittelt war. Das Verhältnis dieses Landes, das in der Fachliteratur zuweilen als «kommunal-privater Sektor» bezeichnet worden ist, zum Kronland läßt sich, was den Umfang betrifft, nicht genauer erfassen. Dies dürfte zudem in den einzelnen Bereichen des Hammurapi-Staates recht unterschiedlich gewesen sein. Es hat jedoch eine weit wichtigere Rolle gespielt, als sich uns das aus den Quellen der Zeit des Hammurapi und seiner Nachfolger darstellt. Der König vermochte über dieses Land nicht als Eigentümer, als Herr der «Palastwirtschaft», zu verfügen; wenn er dennoch in diesen Bereich der babylonischen Wirtschaft eingreifen konnte, dann nur als Souverän, als oberster Grundherr und «Landesvater».

Die Abgaben an die Herrscher

Eine ganze Anzahl von Briefen des Hammurapi und seiner Beamten widmet sich der Frage der Abgaben, vor allem ihrer Eintreibung und ihrem Transport in die Residenz. So teilt der König in einem Schreiben an Sin-iddinam die Entsendung eines Beauftragten zum Einziehen der Dattel- und Sesamabgabe mit. Sin-iddinam solle diesem Mann zuverlässige Leute zur Seite stellen, die ihm bei der Erfüllung seiner – offenbar nicht ganz leichten –

Pflicht helfen. Datteln und Sesam sollten an einer bestimmten Stelle zusammengebracht und – wohl auf ein Schiff – verladen werden, um sie nach Babylon zu bringen[116]. Der Schiffstransport einer Abgabe wird noch mehrfach berichtet, einmal ist dabei von einer Gerstenmenge die Rede, die ein Oberhirte zu entrichten hatte[117]. In einem Brief an Schamasch-hasir klagt Hammurapi, hohe Beamte des Distrikts Emutbal/Jamutbal hätten ihre Getreideabgabe noch nicht in Babylon abgeliefert. Unter Androhen einer Bestrafung solle Schamasch-hasir sie nun anweisen, das Versäumte schleunigst nachzuholen[118]. Ähnlich ein Schreiben an Sin-iddinam, in dem es heißt: «Sobald du diese meine Tafel erblickst, gib die Anweisung, daß man die Vorsteher der Tempel insgesamt sowie den Warad-Schamasch, den Sohn des Eribam, den Hirten vom Hause des Gottes Schamasch, der unter diesem Befehl steht, nebst ihrer ganzen Abrechnung zu dir schicke. Dann sende sie nach Babylon weiter, damit man sie ihre Abrechnung machen lasse. Tag und Nacht sollen sie reisen, auf daß sie innerhalb von zwei Tagen in Babylon eintreffen[119].» Und wie genau es der König mit einer prompten Anlieferung der Abgaben nahm, bezeugt auch ein recht knapp gehaltenes Schreiben an Sin-iddinam, das die Einführung eines Schaltmonats ankündigt. In diesem Zusammenhang wird gleich mit vermerkt, daß diejenigen, deren Steuer am 25. Tag des nächsten Monats fällig sei, diese Abgabe nicht etwa erst einen Monat später zu liefern hätten, sondern am 25. Tag des nun dazwischengeschobenen Schaltmonats[120].

Bei der Einziehung der Abgaben von Dienstleuten, von Pächtern von Kronland und der übrigen Bevölkerung, auch von den Heiligtümern, ergaben sich vielfältige Schwierigkeiten. Mit ihnen hatten sich die in den «Palästen» der einzelnen Distriktsorte tätigen Beamten und spezielle Beauftragte des Königs sowie der Herrscher persönlich auseinanderzusetzen. So heißt es an einer Stelle, daß der, der das abgabepflichtige Feld bestelle, zugleich noch ein anderes – von Abgaben an den König offenbar freies – Feld bewirtschafte. Dieser Mann, ein gewisser Etel-pi-Marduk, habe jedoch versehentlich das von beiden Feldern geerntete Getreide miteinander vermengt und wisse nun nicht, wie groß das

Gerstenaufkommen des abgabepflichtigen Feldes sei. Etel-pi-Marduk habe den Besitzer des abgabepflichtigen Feldes, Ibni-Amurrum, von dieser Panne verständigt, der seinerseits Sin-iddinam unterrichtete; dieser wandte sich mit dem Problem an Hammurapi. Der König gab den Befehl, man solle die fragliche Menge mit der «Gotteswaffe» feststellen; was man bei diesem – uns nicht ganz verständlichen – Vorgang «ermittelte», sollte ausgesondert und abgeliefert werden[121]. In einem anderen Brief, diesmal an Schamasch-hasir, werden dieser und ein anderer Beamter in Larsa angewiesen, Felder, Pflugrinder und die entsprechenden Arbeitskräfte unter die Zuständigkeit bestimmter Leute zu stellen, ohne daß sich aber die einzelnen Gruppen untereinander das Bewässerungswasser streitig machten! Sie seien insgesamt mit einer Abgabe von 10800 Kor Gerste, 450 Kor Saat- und Futtergerste sowie vier Minen (2 Kilo) Silber belastet – eine große Abgabenmenge, die unter den beiden Gruppen in zwei Teile aufzuteilen sei[122]. Das unbefugte Bewirtschaften von Palastland hatte, wie einmal im Falle von Maurern, das Einziehen einer Abgabe zur Folge[123]. – Aus den Briefen ist zwar ersichtlich, wie eingehend sich Hammurapi um die Frage der Abgabe kümmerte, doch wird dabei das Verhältnis der Abgabepflichtigen zum Palast nicht immer deutlich. Jedoch handelt es sich in den Hammurapi-Briefen vorwiegend um Leistungen, die auf Grund von Zuweisungen und Verpachtungen königlichen Landes eingefordert wurden. Sie stellten die wichtigste ökonomische Stütze des Herrschers dar.

Die Kontrolle der Kanäle

In diesem Zusammenhang muß noch ein anderer Bereich erwähnt werden, der das besondere Interesse des Königs fand: die Erhaltung und der Ausbau des Bewässerungsnetzes. Hammurapi hat, ebenso wie andere babylonische Fürsten vor und nach ihm, mehrere seiner Regierungsjahre nach wichtigen Kanalbauten benannt. Der Name seines Jahres 33 lautet beispielsweise: «Hammurapi ließ den Kanal ‹Hammurapi ist der Reichtum der Völker›, den die Götter Anu und Enlil behüten, graben. Dauerndes Wasser des Überflusses ließ er nach Nippur, Eridu, Ur, Larsa, Uruk und Isin gelangen und dadurch Sumer und Akkad, die zersprengt worden waren, an ihre Stätten zurückkommen[124].» Neues Ackerland entstand an den Kanälen, die Bevölkerung wurde mit Süßwasser versorgt. Sicher waren es in diesem Falle Maßnahmen, die das durch die vorausgegangenen militärischen Auseinandersetzungen in Mitleidenschaft gezogene Kanalsystem wiederherstellen und erweitern sollten; die Bewohner, die infolge dieser Ereignisse ihre Siedlungen verlassen hatten, wurden nun – wie andere Texte aussagen – wieder «gesammelt» und nahmen die Arbeit auf den Feldern wieder auf.

Auch Naturkatastrophen haben des öfteren zum Aufgeben von Siedlungen gezwungen; welch verheerende Wirkungen etwa Flußbettverlagerungen haben konnten, zeigt ein Beispiel aus neuerer Zeit: Als der Euphrat im Jahre 1820 seinen Lauf änderte, waren die ungefähr 40000 Einwohner der stromabwärts gelegenen Stadt Hille (unweit des einstigen Babylon) genötigt, ihre Wohnungen zu verlassen. Bei den abgezweigten Kanälen waren es Austrocknung oder Verschlammung, Deichbrüche und andere Vorgänge, die sich auf die Besiedlung der Umgebung und die Feldbestellung auswirkten. Hammurapi hat in seine Gesetzessammlung mehrere «Paragraphen» aufnehmen lassen, die sich Fragen der Bewässerung widmen (§§ 53–56): «Wenn ein Mann nachlässig ist, den Deich seines Feldes nicht befestigt und es, weil er seinen Deich nicht befestigt hatte, zu einem Dammbruch kommt und bebaute Flur vom Wasser überschwemmt wird, so soll der Mann, bei dem sich der Dammbruch ereignete, das Getreide ersetzen, das er umkommen ließ. Wenn er das Getreide nicht ersetzen kann, so soll man ihn und seine Habe gegen Silber fortgeben, und dieses Silber sollen die Leute sich teilen, deren Getreide das Wasser von der bebauten Flur forttrug. Wenn ein Mann seinen Bewässerungsgraben öffnet und das Wasser infolge seiner Unachtsamkeit das Feld seines Nachbarn überflutet, so soll er Getreide entsprechend seinem Nachbargrundstück darmessen. Wenn ein Mann das Wasser hereingelassen hat und so die Arbeiten auf dem Nachbarfeld zunichte macht, so soll er ihm 10 Kor Getreide je Hufe darmessen.»

In diesen Bestimmungen ging es offenbar vor allem um jene kleinen Abzweigungen von Kanälen und Flüssen, wie sie sich in ähnlicher Form noch heute im Landschaftsbild des südlichen Irak erkennen lassen: Sie liegen etwa auf gleicher Höhe mit ihrer Umgebung, sind auf beiden Seiten von einem schmalen Damm eingefaßt und verlaufen häufig recht gewunden. Die Anlieger waren für die Instandhaltung der Deiche verantwortlich; sie waren selbst in der Lage, für die Reinigung der Kanäle und die Festigung der Dämme zu sorgen. Bei den größeren Kanälen mußten gleichfalls die Besitzer der angrenzenden Felder ihren Abschnitt in Ordnung halten; hier erfolgte jedoch eine ständige Kontrolle durch königliche Beamte, durch ein «Amt für Bewässerungsfragen» beim König, das seine Inspektoren aussandte. Die Vertreter des Königs in den einzelnen «Provinzen» waren ebenfalls für die Fragen der Kanäle und der Bewässerung zuständig, auch Sin-iddinam.

Waren Arbeiten durchzuführen, für die ein besonders großes Aufgebot an Arbeitskräften notwendig war, griff der Herrscher auf die Institution der Dienstmiete zurück. So wurden einmal für Arbeiten an einem Kanal bei Larsa eine größere Zahl von Mietarbeitern in Dienst genommen; die für ihre Entlohnung erforderlichen Mittel mußten von den Anrainern des Kanals aufgebracht werden und waren von ihnen – je nach ihrem Anteil am Kanalufer – in Gerste zu entrichten[125].

Eine ganze Reihe von Hammurapi-Briefen widmet sich Fragen der Reinigung und Instandhaltung der Bewässerungskanäle. In einem Brief an Sin-iddinam heißt es: «Die Leute, die am Ufer des Damanum-Kanals Felder haben, biete auf, damit sie den Damanum-Kanal ausgraben (d. h. von Schlamm und Bewuchs reinigen). Innerhalb dieses Monats sollen sie mit dem Ausgraben des Damanum-Kanals fertig werden[126]!» Schlamm sollte aus dem Euphrat zwischen Larsa und Ur ausgeräumt werden[127], und ebenso sollte es mit einem Kanal geschehen, der nach Uruk führte und durch die Ablagerung von Schlamm für größere Frachtschiffe nicht mehr befahrbar war. «Die Arbeit an jenem Kanal ist nicht umfangreich. Für die Leute, die dir zur Verfügung stehen, ist es ein Arbeitspensum von nur drei Tagen. Sobald du diese meine Tafel erblickst, grabe mit Hilfe der Leute, die dir zur Verfügung stehen, binnen drei Tagen den Kanal von Uruk aus[128]!»

Auch Schamasch-hasir empfing vom König Briefe, die Arbeiten am Bewässerungssystem betrafen. So informierte ihn Hammurapi einmal, daß das Hochwasser des Euphrat Babylon passiert habe und sich dem Distrikt von Larsa nähere. Schamasch-hasir möge deshalb die Bewässerungsgräben, die nach dem Sumpf hinführen, öffnen und den Sumpf um Larsa mit Wasser anfüllen. Dadurch sollte offensichtlich verhindert werden, daß eine zu starke Flut Deichanlagen zerstöre oder Felder unkontrolliert überschwemme[129]. Ein anderes Schreiben Hammurapis, an mehrere Beamte zugleich gerichtet, verweist in diesem Zusammenhang auf einen früheren Befehl, im Falle eines die Uferdämme gefährdenden Hochwassers einen Ableitungskanal zu graben[130].

Andererseits drohte zuweilen auch Wassermangel. Wir kennen Anweisungen Hammurapis, an bestimmten Kanälen Vorkehrungen zu treffen, um Larsa und Ur auf jeden Fall mit Wasser versorgen zu können. Bauern beklagten sich beim König, daß sich ein Teil ihrer Felder nicht bewässern ließe, da sie zu hoch gelegen und für das Wasser daher nicht erreichbar seien; denn das Wasser im Kanal stehe sehr niedrig. Hammurapi befahl, die Sache zu überprüfen und entweder neue Felder zuzuweisen oder aber an den Kanalmündungen Maßnahmen zu treffen, um einen höheren Wasserstand zu erreichen[131]. Bestimmte Inspektoren waren jeweils für die Kanäle zuständig. Ein Brief behandelt beispielsweise die Einsetzung eines solchen Beamten für den Gabum-Kanal, und derselbe Mann erscheint dann in einem anderen Schreiben bereits in dieser Verantwortlichkeit und wird zusammen mit einem anderen Beamten angewiesen, für die Reinigung des Kanals zu sorgen[132]. Die – oben erwähnte – Mietung von Arbeitskräften scheint dabei nicht der normale Weg gewesen zu sein; meistens geht es um das Aufgebot der Anlieger oder aber von Dienstleuten derjenigen Personen, die für Abschnitte der Kanäle verantwortlich waren.

«Mustert die Leute des Schamasch-magir, die Immer-ili euch in der Ortschaft Kubatum zeigen wird, und sendet sie zum Kanalgraben; auch ihn selbst schickt dorthin. Dann soll er seine Leute aus dem flachen Lande zusammenbringen!» heißt es im Brief eines Beamten[133].

Die größeren Kanäle bildeten nicht nur das Wasserreservoir für die kleineren Abzweigungen, in denen das Bewässerungswasser auf die Felder geleitet wurde; auf ihnen verkehrten auch die Frachtschiffe. Für das reibungslose Funktionieren der Wirtschaft und das Einholen der Naturalabgaben, vor allem der Gerste, waren die Flüsse und Kanäle von immenser Bedeutung. Nicht zufällig wird dieser bequemen und billigen Transportweise sowohl in den Briefen als auch in den Gesetzen die Aufmerksamkeit des Königs und seiner Beamten gewidmet – und es wurde schon festgestellt, daß selbst private Geschäftsleute das Vermieten von Schiffen in ihre Unternehmungen einbezogen und damit insbesondere während der Erntezeit gute Gewinne erzielten. Schiffsmiete war bereits Gegenstand der Gesetze Lipit-Ischtars, und sie wird auch in den Hammurapi-Gesetzen behandelt. Hammurapi hat sich um den Schiffstransport ebenso gekümmert wie um den Schiffsbau. Er gab seinen Beamten entsprechende briefliche Anweisungen, von denen uns einige erhalten geblieben sind. In einem an Sin-iddinam gerichteten Schreiben geht es offenbar – der Text ist stellenweise schlecht überliefert – um die Frage der Arbeitskräfte. Der Beamte hatte seinen Herrn informiert, daß die Arbeiten wegen des Mangels an Arbeitskräften zum Stillstand gekommen seien; er bat Hammurapi, einige Zimmerleute, die gerade bei einem Palastbau beschäftigt waren, für den Bau von Schiffen heranziehen zu dürfen[134]. Aus einem anderen Brief geht hervor, daß unter der Verantwortung des Sin-iddinam eine ganze Flottille von Frachtschiffen stand; er hatte dafür zu sorgen, daß die Schiffe zu einem bestimmten Termin in Babylon waren[135]. Eine besondere Rolle spielte die Bemannung der Schiffe; sie ist mehrfach Gegenstand von Königsbriefen und wurde zuweilen – wie die Arbeitskräftefrage überhaupt – zu einem Problem.

Die Schiffe transportierten die Lebensmittel, die zur Versorgung des Palastes und der Bevölkerung vor allem der größeren Städte notwendig waren, sowie die eingeholten Abgaben; sie beförderten Vieh, Holz und anderes Material, und nicht zuletzt wurden sie auch als Truppentransporter eingesetzt. Die Wasserstraßen Babyloniens waren somit in mehrfacher Hinsicht Lebensadern des Landes, und wer sie kontrollierte, war im Besitz eines bedeutenden Machtmittels.

Das Fisch- und Wollgeschäft des Palastes

Im Zusammenhang mit der Kontrolle der Flüsse und Kanäle durch den König, die er offenbar immer wieder gegen die Ansprüche der einzelnen Gemeinden zu behaupten hatte, soll hier noch die Fischerei erwähnt werden – nicht im Hinblick auf die Art und Weise des Fischens und auf die verschiedenen Fischarten[136], sondern auf ihre Relevanz für die gesellschaftlichen Verhältnisse. Wieder sind es gerade die Texte aus Larsa, die einigen Einblick gewähren, und wiederum geht es dabei vor allem um Angelegenheiten des Palastes.

Eine ganze Anzahl von Urkunden zeigt, daß die königliche Verwaltung in Larsa über große Mengen Fisch verfügte. Sie verdankte das offenbar dem Umstand, daß die Seefischerei und auch die Fischerei auf den Strömen und Kanälen eine Art staatliches Monopol darstellten – was freilich die Existenz privater Fischerei nicht ausschließt –, wenn sie auch in den Texten seltener erwähnt wird. Die dem Palast gehörenden Fische stammten im wesentlichen von Abgabe- und Dienstpflichtigen; erinnern wir uns, daß sich unter den von dem König mit Land versehenen Leuten auch Fischer befunden haben. Sie wurden wohl zur Lieferung von Fischen verpflichtet, entweder in einer bestimmten Anzahl oder aber einer Menge, die in Silber ausgedrückt wurde. Es kamen jedenfalls auf Wegen, die sich anhand des Quellenmaterials nicht genauer verfolgen lassen, beträchtliche Fischmengen zusammen. Eine Liste aus der Regierungszeit des Königs Samsuiluna führt 17 verschiedene Fischarten auf, zusammen ungefähr 15000 Stück

Fisch; sie wurden im 6. Jahr Samsuilunas einem gewissen Schep-Sin gegen die Zahlung von ½ Mine und 3 Sekel Silber – etwas mehr als ein halbes Pfund – überlassen[137]. Der Palast gab, wie auch andere Urkunden bezeugen, den größten Teil seiner Fische an Leute ab, die dafür Silber zahlten[138]. Dies war schon deshalb notwendig, weil tote Fische sehr rasch verderben, insbesondere unter den klimatischen Bedingungen des südlichen Irak mit seiner enormen Hitze. Selbst ein Dörren hätte keinen Ausweg bedeutet, da der Palast auch dann mit den Fischmengen nichts hätte anfangen können, die seinen eigenen Bedarf überstiegen. Sie wurden also dem Verbrauch zugeführt, und der Palast ließ sich das mit einem Äquivalent bezahlen, das nicht verderblich war und gut transportabel. Beauftragte des Palastes nahmen den Fischern die Abgaben ab und verkauften dann sicher die Fische zu einem höheren Preis, als er den Abgabepflichtigen angerechnet wurde.

Der Weg vom Fischer bis zum Verbraucher wurde noch verkürzt, indem man die Fische direkt dem Händler gab und dieser dann dem Palast ein Drittel des Silberwertes der geschuldeten Abgabe zahlte. Selbst bei diesem Silberkurs war dem Palast sehr an dem Geschäft gelegen, vor allem da Silber ein wichtiges Zahlungsmittel im Fernhandel war und den Import von Rohstoffen und Luxusgütern begünstigte. Für das Geld aus dem Fischgeschäft richtete der Palast ein besonderes «Konto» ein, das in den Texten erwähnte «Silberkonto für Seefische», das jährlich abgeschlossen wurde. Zudem hatte dieses Verfahren für den Palast ein weiteres Positivum: Der Großabnehmer, der zwischengeschaltet wurde, trug das Risiko. Denn auch wenn einmal nur wenige Fische gefangen wurden oder es andere Schwierigkeiten mit den Ablieferungspflichtigen gab – er hatte dem Palast eine zuvor fixierte Summe zu entrichten. Sie wurde auf der Basis der normalen Palastforderung an Fischabgaben errechnet, wobei dem Großabnehmer eine gewisse Gewinnspanne zugebilligt wurde. Waren die Einnahmen des Großabnehmers geringer als diese Summe, so hatte er mit Mitteln aus anderen Aktivitäten und aus dem privaten Vermögen dafür einzustehen.

Eine wichtige wirtschaftliche Stütze königlicher Macht war das Wollgeschäft des Palastes. Er verfügte über umfangreiche

Schaf-, Ziegen- und Rinderherden. Bereits für Rim-Sin von Larsa ist eine Schafhaltung großen Stils bezeugt, und Hammurapi sowie seine Nachfolger standen ihm kaum nach. Über den Tierbestand wurde sorgsam Buch geführt, Zugänge und Abgänge wurden aufgezeichnet, königliche Beauftragte führten von Zeit zu Zeit Revisionen durch. Das herausragende Ereignis, die Schur – oder besser: das Rupfen – der Schafe, bot den günstigsten Anlaß zur Zählung und Notierung der Tiere. Hammurapi hat in einem seiner Briefe den Sin-iddinam angewiesen, in Larsa mit den Beauftragten des Königs zusammenzutreffen und mit ihnen gemeinsam für eine korrekte Durchführung der Schafschur in der unteren Provinz zu sorgen[139]. Bei der Schur wurden zahlreiche Arbeitskräfte eingesetzt – in einem Brief werden 1 000 Leute erwähnt, wenn wir die Zahl auf der beschädigten Tafel richtig lesen; unter ihnen befanden sich wohl auch schafzüchtende Halbnomaden, die sich durch die Schur der Schafe etwas verdienten. Im gleichen, an Sin-iddinam gerichteten Brief befiehlt Hammurapi, noch mehr Schafscherer einzusetzen; denn es sei ihm gemeldet worden, daß die Anzahl der von Sin-iddinam verpflichteten Leute in Anbetracht der großen Anzahl von Schafen nicht ausreiche[140].

Die privaten Herdenbesitzer vertrauten auch die größeren Herden bestimmten Hirten an, mit denen Hüteverträge abgeschlossen und auf Tontafeln fixiert wurden; andere waren unmittelbar Dienstleute des Palastes. Die Hüter der Palastherden waren jeweils Oberhirten untergeordnet, wie sie auch ein Brief Hammurapis an Sin-iddinam erwähnt. Darin werden insgesamt 47 Hirten aus der babylonischen Südprovinz mit Namen und Ort genannt und aufgefordert, sich nach Babylon zur Abrechnung zu begeben. Unter ihnen befinden sich auch Hirten, die als Leute eines bestimmten Gottes, d. h. Tempels bezeichnet sind[141]. Die Abrechnungen wurden sehr sorgfältig vorgenommen; in einigen Urkunden werden Fehlbestände genau registriert, und auch über die Gründe dieses Mankos mußte Rechenschaft abgelegt werden. Es heißt beispielsweise, daß die Tiere von Krankheiten dahingerafft oder Opfer von Naturkatastrophen wurden, daß Raubtiere sie gerissen hätten oder mangelnde Aufsicht und Sorgfalt des Hirten zu diesem

Fehlbestand geführt haben. In den Hüteverträgen wurden die Hirten gewöhnlich zum Ersatz verpflichtet, wenn sie durch schuldhaftes Verhalten Verluste verursachten, und auch in den Gesetzen wurde dies geregelt. Sie mußten ihn dann offenbar aus den eigenen Herden oder anderem Vermögen leisten.

Das Wollaufkommen des Palastes, das noch durch Wollabgaben anderer Abhängiger vermehrt wurde, muß jedenfalls beträchtlich gewesen sein. Die Könige selbst achteten auf das pünktliche Eintreffen der entsprechenden Lieferungen, wie auch ein Brief des Ammiditana zeigt, in dem es um das Eintreiben von Ziegenwolle im Ort Sippar-Jachrurum geht. Der König wurde von seinem zuständigen Beamten wie folgt unterrichtet: «Immer wieder schreibe ich an den Obmann der Kaufleute von Sippar-Jachrurum, daß er die als Abgabe zu entrichtende Ziegenwolle nach Babylon schicken solle. Doch er hat die Abgabe an Ziegenwolle mir nicht geschickt.» Der König forderte nun den säumigen Obmann der Kaufleute auf, die fällige Abgabe zu senden[142].

Einen Teil der Wolle verwendete der Palast für seinen eigenen Bedarf. Weber, die im Palast Dienst leisteten und dafür teilweise mit Landparzellen ausgestattet wurden, fertigten Gewänder für die Bedürfnisse des Palastes, aber auch für den Export. Vor allem wenn die Wolle von besonderer Qualität war – wie etwa die als Handelsgut erwähnte «lasurfarbene haltbare Wolle»[143] – oder die fertigen Gewänder schön gefärbt waren, bestand außerhalb Babyloniens eine hohe Nachfrage. Wolle gehörte auch zu den Rationen für die Palastangehörigen, und schließlich wurde ein Teil in Babylonien selbst verkauft. Das Geld, das die Aufkäufer zahlten, verbuchte man offenbar gleichfalls auf ein besonderes Konto, aus dem gelegentlich Darlehen vergeben wurden.

Wolle selbst war zudem Gegenstand von Darlehen, wobei die Rückzahlung der Schuld interessanterweise in Silber zu erfolgen hatte – also ein Kreditkauf, bei dem die Zahlung gestundet wurde. So heißt es in einer Urkunde, die aus Sippar stammt und in das Jahr 26 des Ammiditana datiert ist: «1 Talent Wolle, Eigentum des Palastes, im Werte von 20 Sekel Silber, das Ilschu-ibni, der Obmann der Kaufleute, im Palast empfangen hatte, Verantwortungsbereich des Utul-Ischtar, des Schreibers, haben von Ilschu-ibni, dem Obmann der Kaufleute, Taribum, der Sohn des Ibbi-Schamasch, Ipqu-mannu, Belijatum, Söhne des Ilschu-bani, sowie Kubburum entliehen. Am Tage, an dem der Palast das Geld zurückverlangt, werden sie das Silber dem Palast zahlen[144].» Eine ganze Reihe von Texten bezeugt, daß diese Schulden dann ratenweise beglichen werden konnten. In die Einziehung der Woll-Abgabe war – ebenso wie bei der von Fischen, von Datteln und Zwiebeln – in Larsa Schep-Sin mit eingeschaltet, wie mehrere Urkunden bestätigen. Da wir auch hier wieder diesem Namen begegnen, sollen im folgenden einige Bemerkungen über ihn und sein Amt angeschlossen werden.

Schep-Sin, Obmann der Kaufleute

Aus den etwa zwei Jahrzehnten, für die Tontafeln die Herrschaft Babylons über Larsa bezeugen, sind mehrere Leute bekannt, die in Larsa als «tamkaru», «Kaufleute», tätig waren. Zu ihnen gehört auch Schep-Sin, der wohl schon in den letzten Jahren der Herrschaft des Rim-Sin geschäftlich aktiv war. Unter der Regierung des Hammurapi hat er den Titel eines «Obmanns der Kaufleute» getragen, wohingegen ihn die aus der Zeit des Hammurapi-Nachfolgers Samsuiluna stammenden Zeugnisse gewöhnlich ohne irgendeinen Titel erwähnen.

Eine ganze Anzahl von Urkunden läßt sich auf Grund seiner Namensnennung zu einer Gruppe zusammenstellen, wenn freilich auch nicht zu einem wirklichen Archiv. In den Briefen des Hammurapi an Sin-iddinam taucht sein Name ebenfalls auf. So heißt es einmal, Schep-Sin, der Obmann der Kaufleute, solle mit 1 800 Kor Sesam und 19 Minen Silber, die schon fällig gewesen seien, nach Babylon kommen. Ebenso solle Sin-muschtal, ein Obmann der Kaufleute der Stadt Ur, mit den rückständigen 1 800 Kor Sesam und mit 7 Minen Silber nach Babylon reisen. Beide sollten in der königlichen Residenz Wolle in Empfang nehmen. Hammurapi verweist darauf, daß er bereits früher ihr Erscheinen in Babylon gefordert habe, doch hätten sie darauf aufmerksam gemacht, daß gerade jetzt Erntezeit sei und sie dadurch unabkömmlich wären. Nun aber, so schreibt der König, sei die Ernte vorüber, und Sin-iddinam solle sogleich veranlassen, daß sich beide Leute auf den Weg nach Babylon machten[145]. – Es ging hier um recht beträchtliche Beträge: jeweils um etwa 540 000 Liter Sesam, wenn wir ein Kor mit 300 Litern ansetzen, und um 9,5 bzw. um 3,5 Kilogramm Silber. Den Aufschub wegen der Erntezeit gestattete man ihnen wohl nur, weil sie gerade dann die Abgaben einzuziehen hatten – und das geschah im Interesse des Palastes, für den sie hier praktisch als Finanzbeamte wirkten. Ein kurzer Brief des Hammurapi läßt sich etwa in einen gleichen Zusammenhang stellen: «Zu Sin-iddinam sprich, also sagt Hammurapi: Den Rest des Silbers, der bei Schep-Sin, dem Obmann der Kaufleute, sowie bei den Obleuten über Fünf, die unter seinem Befehl stehen, sich befindet, sollen Schep-Sin und die Obleute über Fünf nehmen und dann nach Babylon bringen[146].» Auch hier geht es also um Abgaben, die von Schep-Sin mit Hilfe seiner Leute eingezogen worden waren – entweder direkt als Silber oder aber in Naturalform, für die dann ein Silberfixum an den Palast zu entrichten war.

Natürlich kam es bei dieser Tätigkeit oft zu Komplikationen, deren Risiko allerdings nicht der Palast, sondern vor allem Schep-Sin zu tragen hatte. Das ist auch aus einem Schreiben des Hammurapi zu entnehmen, in dem dieser auf eine Beschwerde des Schep-Sin eingeht. Schep-Sin hatte aus einem Bereich Silber einzuziehen, das für einen Tempel bestimmt war. Doch hatten zwei Leute, offenbar Verantwortliche für die Abgaben dieser Distrikte, dem Schep-Sin nicht die volle Summe abgeliefert – warum, das entzieht sich unserer Kenntnis. Schep-Sin geriet dadurch in eine unangenehme Lage, da der Palast von ihm die volle Summe forderte und er diese auch schon entrichtet hatte. Auf die Klage des Schep-Sin wies Hammurapi den Sin-iddinam an, er solle umgehend dafür sorgen, daß die beiden Leute die volle Summe ablieferten[147]. Schep-Sin war demnach auch für Abgaben zuständig, die für Tempel eingezogen wurden – offenbar Lieferungen, die vom König dem Tempel überwiesen worden waren.

Schep-Sin besaß auf Grund anderer geschäftlicher Unternehmungen die Mittel, bei derartigen Schwierigkeiten dennoch dem Palast die volle Summe zu zahlen. Er verfügte auch über Felder, darunter solche, die ihm vom Palast zugewiesen worden waren. So heißt es in einem Brief Hammurapis an Schamasch-hasir: «Was den Schep-Sin betrifft, den Obmann der Kaufleute von Larsa, so gib an ihn ein Feld für seinen Unterhalt aus, ebenso wie an Sin-muschtal, den Obmann der Kaufleute von Ur[148]!» Es ist nicht ausgeschlossen, daß dies eine Anerkennung für das Überbringen der in dem bereits erwähnten Brief geforderten Abgaben aus Larsa und Ur darstellte. Vielleicht handelt es sich in einem anderen Brief an Schamasch-hasir ebenfalls um diesen Schep-Sin, wenn davon die Rede ist, daß – mit Ausnahme eines Feldes, das einer Stiftsdame gehörte – Schep-Sin die Felder, die ihm auf einer Tafel zugewiesen worden sind, nun erhalten solle[149]. Demnach hat Schep-Sin über eine ganze Reihe von Feldern aus dem Königsland verfügt. Auch für Sin-muschtal, seinen «Kollegen» in Ur, sowie zwei weitere Obleute der Kaufleute dieser Stadt sind einmal jeweils 10 Hufen, also 64,8 Hektar Ackerland bezeugt. Schep-Sin und die anderen Obleute der Kaufleute haben diese Felder zweifellos für ihren Dienst erhalten, und dieser bestand eben gerade darin, für das Einziehen der Abgaben zu sorgen und dem Palast Silber anstelle von Naturalien zu zahlen. Auch private Geschäfte hat Schep-Sin getätigt, auf eigene Initiative und für eigene Rechnung. Er war privater Geschäftsmann und königlicher Finanzbeamter in einer Person, und da letztere Funktion gleichfalls Einnahmen brachte, vermochte der Palast hier – wie auch in den anderen Fällen – private Initiative und geschäftliche Erfahrung in seine Administration einzubeziehen. Er machte sich damit Ergebnisse einer Entwicklung zunutze, wie sie für die frühe altbabylonische Zeit skizziert worden ist.

In diesem Zusammenhang muß auf den Wandel in der Rolle des Tamkarum, des Kaufmanns, in Larsa hingewiesen werden. Vergleicht man etwa die aus den späten Jahren des Rim-Sin und die aus der Zeit Hammurapis und Samsuilunas stammenden Zeugnisse für die Tätigkeit der Kaufleute mit denen früherer Zeit, so fallen einige Veränderungen auf. Während zuvor in den Texten vor allem private Geschäfte hervortreten, dominieren später die im Auftrag des Palastes durchgeführten Unternehmungen. Man darf wohl generell sagen, daß in dieser Periode die Geschäftstätigkeit der Fernhändler wieder ganz unter die Kontrolle des Palastes kam. Und es ist deshalb nicht allein dem Zufall zuzuschreiben, wenn gerade um diese Zeit einige wohlhabende Familien, deren Archive uns zum Teil überliefert sind, im Machtbereich Babylons an Einfluß verloren oder in den Urkunden nicht mehr erwähnt werden. Gerade weil der Fernhandel eine erneute Konzentration in den Händen des Staates erfuhr, hat auch diese Seite der Ökonomie in den Gesetzen des Hammurapi solche Aufmerksamkeit gefunden – ging es doch dabei vor allem um die Interessen des Palastes selbst.

Für diese Veränderungen, die für Babylonien verallgemeinert werden können, lassen sich leicht Gründe anführen. Denn es wurde ja, schon im Hinblick auf das noch unentwickelte Transportwesen und die Schwierigkeiten des Weges, auf die weiten Entfernungen und sonstigen Gefahren, vor allem mit Luxusgütern gehandelt, die auf kleinem Raum einen großen Wert besaßen. Dazu gehörten letztlich auch bestimmte Rohstoffe wie edle Steine, wertvolle Hölzer und Erze. Hauptauftraggeber war nach wie vor der Palast geblieben, und er wurde es um so mehr, als er erneut die Ressourcen des Landes weitgehend in seinen Händen zu konzentrieren vermochte. Die Bewegungsfreiheit der Kaufleute wurde daher ökonomisch eingeengt. Für die weitere Entwicklung einer Warenwirtschaft bedeutete das ein Hemmnis: Der Umschlag von Naturalabgaben oder Produkten der Eigenwirtschaft des Palastes in Waren erfolgte meist erst auf der Ebene des Fernhandels, und ein Binnenmarkt bildete sich dadurch nur langsam heraus. Die Fernhändler selbst wurden weitgehend vom Palast abhängig und ihm beigeordnet – was nicht ausschloß, daß sie noch nebenbei für sich selbst Gewinne erzielen konnten. Auf seinen Reisen bedurfte der Händler eines staatlichen Schutzes, und vor allem aus den Texten der wichtigen Handelsstation Mari sind uns Gruppen reisender Kaufleute bekannt, die auf ihrem Weg durch besonders gefährliche Gebiete – etwa die syrische Wüstensteppe – sogar militärisch eskortiert wurden. Aus späterer Zeit sind Übereinkünfte zwischen den Herrschern erhalten, die hohe Bußen für den Fall festlegen, daß im Herrschaftsbereich des Vertragspartners königliche Kaufleute getötet oder ausgeraubt wurden[150].

Der Palast vermochte am Fernhandel nicht nur durch seine eigene unmittelbare Beteiligung zu profitieren, indem er den Kaufleuten die notwendigen Mittel und Waren vorschoß, sondern auch durch eine Besteuerung des Durchgangshandels. Wir wissen, wiederum vor allem durch die Mari-Texte, daß man «Zölle» erhob und die Karawanen festhielt, wenn sie sie nicht zahlen wollten. Die Ausweitung des Fernhandels hatte die verschiedenen Zentren Vorderasiens einander näher gebracht, und man war mehr als zuvor aufeinander angewiesen. Vielleicht kann man die Sendung von Geschenken an andere Fürsten, insbesondere an solche, die wichtige Karawanenwege kontrollierten, auch dahingehend interpretieren, daß mit ihnen das Wohlwollen des anderen Fürsten für die Handelsleute und Handelsinteressen des Spenders erlangt oder erhalten werden sollte. Es gibt dafür schon Beispiele aus dem 3. Jahrtausend – so sandten die Könige von Ur dem Beherrscher der Euphratmetropole Mari wertvolle Geschenke, oder dieser ließ wiederum dem Fürsten des syrischen Ebla (heute Tell Mardich) Gaben überbringen.

Eng mit dem Handel verbunden war das spezialisierte städtische Handwerk. Es war im wesentlichen auf importierte Rohstoffe angewiesen und fand seine Auftraggeber und Abnehmer in erster Linie im Bereich des Palastes. Denn der Binnenmarkt war nur dürftig entwickelt, und die dörflichen Gemeinden versorgten sich mit Handwerkserzeugnissen weitgehend selbst. Die Zusammenschlüsse von Handwerkern zu einer Art «Berufsvereinigung» waren der Aufsicht von Palastbeamten unterstellt und damit dem Palast zugeordnet. Es zeigt sich demnach auch im Gewerbe eine ähnliche Entwicklung wie im Fernhandel.

Als Grundherr und als Souverän gelangte der König somit in den Besitz erheblicher finanzieller Mittel; er hat einen Teil davon im Rahmen einer «Redistribution» dazu verwendet, sich weitere Stützen seiner Macht zu schaffen: einen ihm unmittelbar verbundenen Beamtenapparat sowie ein Heer, das immer mehr die Rolle des einstigen Aufgebots freier Bauern übernehmen mußte.

Die Beamten des Königs

In den zahlreichen Urkunden und Briefen altbabylonischer Zeit werden eine ganze Reihe von Titeln erwähnt, deren Träger wir dadurch als Beamte des Königs erkennen. Gerade die an Siniddinam und an Schamasch-hasir gerichteten Briefe Hammurapis zeigen, daß auch Beamte mit Feldern versorgt wurden, aus denen sie Einkünfte bezogen, ohne sich selbst unmittelbar in der agrarischen Produktion zu engagieren. Durch die «Versorgungsfelder» waren diese Beamten dem König und seinen Interessen verpflichtet, selbst wenn sie sonst keine weitere Entlohnung erhielten. Der Herrscher hatte jederzeit die Möglichkeit, ihnen die Felder wieder zu entziehen und anderweitig zu vergeben.

Wie wir bereits an einigen Beispielen sahen, unterlagen die Beamten vor allem zur Zeit des Hammurapi einer strengen Kontrolle, und der König hat nicht mit Anweisungen, Ermahnungen und Rügen gespart. «Wißt ihr nicht, daß im Hause unseres Herrn nicht gelogen wird?», heißt es in einem an Schamasch-hasir gerichteten Brief[151]. Manchem Beamten mag es wenig behaglich zumute gewesen sein, wenn er vom König plötzlich nach Babylon berufen wurde – und das passierte offenbar gar nicht so selten. «Zu Siniddinam sprich, also sagt Hammurapi: Sobald du diese meine Tafel erblickst, komm nach Babylon und erscheine bei mir. Du sollst nicht zögern – eilends triff ein[152]!» Und Schamasch-hasir wird einmal ganz knapp angewiesen, er solle sogleich nach Empfang dieses Schreibens aufbrechen, Tag und Nacht reisen und binnen zweier Tage in Babylon sein; immerhin waren es von Larsa nach Babylon mehr als zweihundert Kilometer[153]! Mit weniger dürren Worten wurde er in einem anderen Brief zum König befohlen. Demnach sollte er sich mit einer ganzen Reihe von Urkunden bei Hammurapi einfinden, und zwar Unterlagen betreffend alle Felder, die von ihm ausgegeben bzw. bestätigt wurden – seien es solche für Palastbeamte, Soldaten, Hirten oder Handwerker; ferner sollten alle Urkunden über bestimmte Felder des Palastes sowie über seinen eigenen Königsdienst mitgebracht werden. Zu dieser Generalrevision wurden auch die Feldmesser und Verwalter, die mit Schamasch-hasir zusammenarbeiteten, zum König beordert – diesmal nach Sippar[154]. In einem anderen Brief werden 146 Verwalter mit ihren jeweiligen Vorgesetzten erwähnt; von ihnen sollten 45 bei Schamasch-hasir bleiben und sich zur Verfügung halten, während 101 Beamte sich auf dem schnellsten Wege zum König zu begeben hatten[155].

Hammurapi war erstaunlich gut über den Personalbestand informiert, und bei ihm liefen in der Tat alle Fäden der Verwaltung seiner Besitzungen zusammen. Wir wissen zwar auch von anderen Herrschern dieser Zeit – so von Schamschi-Adad I. von Assyrien, Zimri-Lim von Mari und in gewissem Umfang auch von Rim-Sin von Larsa –, daß sie sich persönlich um die Verwaltung ihres Herrschaftsbereiches bemühten. Hammurapi scheint jedoch, nach seiner Korrespondenz zu urteilen, dabei besonders aktiv gewesen zu sein – vor allem, was seine eigene Großwirtschaft betraf. Zahlreiche Dienstleute wurden zur Audienz beordert, und meistens war dieser Befehl mit dem Hinweis versehen, sie sollten sich sehr beeilen, vor das Antlitz des Königs zu treten. Versäumte es der zuständige Beamte, den Angeforderten sofort zum Aufbruch nach der Residenz zu veranlassen, fehlte es nicht an mahnenden Briefen des Hammurapi. So hatte einmal ein gewisser Etel-pi-Marduk Dienstleuten des Königs Schaden zugefügt, und diese wandten sich mit einer Beschwerde an Hammurapi. Der König forderte Sin-iddinam auf, den Etel-pi-Marduk zu ihm zu senden, doch erschien dieser nicht. «Daß du den Etel-pi-Marduk vor mich senden solltest, hatte ich dir geschrieben. Weshalb hast du ihn nicht gesandt? Sobald du meine Tafel erblickst, sende den Etel-pi-Marduk vor mich! Er soll nicht zögern: Tag und Nacht soll er reisen, damit er eilends bei mir eintreffe[156]!»

Etel-pi-Marduk hatte sich schuldig gemacht und mußte sich nun vor dem König verantworten. Auch in einigen anderen Briefen wird ein Vergehen als Grund dafür angegeben, daß Beamte und andere Dienstleute des Königs an den Hof gerufen wurden. «Leute des Palasttores», die sich nicht auf ihren Posten begeben hatten, traten die Reise nach Babylon unter Bewachung an[157], und einigen Dienstleuten, denen Bestechung vorgeworfen wurde, drohte in der Residenz gleichfalls eine Untersuchung und Bestrafung: «In Bad-Tibira ist Bestechung vorgekommen. Es gibt Leute, die die Bestechung angenommen haben, und Zeugen, die jene Angelegenheit kennen, hatte Sin-iddinam gemeldet. Hammurapi wies ihn an, den Sachverhalt zu prüfen. Stellte sich heraus, daß tatsächlich Bestechung vorlag, dann sollte Sin-iddinam das Silber und was sie sonst noch angenommen hatten, versiegeln und vor Hammurapi bringen lassen – ebenso die Schuldigen und die Zeugen. Der König selbst wollte sich also der Sache annehmen und sie entscheiden[158].

Richter und «Älteste»

Übernahm es in diesem Beispiel der König selbst, den Richterspruch zu fällen, so gab es noch eine Reihe weiterer richterlicher Instanzen. Der Herrscher war höchster Richter und zugleich Gesetzgeber, und als Gesetzgeber zeigt ihn auch die bildliche Darstellung auf seiner berühmten Stele. Gegen seine Entscheidung versagten alle Rechtsmittel, wie sie der Bürger sonst gegen ungerechte oder korrupte Beamte und Gerichte anwenden konnte. Dem König oblag es, in seinem Lande Recht zu schaffen, und man kann Hammurapi nicht absprechen, daß er sich ernsthaft darum bemüht hat. Gelegentlich wird in Briefen darauf verwiesen, daß Entscheidungen «entsprechend den Regelungen des Königs» getroffen wurden oder werden sollten. Aber außer diesem Anspruch, oberster Rechtsherr zu sein, hat der König in Prozessen auch direkt als Richter fungiert, wie das gerade für Hammurapi in den Texten bezeugt ist. Entweder der König behandelte den Fall selbst und sprach das Urteil, oder aber er gab nur eine Entscheidung über die rechtliche Einordnung der Sache allgemein und überwies den Fall dann an die lokalen Richter oder andere Autoritäten. Es kam auch vor, daß er den ganzen Fall von vornherein an die örtlichen Instanzen weitergab.

Dabei ist es auffällig, daß er insbesondere bei all den Angelegenheiten als oberster Richter in Erscheinung trat, die den Bereich seiner Palastwirtschaft betrafen. Als Herr dieses riesigen, über einen weiten Raum verstreuten Besitzes richtete er selbst oder gab die Fälle an die lokalen königlichen Gerichte weiter, nachdem er eine Vorentscheidung getroffen hatte. Gewiß fühlte er sich dabei als «Patriarch» eines, wenn auch überdimensionalen, «Hauses», dessen Meinung bei allen dieses «Haus» betreffenden Rechtsangelegenheiten gehört werden mußte. Königliche Gerichte bestanden offenbar in allen wichtigen Orten, in denen es einen «Palast» als Sitz der königlichen Administration gab. Wir wissen durch Urkunden aus Larsa, daß dort viele Richter gleichzeitig tätig waren, die häufig als Kollegium fungierten. Manche Fälle wurden an die Residenz Babylon weitergeleitet; anscheinend hatte das Königsgericht Babylons weiterreichende Kompetenzen als das anderer Orte. Dafür spricht auch ein Brief, in dem die Richter von Sippar aufgefordert werden, zusammenzutreten und «gemäß der gesiegelten Urkunde der Richter von Babylon» ein Urteil zu fällen[159]. Hier hatte also das Richterkollegium der Hauptstadt den Fall bereits beraten, und die dementsprechend ausgefertigte Tafel, von einem Obmann der Kaufleute überbracht, sollte die Grundlage für das in Sippar zu fällende Urteil sein.

Interessanterweise werden nun die Tempel nicht mehr als Stätte des Gerichts genannt. Der Staat hatte offenbar die Gerichtsbarkeit ganz an sich gezogen, sogar hinsichtlich der Heiligtümer. Sehr eingeschränkt waren auch die richterlichen Kompetenzen der lokalen Autoritäten. So etwa die der «Ältesten», die erst dann eingeschaltet wurden, wenn es sich nicht oder nicht allein um Königsland oder Dienstleute des Herrschers handelte – es sei denn, die Ortskenntnis und Autorität dieses Gremiums wurden benötigt, um Informationen zu erlangen oder Urteile durchzusetzen. Solche «Älteste» einer Stadt oder einer Siedlung sind bereits aus sumerischen und akkadischen Texten des 3. Jahrtausends bekannt, und wenn sich hinsichtlich der Zusammensetzung dieser Räte auch im

Laufe der Zeit Veränderungen vollzogen haben, so blieb diese Institution – als ein Relikt gentil-demokratischer Verhältnisse – erhalten. Ihre Kompetenzen wurden von der sich ausbildenden und dann sich immer mehr durchsetzenden Königsgewalt und ihrer Beamtenschaft mehr und mehr eingeengt und auf lokale Fragen untergeordneter Bedeutung eingeschränkt[160].

Gerade die Texte aus Mari haben einiges zur Aufhellung der Rolle dieser Ältesten in der altbabylonischen Periode beigetragen, die auch sonst in den Quellen häufig genannt werden. Sie wurden in den Siedlungen mehr oder weniger in Organe der königlichen Verwaltung umfunktioniert, wenngleich sie sich von den eigentlichen Beamten des Königs unterschieden und fest in den Gemeinden verwurzelt waren. Bei Prozessen haben sie des öfteren mitgewirkt, zumeist gemeinsam mit dem Ortsvorsteher oder «der Stadt». Bei ihnen konnten Klagen eingereicht werden, sie vermochten Gerichtsverfahren einzuleiten und in bestimmten Fällen als Schiedsleute zu fungieren. Es kam vor, daß vom königlichen Gericht Streitfälle zuständigkeitshalber an den Ältestenrat überwiesen wurden. Die Ältesten wirkten besonders häufig bei Prozessen mit, die Grund und Boden betreffende Angelegenheiten behandelten – seien es Felder, Gärten oder Hausgrundstücke. Awel-Ninurta, eine Art «Kanzler» des Hammurapi, schrieb einmal an Schamasch-hasir, daß die durch ein altes Dokument angedeuteten Rechtstitel an einem Feld «des väterlichen Hauses» von den Stadtältesten und den alten Leuten vor der «Waffe des Stadtgottes», also angesichts des Emblems der Gottheit, untersucht werden sollten. Über den Ausgang der Sache wolle er einen Bericht haben[161]. Und in einem Brief eines Beamten sowie der Richter von Larsa an den Bürgermeister und an die Ältesten des Ortes Bulum heißt es, man sollte sich mit der Anfechtungsklage eines Mannes betreffend einen Garten befassen. «Untersucht seine Angelegenheit und gewährt ihm einen Prozeß in Übereinstimmung mit den Verordnungen. Wenn es zu schwierig für euch ist, dann schickt ihn und seine Prozeßgegner zu uns»; als Prozeßgegner wird in diesem Zusammenhang von der «Stadt» gesprochen[162]. Es gab aber auch Klagen wegen Erbteilungen, ausstehenden Gerstelieferungen, wegen Vieh und Sklaven. Gegen den Spruch der Ältesten konnte Beschwerde eingelegt werden, und vor allem Dienstleute des Königs dürften sich, wenn sie mit in einen solchen Fall verwickelt waren, an die königliche Gerichtsbarkeit gewendet haben, wenn sie sich von den Ältesten ungerecht behandelt fühlten.

Lassen sich auch königliche und örtliche Instanzen als Stütze der Administration des Reiches benennen, wäre es dennoch übertrieben, von einem umfangreichen und ausgebauten Beamtenapparat Hammurapis zu sprechen, von einem verwaltungsmäßigen «Durchorganisieren» des Staates. Hammurapi hat sich offenbar sehr auf Leute seines Vertrauens gestützt, wobei es nicht immer auf eine genaue Abgrenzung ihrer Kompetenzen ankam; und er hat weitgehend überkommene Institutionen übernommen und sie in die Verwaltung einbezogen. Man darf auch nicht vergessen, daß ihm seine Eroberungen erst während seiner späteren Regierungsjahre zur Beherrschung eines umfangreichen Staates verhalfen und für grundsätzliche Neuordnungen damit ohnehin nicht viel Zeit zur Verfügung stand.

Das Heer

In einem an Sin-iddinam gerichteten Schreiben hat Hammurapi einmal verfügt, die höheren Offiziere – die Obersten und die Hauptleute, wie wir vielleicht übersetzen dürfen – sollten eine inzwischen längst fällige Abgabe zahlen. Die unteren Ränge, die Feldwebel und die Soldaten, wurden dagegen von der Entrichtung dieser Silberabgabe befreit[163]. Der Text fügt sich gut ein in das Bild eines um die «Gerechtigkeit» bemühten Herrschers, und es spiegelt zugleich Hammurapis Streben wider, sich in der breiten Masse der Bevölkerung eine Basis seiner Macht zu schaffen. Vor allem aber bildeten die zum Heeresdienst Verpflichteten, die dem König durch Landzuweisungen verbunden waren, den Kern der Armee. Ihre Bedeutung wuchs in dem Maße, wie das Aufgebot der freien Bevölkerung, der unabhängigen kleinen Produzenten infolge der fortschreitenden sozialen Differenzierung, der Ausweitung

Kopf eines Kriegers. Aus dem Zimri-Lim-Palast in Mari. Alabaster, Höhe 20 cm. Aleppo, Archäologisches Museum.

schuldrechtlicher Verhältnisse schwieriger und weniger effektiv wurde. Die Dienste von Mietlingen wurden wohl nur gelegentlich – und dann eher für Spezialaufgaben – in Anspruch genommen.

Die Ausrüstung der Truppen bestand vor allem in Bogen, Axt, Speer und Keule, was an die Ausbildung der Krieger keine hohen Anforderungen stellte. Erst mit der Einführung des leichten, von Pferden gezogenen Streitwagens etwa um die Mitte des 2. Jahrhunderts sowie der Reiterei im frühen 1. Jahrtausend hat die Kriegstechnik entscheidende, sich auch auf die Struktur des Heeres auswirkende Fortschritte erlebt, und die Entwicklung der Belagerungstechnik machte schließlich eine Reihe von Spezialtrupps innerhalb des Heeres notwendig. In altbabylonischer Zeit konnte der Bauer und Gewerbetreibende noch die Grundlage des Heeres bilden, wenn er auch bei dem Dominieren selbständiger kleiner Hauswirtschaften zunehmend in Schwierigkeiten geriet, weil der Heeresdienst ihn öfter für einige Zeit daran hinderte, sich um seine eigenen wirtschaftlichen Angelegenheiten zu kümmern.

Nicht alle auf den Tafeln des Palastes für den Königsdienst Eingeschriebenen mußten im Heer Dienst tun. In einigen Hammurapi-Briefen geht es um Beschwerden, die wegen ungerechtfertigten Einziehens zum Heer bei ihm eingereicht wurden. So wandte sich der Obmann der Bäcker von Emutbal an Hammurapi, um sich über die Aufforderung zum Militärdienst zu beklagen, die an vier Bäcker ergangen war. Sin-iddinam rechtfertigte sich damit, daß er alles ordnungsgemäß eingetragen habe, und sandte einen der Bäcker zum König, damit dieser selbst die Sache entscheiden könne. Hammurapi stellte diesen einen Bäcker vom Kriegsdienst frei und befahl, für ihn einen Ersatzmann zu suchen; die übrigen Bäcker hatten sich dagegen bei der Truppe einzufinden[164]. Auch in weiteren Briefen ist vom Einziehen zum Heer die Rede, und es waren ebenfalls jeweils die Vorgesetzten, die sich beim König darüber beschwerten und seine Weisung erbaten. So beklagte sich ein Oberhirt über die Einberufung von Hirten, die ihm unterstellt waren, und er hatte Erfolg: Hammurapi ordnete an, daß man die Sache rückgängig machen solle und die Beamten, in deren Dienst die Hirten gewiesen worden waren, die Leute freizulassen hätten[165]. In einem anderen Fall lagen die Dinge offenbar komplizierter: Wiederum hatten sich Oberhirten über das Einziehen von Hirten ihres Verantwortungsbereichs beschwert, und in der königlichen Kanzlei sah man daraufhin die entsprechende Urkunde ein, auf der die Hüter verzeichnet waren. Und nach der Nennung der einzelnen Hüter und ihrer Oberhirten heißt es dort: «In der Urkunde des Palastes steht folgendermaßen geschrieben: Hüter sind sie. Entsprechend dem, was in der Urkunde steht, gib sie zurück! Auch prüfe den Sachverhalt des ihnen verursachten Schadens, und verschaffe ihnen dafür Genugtuung[166]!» Ein anderer Beamter monierte den unberechtigten Ruf zum Heeresdienst ihm unterstellter Müller und erreichte gleichfalls deren Freistellung[167].

Schließlich sei noch ein Brief in diesem Zusammenhang erwähnt: In ihm bezieht sich Hammurapi auf eine früher erteilte schriftliche Anweisung, derzufolge ein gewisser Sin-ili, der bei den Soldaten eingeschrieben wurde, wieder dem Taribatum zum Zivildienst übergeben werden solle. Sin-iddinam aber hatte dies noch nicht ausgeführt, ja er hatte inzwischen sogar die Söhne des Sin-ili eingeschrieben, da sie ihm für den Dienst als Soldaten geeignet erschienen. Sin-ili selbst wurde nun vor den Herrscher beordert und die Sache überprüft. Das Ergebnis: Sin-iddinam wurde gerügt, da er einen Mann zu den Soldaten geschickt hatte, der ein Königsbauer sei und nur Zivildienst zu leisten habe. Als Ersatz für Sin-ilis Söhne sollten andere Leute zur Truppe gehen[168].

Hammurapi hat offenbar gefürchtet, durch solche Praktiken seiner Beamten könnten die Wirtschaft und die Ordnung in seinem Staat gefährdet werden. Die Dienste, die die einzelnen Leute und Familien für zugeteilte Königsfelder abzuleisten hatten, waren urkundlich genau fixiert, und der König legte großen Wert auf die wortgetreue Einhaltung dieser Festlegungen. Aus dem Bereich von Mari ist bekannt, daß dort in bestimmten Abständen die Bewohner des Landes «gemustert» wurden: Beamte des Königs nahmen mit Unterstützung der örtlichen Behörden oder aber – bei den halbnomadischen Gruppen – der Scheichs alle Dienstpflichtigen auf und zeichneten sie in Listen ein, die dann zur Grundlage für das Aufgebot und für die Forderung von Abgaben gemacht wurden.

Die auf Soldaten bezogenen Bestimmungen der Gesetzessammlung Hammurapis machen deutlich, daß Maßnahmen zur sozialen Absicherung dieser Leute notwendig waren. Einerseits sollte verhindert werden, daß das den Soldaten überwiesene Königsland in andere – vor allem in private – Hände geriet. Zum anderen war beabsichtigt, die Leistungsfähigkeit des Soldaten dem König zu erhalten. Dennoch waren auch diese Dienstpflichtigen ständig von der Verschuldung bedroht: Das beweist ein brieflicher Erlaß des Königs Samsuiluna, demzufolge alle Schuldurkunden der Soldaten für ungültig erklärt wurden[169].

Für die Landzuweisung an Dienstpflichtige ergaben sich erst nach den Eroberungen Hammurapis, vor allem nach seinem Sieg über Larsa, günstige Möglichkeiten. Nun bekam das Heer, das dem König von Babylon zur Verfügung stand, eine breitere Basis, und Hammurapi hat die Unterwerfung seiner Gegner genutzt, um diese seine Stütze zu festigen. Zuvor vermochte er seine ehrgeizigen Ziele nur unter Heranziehung von Hilfskontingenten aus anderen, befreundeten Fürstentümern zu realisieren – so aus Mari und, durch Vermittlung Zimri-Lims, aus Halab/Aleppo. Dennoch erwies sich auch in der Folgezeit, daß das Reich nicht mit militärischen Mitteln allein zusammengehalten werden konnte.

Der König und die Götter

Die königliche Souveränität war eng verbunden mit der Rolle des Herrschers auf religiös-kultischem Gebiet; auf die Bedeutung, die diese Funktion des Königs bei der Durchsetzung seines Machtanspruchs hatte, wurde bereits hingewiesen. Es ist vor allem bemerkenswert, daß Hammurapi darauf verzichtete, sich – wie das etwa noch Rim-Sin tat – vergöttlichen zu lassen. Die Stele mit den Gesetzen zeigt ihn nicht mit der Hörnerkappe, dem Signum der Göttlichkeit, das noch bis in jene Zeit zurückreicht, als der Stier neben der Muttergöttin wichtigstes Kultobjekt war. In seinen Inschriften wird seinem Namen nicht das «Gottesdeterminativ» vorangestellt, und es ist auch nicht bekannt, daß er für den Kult seiner Person eine Kapelle oder einen Tempel besessen hat. Aber der König galt als Vertreter seines Herrschaftsbereichs vor den Göttern, er war von diesen berufen, worauf in den Texten immer wieder hingewiesen wird; seiner Macht wurde durch diesen Anspruch die Legitimation durch die Götter verliehen – und wer sich gegen sie verging, der sündigte auch den Göttern gegenüber.

Der König gebot über die Tempel, hatte sie seinem Spruch unterworfen; aber er war damit auch für sie verantwortlich und sorgte für den Unterhalt der Heiligtümer durch die Überweisung von Abgaben und Opfern. Er baute Gotteshäuser oder besserte die baufällig gewordenen wieder aus. Er stiftete Tempelgerät oder ließ es erneuern, und er kümmerte sich um wichtige kultische Angele-

Terrakotta-Relief mit Darstellung der Göttin Ischtar, die einen Herrscher an der Hand führt. Höhe 14,5 cm. Jena, Hilprecht-Sammlung.

genheiten. So schrieb er beispielsweise an Sin-iddinam Briefe, die den Transport von Götterstatuen nach Babylon betrafen. Die Göttinnen, um die es hier ging, wurden in der Residenz schon ungeduldig erwartet – und der König sorgte sich darum, daß die Reise der Statuen per Schiff möglichst rasch vonstatten ging[170].

Relief-Fragment mit Beterdarstellung. London, Britisches Museum.

Die Tempel hatten seit der Zeit der III. Dynastie von Ur allmählich eine andere Funktion erhalten. Sie waren nicht mehr der Platz, der mit der Stadt eine Einheit bildete, sie waren von einem «Haus» des Gottes zu einem «Palast» des Gottes geworden. Der königlichen Souveränität voll unterworfen, wurden sie zu einer Stütze der Macht des Herrschers, was er mit Privilegien und Zuwendungen honorierte. Die Tempel erhielten nun neue Aufgaben – nicht nur als eine Art «karitative» Institution, sondern auch als höchste moralische Instanz und als «Dach» für eine Vielzahl von geschäftlichen Aktivitäten, die Personen ausführten, die dem Tempel nur mehr oder weniger nominell verbunden waren.

Neben den herausragenden militärischen Ereignissen – und an ihnen fehlte es in den späteren Regierungsjahren von Hammurapi nicht – sowie den Kanalbauten waren es gerade die kultischen Angelegenheiten, die für würdig befunden wurden, einem Jahr den Namen zu verleihen. Bereits die Vorgänger Hammurapis auf dem Thron von Babylon hatten sich, wie andere Zeitgenossen auch, um die Tempel und ihr Inventar bemüht und ihre Verdienste dann in den Jahresformeln ins Gedächtnis prägen lassen. Bei Hammurapi geben kultische Angelegenheiten immerhin mehr als einem Drittel seiner 43 Regierungsjahre den Namen: die Stiftung und Erneuerung von Götterbildern, die Einweihung eines Götteremblems «aus funkelndem Gold, das vor dem Heere einherzieht», und nicht zuletzt der Bau oder Ausbau von Heiligtümern in Babylon oder in anderen bedeutenden Städten des Reiches. So wurde dem Gotte Nergal in der Stadt Kutha, dem wichtigen Kultplatz dieses Unterweltsgottes, das Heiligtum ausgebaut, und den Göttern Enlil und Adad errichtete man Tempel in Babylon. Das Emete'ursag genannte Heiligtum in der altehrwürdigen Stadt Kisch wurde erweitert: «Emete'ursag erneuerte er, und den Tempelturm, die hohe Wohnung von Zababa und Inanna, dessen Spitze hoch wie der Himmel ist, baute er. Den Glanz Zababas und Inannas vergrößerte er ganz beträchtlich[171].»

Das Bild wird ergänzt durch eine Reihe von Bauinschriften in sumerischer und in akkadischer Sprache. Sie berichten über Bauten in der Stadt Sippar, die Errichtung des Schamaschtempels in Larsa, Arbeiten an den Heiligtümern von Ischtar und Marduk. So lautet die sumerische Inschrift mit dem Bericht über den Tempelbau in Larsa: «Für Schamasch, den Herrn des Himmels und der Erde, seinen König, hat Hammurapi, der Erwählte des Anu und Diener des Enlil, der Liebling von Schamasch, der Hirte, der Marduks Herz erfreut, der starke König, der König von Babylon, König von Sumer und Akkad, der König der vier Weltufer, der König, der die Heiligtümer der großen Götter erneuerte, als Schamasch ihm Sumer und Akkad zur Herrschaft übergeben und ihm das Leitseil über sie verliehen hatte – für Schamasch, den Herrn, der sein Leben beschützt, hat er den Tempel Ebabbar, sein geliebtes

Heiligtum, in Larsa, der Stadt seiner Herrschaft, gebaut[172].» Es wird verschwiegen, daß schon andere Herrscher an diesem Heiligtum gebaut hatten, das einst von Ur-Nammu, dem ersten König der III. Dynastie von Ur, errichtet worden ist. Auch in anderen Fällen, in denen Hammurapi einen Tempelbau berichtet, kann schon eine Bautätigkeit früherer Könige nachgewiesen werden; denn man baute aus Lehmziegeln, und diese verfielen verhältnismäßig rasch und machten Ausbesserungen oder Neubauten erforderlich.

Hammurapi stellt sich in der zitierten Inschrift ganz als Schützling des Gottes Schamasch vor, des Gottes der Sonne und des Rechts. Wenn er sich auf seiner Stele im Text und wohl auch im Bild zu Schamasch bekennt, so kann das dadurch erklärt werden, daß das Gesetzeswerk in die «Kompetenz» dieses Gottes gehörte. Doch zeigen andere Inschriften recht deutlich, wie sehr Hammurapi diesem Gott anhing, dessen vorrangige Kultstadt Sippar er sogar zeitweilig zu seiner Residenz machte. Nicht zufällig heißt es auf einer kleinen Achatperle, also nicht aus einem repräsentativen oder ortsgebundenen Anlaß, daß Schamasch, der große Herr des Himmels und der Erde, dem ihm gehorchenden Fürsten Hammurapi Leben verleihen möge[173].

Schamasch und Marduk

Man hat den Eindruck, Schamasch war der «persönliche Gott» des Hammurapi, der Gott, an den er sich besonders wandte und dem er vertraute. Gerade deshalb galt dem Heiligtum dieses Gottes in Sippar und dieser Stadt überhaupt die besondere Fürsorge des Königs. Das drückt sich auch in einer Inschrift aus, die anläßlich des Ausbaus der Stadtmauer von Sippar auf einen Tonnagel geschrieben wurde: «Als Schamasch, der große Herr des Himmels und der Erde, der König der Götter, mit seinem glänzenden Antlitz freudig auf mich blickte, auf mich, Hammurapi, seinen geliebten Fürsten, mir ein dauerhaftes Königtum und eine langwährende Regierung schenkte, das Land, das er mir zur Herrschaft übergab, fest gründete, mir mit seinem reinen Wort, das nicht verändert werden kann, befohlen hatte, das Volk von Sippar und Babylon friedvoll wohnen zu lassen, und mich in erhabener Weise damit betraut hatte, die Mauer Sippars (neu) zu bauen und zu erhöhen: Damals habe ich, Hammurapi, der mächtige König und geachtete König von Babylon, der Gehorsame des Schamasch, der Liebling der Göttin Aja, der das Herz Marduks, seines Herrn, erfreut, mit der hehren Kraft, die Schamasch mir verlieh, mit dem Aufgebot des Volkes meines Landes getreulich die Mauer Sippars mit Erdmassen von Grund auf wie ein mächtiges Gebirge erhöht. Eine gewaltige Mauer baute ich. Was seit den ältesten Zeiten keiner unter den Königen gemacht hatte – für Schamasch, meinen Herrn, tat ich es in großartiger Weise. Der Name dieser Mauer lautet: ‹Auf

Stele des Hammurapi, Detail: Hammurapi anbetend vor dem thronenden Gott Schamasch.

Geheiß des Schamasch möge Hammurapi keine Gegner haben.› Während meiner glänzenden Regierung, zu der mich Schamasch berief, befreite ich die Bewohner von Sippar, der ewigen Stadt des Schamasch, vom Dienst für Schamasch. Ich ließ ihren Kanal fürwahr (neu) graben, und ich sorgte wahrhaftig für ständiges Wasser für ihr Land. Reichtum und Fülle häufte ich auf und machte die Bewohner von Sippar glücklich. Für mein Leben beten sie fürwahr. Was Schamasch, meinem Herrn, und Aja, meiner Herrin, wohlgefällig war, das tat ich. Einen glänzenden Namen, der täglich wie der eines Gottes genannt und für alle Zeiten nie vergessen werden möge, machte ich mir im Munde des Volkes[174].»

Dieser Text feiert ein Ereignis, das auch in einer anderen Tonnagel-Inschrift der Nachwelt überliefert worden ist. Hineingetrieben in eine Lehmmauer, sollten solche Tonnägel ursprünglich vom Abschluß eines Kaufvertrages künden. Auf Hals und Kopf beschrieben, konnten sie unter anderem verwendet werden, um an die Errichtung eines Bauwerks zu erinnern, als symbolischer Kontrakt zwischen dem, der die Arbeit durchführen ließ, und dem, dem der Bau geweiht war – hier also mit dem Gott Schamasch. Diese Tonnägel sind andernorts – vor allem in Assur – ebenfalls jahrhundertelang verwendet worden, um durch die eingedrückten Inschriften die Taten der Bauherrn zu preisen. Hammurapi ging es in dem zitierten Text um Sippar, den bedeutenden Kultplatz des Schamasch und die zugleich wichtige Station im Handel; die Einwohner profitierten davon und wurden von den sonst geforderten Diensten für Schamasch ausgenommen. Es war offenbar nicht nur die Absicht des Hammurapi, die Bevölkerung Sippars auf seiner Seite zu haben, sondern es mag ihm vor allem um eine Tat für seinen «persönlichen Gott» gegangen sein. Daß sich der König auch um die anderen Götter kümmerte und die ehrwürdigen Götter Anu und Enlil weiterhin in ihrer überragenden Stellung beließ, zeigen seine Inschriften, seine Daten, seine Briefe.

Auffälligerweise erscheint Marduk, der Gott der Residenz Babylon, in den Inschriften nicht als der bevorzugte Gott Hammurapis. Er ist weder von Hammurapi selbst noch von seinen unmittelbaren Nachfolgern auf den ersten Platz im babylonischen Pantheon gerückt worden. Auch die Einleitung zu den Gesetzen, in den späten Regierungsjahren Hammurapis zusammengestellt, zeigt noch die Götter Anu und Enlil an der Spitze, und ein gleiches Bild vermitteln die Bauinschriften. Unter den Tausenden von Personennamen, die in den Briefen und Urkunden für diese Zeit überliefert sind, fallen die mit Marduk zusammengesetzten Namen ebenfalls nicht entscheidend ins Gewicht. Freilich ist das Ansehen des Marduk gerade durch die Erfolge des Hammurapi stark angewachsen; Marduk war der Gott der Hauptstadt eines bedeutenden Staates, aber man kann noch nicht feststellen, ob er auch schon zum Gott eines Reiches geworden war[175].

Die Gesetze Hammurapis

Die Stele mit den Gesetzen

Immer wieder wurde auf die Gesetzessammlung des Hammurapi hingewiesen, auf jenes Werk, das mehr als alles andere dazu beigetragen hat, den Namen dieses Königs über den anderer Herrscher zu erheben und ihm Glanz und Ruhm zu verleihen. Und es war gerade diese Rolle als «Gesetzgeber», die während der letzten Jahre dazu führte, daß ihm in der Republik Irak Denkmäler errichtet wurden. Haben wir in den vorhergehenden Abschnitten die «Individualisierung» in der frühen altbabylonischen Periode betrachtet, sodann die Stützen königlicher Macht bei der erneuten Zentralisation, so soll der «Kodex» des Hammurapi im folgenden als Ausgangspunkt für eine Darstellung des mesopotamischen Alltags in der späten altbabylonischen Periode, in der Zeit Hammurapis und seiner nächsten Nachfolger dienen, auch wenn in diesen Gesetzen nicht alles seinen Widerhall gefunden hat, was unser besonderes Interesse verdient.

Im letzten Jahrzehnt des 19. Jahrhunderts lenkte eine Reihe von Tontafeln das Augenmerk der Wissenschaft auf sich. Sie stammten aus der umfangreichen Tontafel-Bibliothek von Ninive, aus jener Stadt also, die während der Zeit höchster Machtentfaltung des assyrischen Reiches dessen Hauptstadt gewesen ist. Mehr als ein Jahrtausend nach der Regierung des Hammurapi von Babylon wurde diese Bibliothek zusammengetragen, und unter den Tontafeln befanden sich viele, auf denen man ältere Überlieferungen aufgezeichnet oder von anderen Tafeln kopiert hatte. Es zeigte sich, daß die fraglichen Texte zu Gesetzen gehörten, die bis auf die Zeit des Hammurapi zurückgehen mußten. Man konnte also bereits vermuten, daß es eine Sammlung von Gesetzen zur Zeit des Hammurapi gegeben hat. Wenig später entdeckte man den sicheren Beweis dafür.

Im Verlaufe des Dezember 1901 und des Januar 1902 fanden die französischen Archäologen, die unter der Leitung von J. de Morgan in Susa arbeiteten, auf der Akropolis dieser Stadt, von der aus dereinst der Staat von Elam beherrscht worden war, drei große Blöcke aus Diorit. Sie ließen sich zu einer Stele zusammensetzen, die sich konisch verjüngt und eine Höhe von 2,25 Metern erreicht – zur Stele des Hammurapi. Sie zeigt auf ihrer Vorderseite eine Reliefdarstellung: Ein Mann, in ein langes Gewand gehüllt und auf dem Kopf eine schalenartige Mütze tragend, hat seinen rechten Arm in ehrfürchtiger Anrede erhoben. Seine Verehrung gilt einem thronenden Gott, dessen erhabene Stellung durch eine vierfache Hörnerkrone angedeutet wird. Aus den Schultern des Gottes steigen Sonnenstrahlen auf. Sie deuten – auch wenn eine Identifizierung des Gottes mit Marduk nicht ganz auszuschließen ist – auf eine Darstellung des Gottes Schamasch. Er war der Gott der Sonne und – da ja die Sonne alles ans Licht bringt – des Rechts. Seinen rechten Arm hält er ausgestreckt und übergibt offenbar zwei Symbole: Ring und Stab, Zeichen der Herrschaft und Souveränität. Die übrige Stele ist ringsum mit einer Inschrift versehen. Ihre altertümlichen Zeichen sind untereinander zu Zeilen geordnet, die jeweils durch einen senkrechten Strich voneinander getrennt sind und nach links laufen – eine Art und Weise des Schreibens, wie man sie nur noch für offizielle Denkmäler verwendete, während man in der täglichen Praxis von links nach rechts in horizontalen Zeilen schrieb.

Diese Inschrift erlaubte es dem Philologen der Grabung, V. Scheil, die Stele dem Hammurapi von Babylon zuzuweisen und im Text die Gesetze dieses Königs zu erkennen. Damit war auch die Identität des Mannes in der Reliefdarstellung gesichert: Es ist Hammurapi, der von seinem Gott mit den Insignien der Macht ausgestattet wird. Ähnlich wie auf einem anderen Relief, das sich heute im Britischen Museum befindet, zeigt sich Hammurapi mit einem langen Bart und einer fleischigen Nase, ganz dem babylonischen Normaltyp entsprechend, der wenig von seiner Individualität erfassen läßt. Vielleicht bietet ein Männerkopf aus schwarzem Granit, der nur 15 Zentimeter hoch ist und dicht bei der Stele in Susa entdeckt wurde, ein mehr porträthaftes Abbild eines älteren Herrschers: Auch hier die übliche Rundkappe, darunter aber das Antlitz eines alten Mannes mit schmalen Lippen, schweren Lidern und faltiger Haut. Ob es sich dabei um Hammurapi handelt, wissen wir nicht – ebensowenig wie bei einem Relief, das einen Herrscher an der Hand seiner Gottheit zeigt.

Die Stele des Hammurapi sowie der kleine Männerkopf befinden sich heute im Louvre zu Paris – ein Umstand, der eigentlich einem Mann zu verdanken ist, der etwa sechs Jahrhunderte nach Hammurapi gelebt hat. Denn wahrscheinlich war es der König Schutruk-Nachunte von Elam, der um 1150 v. Chr. während eines der zahlreichen elamischen Raubzüge nach Babylonien die Stele des Hammurapi nach Susa verschleppte. Das geschah bestimmt nicht aus Interesse an der Stele selbst, sondern weil man hoffte, damit zugleich den Gegner auf eine magische Weise zu schwächen: Mit der Stele sollten auch die Blüte und die Macht Babylons nach Elam gebracht werden, die die Stadt unter Hammurapi erlebt hatte. Und gewiß wollte der König von Elam sein eigenes Prestige dadurch stärken, sollten doch auch andere babylonische Denkmäler, die drei Jahrtausende später dann in seiner Hauptstadt wiederentdeckt wurden, von seinen Erfolgen künden: zwei Monumente der Akkad-Herrscher Manischtuschu und Naram-Sin sowie eines des Melischipak, der in den Jahren 1188 bis 1174 in Babylon regiert hatte. Und alle drei Denkmäler zeigen in ihren Inschriften Ausmeißelungen des Textes; dort ließ der elamische König seine eigene Siegesinschrift anbringen. Aus ihr geht hervor, daß Schutruk-Nachunte diese Denkmäler aus der nordbabylonischen Stadt Sippar nach Susa gebracht hat. Auch die Stele des Hammurapi weist eine solche «ausradierte» Stelle auf, doch aus einem uns unbekannten Grund unterblieb dann das Eingravieren einer Inschrift des Königs von Elam. So ist nicht völlig sicher, daß dieser Herrscher sie verschleppte, und es bleibt auch unklar, wo sie dereinst aufgestellt war. Es kann aber nicht ausgeschlossen werden, daß sie sich ebenfalls einmal in Sippar befand, dem von Hammu-

Stele mit den Gesetzen
des Hammurapi von Babylon.
Paris, Louvre.

rapi so bevorzugten Ort, der ihm in seinen letzten Jahren öfter als Residenz diente.

Den Text hielt man schon zu seiner Regierungszeit für so bedeutend, daß noch mehrere andere Stelen mit ihm versehen wurden. Allein in Susa konnten acht Steinfragmente geborgen werden, die zu zwei oder gar drei Stelen gehörten. Weit mehr als ein Jahrtausend hindurch wurden auf Tontafeln Abschriften von Teilen der Gesetzessammlung vorgenommen, wurde der «Kodex» in den Schulen behandelt – und damit überliefert und im Bewußtsein erhalten. Diese Kopien erlauben es auch, die Lücke, die durch das Auslöschen von etwa sieben Kolumnen entstanden war, wenigstens teilweise wieder zu füllen und den Text der Susa-Stele weitgehend wiederherzustellen. Den Widerhall, den die Stelen-Inschrift auch als Literaturdenkmal bis in späte Zeit gefunden hat, bezeugen vor allem die Abschriften, die man vom Prolog der Gesetze angefertigt hat.

Man teilt heute diese Gesetzessammlung in 282 «Paragraphen» ein, obgleich im Keilschrifttext selbst eine solche Untergliederung nicht vorgenommen worden ist. Jedoch bereits der erste Herausgeber der Inschrift, V. Scheil, hat die Paragrapheneinteilung vorgenommen, wobei er von den mit «Wenn ...» eingeleiteten Abschnitten ausging. Bruchstücke anderer Herkunft machen auch eine etwas abweichende Anzahl von «Paragraphen» möglich, doch soll im folgenden bei der üblich gewordenen Zählung geblieben werden.

Von den vielen Fragen, die in Zusammenhang mit der Hammurapi-Stele in der Wissenschaft debattiert worden sind – und sie sind auch heute noch nicht alle ausdiskutiert –, soll hier zunächst nur das Datierungsproblem genannt werden[176]. Es wird allgemein akzeptiert, daß die Niederschrift des Stelentextes während der Regierungszeit des Hammurapi von Babylon erfolgt ist, nicht erst in späterer Zeit. Doch welche Jahre seiner langen Herrschaft kämen dafür in Betracht? Anders als gewöhnlich auf den Urkundentafeln findet sich auf der Stele kein Datum. So ist es nur möglich, auf Grund bestimmter inhaltlicher Indizien zu Schlußfolgerungen über die Entstehungszeit zu gelangen. Dafür bieten sich vor allem die im Prolog der Gesetze aufgezählten militärischen Erfolge Hammurapis an – sie weisen auf jeden Fall in die späten Regierungsjahre des Königs. In den Jahresformeln selbst findet sich für das Jahr 2 die Angabe, Hammurapi habe im Lande Recht hergestellt; doch ist dieses Datum zweifellos zu früh und bezieht sich gewiß nur auf die schon üblich gewordene Verkündung «sozialer Maßnahmen» nach Regierungsantritt. Da das Jahr 1 grundsätzlich nach der Thronbesteigung des neuen Herrschers benannt wurde, bleibt das Jahr 2 als Möglichkeit, unmittelbar nach Regierungsübernahme Geschehenes in den Datenformeln festzuhalten. Das Jahr 22 heißt «Bildnis Hammurapis als König des Rechts» – doch es bleibt fraglich, ob sich diese Notiz auf das Relief bezieht, das sich auf der Susa-Stele findet. Auf Grund der in der Einleitung der Gesetze genannten Eroberungen ist man allgemein der Ansicht, daß erst die Zeit nach dem 38. Regierungsjahr für die Herstellung der Stele in Frage kommt, vielleicht sogar erst das 40. Jahr Hammurapis. Allerdings muß damit gerechnet werde, daß an einem solchen Werk bereits längere Jahre hindurch gearbeitet worden ist. Das könnte durch Fragmente eines Prologs unterstrichen werden, die um einige Jahre älter sind als die Einleitung der Susa-Stele. Es ist auch nicht ausgeschlossen, daß die Reliefdarstellung der Stele ältere Vorbilder hat – etwa jenes uns nicht überlieferte Bildnis, das Hammurapi als den «König des Rechts» zeigt. Für eine Aufzeichnung des Gesetzeswerkes erst gegen Ende der Regierung Hammurapis auf der Stele sprechen auch andere Erwägungen, auf die später zurückgekommen werden soll.

Prolog und Epilog

Der Text der Stele gliedert sich deutlich in drei große Abschnitte: zunächst den Prolog, dann die eigentlichen Gesetze, schließlich der Epilog. Es war keine Neuerung Hammurapis, den gesetzlichen Bestimmungen einen Prolog voranzustellen; bereits für ältere mesopotamische «Gesetzgeber», wie für Ur-Nammu und Lipit-Ischtar, sind solche Einleitungen überliefert. Bei Hammurapi allerdings hat sich dieser Prolog zu einer umfangreichen und repräsentativen literarischen Schöpfung von 303 Zeilen ausgeweitet, die durch die Aufzählung seiner Taten zu einer wichtigen Quelle für den Historiker geworden ist. Dabei sind Prolog, nachfolgender Gesetzesteil und Epilog als ein einheitliches Ganzes aufzufassen, da hier die Bedingungen und die Zielsetzung des Gesetzestextes dargestellt werden. Der Prolog ist kein selbständiges Werk, das nur anläßlich der Beschriftung der Stele beigefügt worden ist.

Wenn diese Gesetze auch an keiner Stelle des Textes als ein Ergebnis göttlicher Offenbarung gepriesen werden, sondern ausdrücklich berichtet ist, daß sie auf Geheiß des Hammurapi aufgezeichnet wurden, so wird dennoch die Gesetzessammlung in letzter Konsequenz auf die Götter zurückgeführt. Denn sie waren es, wie eingangs betont wird, die Hammurapi zur Herrschaft beriefen und ihn zum mächtigsten unter den Fürsten seiner Zeit machten, um «Gerechtigkeit im Lande sichtbar zu machen, den Ruchlosen und Bösen zu vernichten, vom Starken den Schwachen nicht entrechten zu lassen, gleich der Sonne den Schwarzhäuptigen aufzugehen und das Land zu erleuchten». Die Gesetze waren ein Ergebnis dieser Berufung zum Herrschen, waren weltliches Recht.

Dem König werden im Prolog eine stattliche Zahl von Beinamen gegeben, die sich auf seine Taten als ein ehrfürchtiger Verehrer der Götter, als Kriegsheld und Wohltäter des Landes beziehen. Der Text zählt dabei die wichtigsten Städte und Heiligtümer des Landes auf, denen Hammurapi Gutes erwiesen hat. Nicht die Eroberung oder die Zerstörung anderer Orte werden dabei in den Vordergrund gerückt, sondern der positive Aspekt – die danach empfangene Wohltat. Schließlich wird zu den Gesetzen übergeleitet: «Der Ehrfürchtige, der Demütige vor den großen Göttern, Nachkomme von Sumula'el, der mächtige Erbsohn von Sin-muballit, ewiger Same des Königtums, der mächtige König, die Sonne von Babylon, der aufgehen läßt das Licht über das Land Sumer und Akkad, der König, der die vier Weltufer auf sich hören läßt, der Liebling der Ischtar bin ich. Als Marduk zur Rechtsordnung der Menschen, als Leiter dem Lande mich bestellte, habe Recht und Gerechtigkeit ich in das Land eingeführt, den Menschen zum

Wohlgefallen. Damals (legte ich fest): ...» – es folgen dann die einzelnen Gesetze.

Der Epilog, aus dem bereits in der Einleitung zitiert worden ist, findet ebenfalls seine Vorbilder in der älteren mesopotamischen Literatur. Doch auch ihn haben die Hofdichter des Hammurapi – denn auf sie dürften Prolog und Epilog zurückgehen – zu einem Literaturwerk ausgebaut. Er schließt unmittelbar an die gesetzlichen Bestimmungen an und bezeichnet sie als «Rechtssprüche der Gerechtigkeit, die Hammurapi, der tüchtige König, festgesetzt und durch die er dem Lande rechte Leitung und gute Führung verschafft hat». Der König bekräftigt seine Absicht, mit diesen Gesetzen den Entrechteten, Schwachen, Witwen und Waisen in seinem Lande Recht zu verschaffen; sodann folgen ausführliche Anweisungen, dieses Recht in die Praxis umzusetzen: «Der entrechtete Mann, der in einen Rechtshandel gerät, trete vor mein Bildnis als König der Gerechtigkeit; dann lese er meine Inschrift und höre meine köstlichen Worte. Mein Denkstein kläre ihm seinen Rechtshandel, gerechtes Gericht soll er finden, sein Inneres aufatmen lassen.» Insbesondere wendet sich Hammurapi an seine Nachfolger auf dem Thron Babylons: «Bis zum Ende der Tage, für immerdar bewahre der König, der im Lande sein wird, die Worte der Gerechtigkeit, die ich auf meine Stele geschrieben habe. Das Recht des Landes, das ich gegeben habe, die Entscheidungen des Landes, die ich gefällt habe, soll er nicht beiseite tun, soll meine Aufzeichnungen nicht verächtlich behandeln. Wenn dieser Mann Bedacht hat und sein Land gerecht zu regieren vermag, so achte er auf die Worte, die ich auf meine Stele geschrieben habe. Wandel und Weg, das Recht des Landes, das ich gegeben habe, die Entscheidungen des Landes, die ich gefällt habe, weise ihm diese Stele.»

Während der Herrscher, der diesen Gesetzen folgt, gesegnet wird – und zwar nur in einem knappen Satz –, so widmet sich danach ein langer Teil des Epilogs der Verfluchung dessen, der diese Gesetze mißachtet. Es werden die verschiedenen Götter angerufen, diesen Frevler je nach ihrer Kompetenz und Möglichkeit zu bestrafen. Der Göttervater Anu wird aufgefordert, diesem unwürdigen König die Glorie seines Herrschertums zu nehmen; Enlil, der Schicksalsbestimmer, solle «unerstickbare Wirren, Verzweiflung, die zu seinem Untergang führen, in seiner Wohnung entfachen! Möge er Herrschaftszeit der Mühsal, Tage der Dürftigkeit, Jahre der Hungersnot, Dunkel ohne Leuchte, Tod des Augenlichts zum Geschick ihm bestimmen!» Die große Mutter Ninlil, die Gemahlin des Enlil, möge ihren göttlichen Gemahl dahingehend beeinflussen, daß dieser Vernichtung und Untergang über das Land bringe. Der weise Ea möge «Sinn und Verstand ihm nehmen, in Vergessenheit ihn führen, seine Flüsse an der Quelle verstopfen, auf seiner Erde das Brot, der Menschen Leben, nicht gedeihen lassen!» Schamasch, Gott der Sonne und des Rechts, solle sein Königtum stürzen, «oben den Lebenden ihn entreißen, unten in der Erde seinen Totengeist nach Wasser lechzen lassen!» Mondgott Sin möge ihn die Tage, Monate und Jahre seines Herrschertums unter Mühsal und Klagen beenden lassen, «Leben, das mit dem Tode ringt, zum Geschick ihm bestimmen!» Wettergott Adad möge mit seinen Regenfluten das Land überschwemmen, und der göttliche Krieger Zababa solle «am Orte der Schlacht seine Waffe zerbrechen, den Tag zur Nacht ihm verwandeln und seinen Feind auf ihn treten lassen!» Ischtar, nicht nur Göttin der Liebe, sondern auch von Kampf und Schlacht, möge «seine Krieger niederwerfen, die Erde mit ihrem Blut tränken, einen Leichenhügel seiner Krieger ihm auf dem Felde aufwerfen, seinem Heervolk Erbarmen nicht gewähren, ihn selbst in die Hand seines Feindes fallen lassen und ins Feindesland ihn gebunden führen!» Der Unterweltsgott Nergal möge «gleich dem wütenden Feuer im Schilf seine Leute verbrennen! Mit seiner mächtigen Waffe möge er ihn spalten, seine Glieder wie ein tönernes Bildnis zerschmettern!» Die Göttin Nintu solle diesem Manne die Erben nehmen, und Ninkarrak, Tochter des Anu und Göttin des Heilens, möge ihm «eine schwere Krankheit, ein schlimmes Übel, eine schwärende Wunde, die nimmermehr heilt, deren Wesen ein Arzt nicht kennt, die mit Verbänden man nicht beschwichtigt, die wie ein tödlicher Biß nicht ausrottbar ist, ihm an seinem Körper hervortreten lassen – daß, bis sein Leben erlischt, er über den Verlust seiner Manneskraft jammere!»

Der «Kodex» – ein geltendes Recht?

Es sind grimmige, schreckliche Flüche, die hier gegen denjenigen ausgesprochen werden, der die Worte der Stele mißachtet oder ihren Sinn verdreht. Vielleicht veranlaßten Hammurapi gerade seine negativen Erfahrungen bei der Durchsetzung seiner Weisungen und Rechtsansprüche sowie bei der Ausübung seines Richteramtes, so ausführlich die Verfluchungen niederschreiben zu lassen, bei denen die gesamte babylonische Götterwelt herangezogen und angesprochen wird. Dennoch gibt es bislang kaum Hinweise darauf, daß diese Gesetze tatsächlich eine ausschlaggebende Rolle in der Rechtsprechung gespielt hätten, daß man sich an ihnen orientierte und sich auf sie berief. Ist es ein Mangel in der – sonst so reichlich fließenden – Überlieferung, daß wir entsprechende Zeugnisse nicht besitzen? Oder galt das, was in den Gesetzen fixiert war, ohnehin als so selbstverständlich geltendes Recht, als die Norm, daß es eines besonderen Hinweises gar nicht bedurfte? Dagegen könnten die Abweichungen sprechen, die sich im Urkundenmaterial belegt finden. Oder bedeutete der wenige Jahre nach der Niederschrift des Textes erfolgende Tod Hammurapis, daß sich seine Anordnungen in der Praxis nicht durchsetzen konnten? Es ist schwer, hierauf eine sichere Antwort zu finden, und in der wissenschaftlichen Diskussion werden verschiedene Standpunkte vertreten. Sie betrachten die Gesetze in den Extremen entweder als täglich praktiziertes Recht oder aber als theoretisches Werk ohne Wirkung auf die Praxis. Vielleicht liegt auch hier, wie so oft, die Lösung in der Mitte[177].

Die Gesetze des Hammurapi sind oft als ein «Kodex» bezeichnet worden. Auch wenn sich diese Benennung allmählich eingebürgert hat, ist sie nicht ganz zutreffend. Denn die Gesetze Hammurapis streben nicht an, das gesamte Recht des Landes zu kodifizieren, selbst wenn sie in ihren «nichtjuristischen» Teilen, im Prolog und Epilog, diesen Eindruck erwecken. Wie die zahlreichen Urkunden und Briefe recht eindringlich zeigen, war die gesellschaftliche und juristische Praxis weit umfassender, als es in der Gesetzessammlung widergespiegelt wird. Es sind eine Reihe wichtiger – und gerade eben vom Standpunkt des Herrschers als Grundherr und Souverän bedeutender – Fragen aufgegriffen worden, die gegen Ende der Regierung Hammurapis aktuell geworden waren, die juristisch einer Klarstellung oder Veränderung bedurften. Deshalb «fehlen» auch einige interessante Aspekte des Lebens in altbabylonischer Zeit, wird es nicht vollständig in den Gesetzen reflektiert. Um hier ein breiteres Bild zu erhalten, wird es notwendig sein, auch das reiche zeitgenössische Urkundenmaterial heranzuziehen.

Es wurde bereits erwähnt, daß sich auf der Gesetzes-Stele selbst keine Untergliederung in «Paragraphen» findet und nur die immer wiederkehrende Formulierung «Wenn ... (folgt der Tatbestand), dann ... (folgt die Strafzumessung)» die Möglichkeit einer Unterteilung bietet. Zudem werden eine Reihe von zusammengehörenden Fragenkomplexen nacheinander abgehandelt. Dennoch fällt es schwer, in die Gesetze ein «System» hineinzubringen, und wahrscheinlich geht man allzu sehr von modernen Gesichtspunkten aus, wenn man sich den Hammurapi-Gesetzen mit der Absicht einer Systematisierung zuwendet. Der Text ist offensichtlich von praktischen Juristen auf Grund ihrer Erfahrungen zusammengestellt worden, entsprechend den Anweisungen der königlichen Kanzlei. Nicht zufällig stehen wohl Vergehen gegen die Rechtspraxis am Anfang und werden danach Fragen des Eigentums und seines Schutzes behandelt, ehe dem Land- und Grundbesitz – und zwar dem aus dem königlichen Eigentum abgeleiteten – Aufmerksamkeit geschenkt wird. Festlegungen zu Handels- und Geldgeschäften schließen sich an; Probleme des Familienrechts, Körperverletzungen und ihre Ahndung, Regelungen hinsichtlich bestimmter Berufsgruppen, Preise und Löhne und zuletzt das Sklavenrecht haben gleichfalls Aufnahme in die Gesetze gefunden. Inhaltliche Anknüpfungspunkte lassen jeweils die einzelnen Komplexe miteinander in Verbindung bringen – doch es würde zu weit ins Feld der Spekulation führen, hier weitere Schlüsse ziehen zu wollen. Bleiben wir im folgenden bei den einzelnen Bereichen des babylonischen Lebens, wie sie in der Gesetzessammlung nacheinander angesprochen werden.

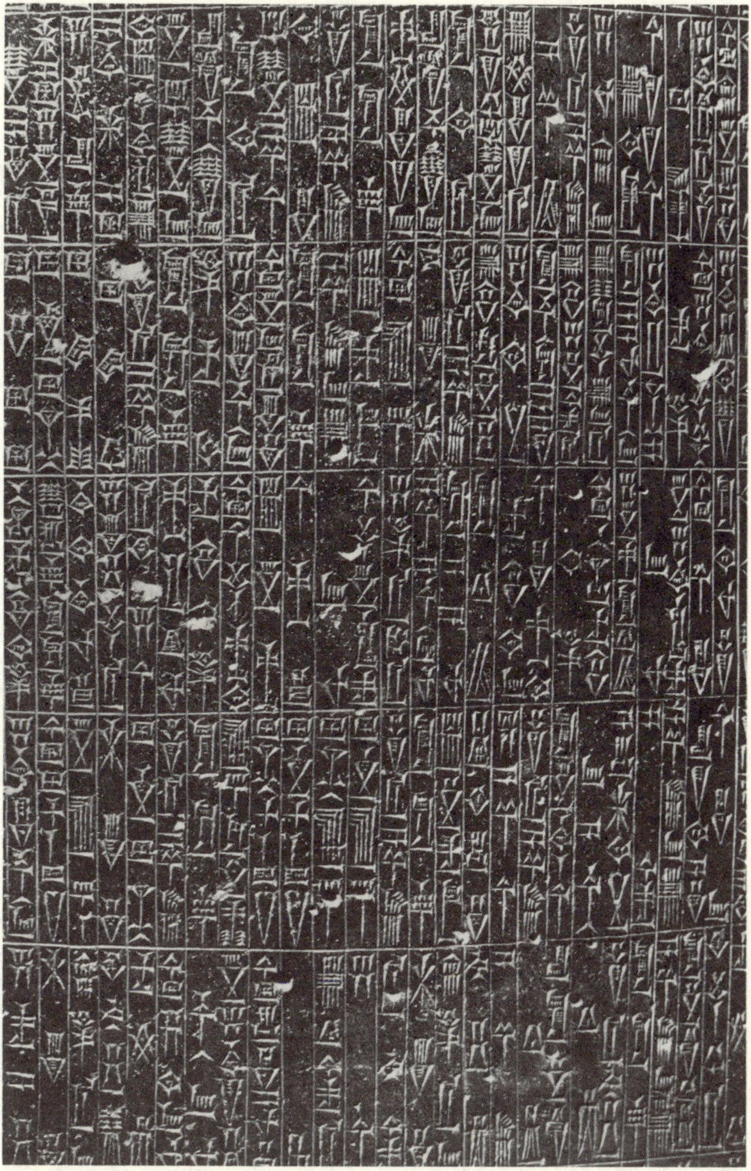

Ausschnitt aus dem Text der Stele des Hammurapi. Paris, Louvre.

Falsches Zeugnis

Anklage, Beweisführung und Urteil, die wichtigsten Teile eines Prozesses, sind Gegenstand der ersten fünf Paragraphen. Prozesse wurden eingeleitet, wenn die Richter die Klage einer Person akzeptierten. Allerdings haben die Betroffenen wohl so manche Rechtssache auch unter sich ausgetragen, und das Gericht dürfte sich auch geweigert haben, alle Fälle anzunehmen oder sich für kompetent zu erklären. Falsche Anklage aber hatte für den Kläger schlimme Folgen: Bei Mordanklage, die nicht bewiesen werden konnte, sollte der Ankläger getötet werden (§ 1), und bei der Anklage auf Zauberei hatte er sich einem «Flußordal» zu unterziehen: «Wenn jemand einen anderen der Zauberei bezichtigt hat und es ihm aber nicht beweist, so geht der, der der Zauberei bezichtigt wurde, zum Flußgott, und in den Flußgott taucht er ein. Wenn dann der Flußgott ihn ergreift, nimmt der, welcher ihn bezichtigt hat, sein Haus (d. h. sein Vermögen). Wenn aber der Flußgott diesen Mann vom Verdacht reinigt und er heil bleibt, wird der, der ihn der Zauberei bezichtigt hat, getötet. Der, der in den Fluß hinabgetaucht ist, nimmt das Haus desjenigen, der ihn bezichtigt hat, an sich» (§ 2). Zauberkräfte konnten nur durch ein «Gottesurteil» nachgewiesen werden, und es traf den «Überführten» dann offenbar gleichfalls die Todesstrafe.

Dieses «Flußordal» als ein Mittel der Beweisführung wird auch in anderen Texten jener Zeit erwähnt. So schrieb König Jatar-Ami, der in der Stadt Karkemisch am Euphrat residierte, an König Zimri-Lim von Mari, er übersende ihm zwei Männer, die einem Flußordal unterzogen werden sollten. Ihnen wird politische Konspiration vorgeworfen; der, der sie dieses Frevels bezichtigte, wurde in Karkemisch einstweilen im Gefängnis behalten. Sollten die Beschuldigten das Ordal überstehen und damit durch Gottesurteil ihre Unschuld «erwiesen» sein, drohte dem Denunzianten der Tod durch Verbrennen. Verloren sie aber ihr Leben – ertranken sie also beim Ordal –, sollten «Haus und Leute» der Schuldigen dem übergeben werden, der sie der Konspiration verdächtigt hatte[178]. Praktisch handelte es sich auch hier um die Anwendung des Prinzips der Wiedervergeltung: Der Beschuldigende sollte die gleiche Strafe erhalten wie der Beschuldigte, wenn man jenen überführte. Ein Brief berichtet, daß der Schwiegervater eines Bekannten bei seiner Rückkehr aus Eschnunna durch Palastbeamte angeklagt wurde und sich einem Flußordal zu unterziehen hatte. Er kam ohne Schaden wieder aus dem Wasser und wurde daraufhin vom Palast für unschuldig erklärt[179]. Dieses Wasserordal, bei dem man die Verdächtigen offenbar gebunden ins Wasser warf, ist auch aus Elam überliefert.

«Du sollst nicht falsches Zeugnis reden wider deinen Nächsten» könnten die Paragraphen 3 und 4 überschrieben sein. Wenn jemand vor Gericht als Zeuge auftrat und die Unwahrheit sagte – oder auch nur sein Zeugnis nicht beweisen konnte –, dem drohte eine Bestrafung je nach der Angelegenheit, um die es ging. Bei Kapitalverbrechen wurde der falsche Zeuge getötet; ging es bei dem Delikt um Gerste oder Silber, hatte er die entsprechende Strafe zu tragen. Der «Beweis» erfolgte durch das Vorzeigen einer gesiegelten Urkunde, falls es sich um einen Anspruch handelte. Sonst waren es die Zeugen in ihrer Gesamtheit oder auch der Eid, die als Beweise anerkannt wurden. In den Prozeßurkunden und anderen Rechtstexten werden die Zeugen gewöhnlich am Schluß der Tafel, vor dem Datum, genannt. Sie rollten auch ihre Siegel meistens auf der Tafel ab, und war ein solches nicht vorhanden, tat es der Eindruck eines Fingernagels ebenso wie das Abdrücken des Gewandsaums.

Schließlich ist auch vom Richter selbst die Rede, und zwar von dem, der seinen Rechtsspruch nachträglich – wohl nach einer Bestechung – veränderte (§ 5): «Wenn ein Richter eine Rechtssache entschieden hat, einen Beschluß gefaßt hat und eine gesiegelte Urkunde hat anfertigen lassen, danach aber seinen Beschluß ändert, so soll man diesem Richter die Änderung des Beschlusses nachweisen, und die Summe, um die es in diesem Rechtsstreit ging, soll er zwölffach zahlen. Außerdem soll man ihn in der Versammlung von seinem Richterstuhl aufstehen lassen, und er soll nicht wieder darauf zurückkehren; er wird nicht mehr mit den Richtern im Gericht sitzen.»

Mit diesen Paragraphen sind nicht alle Möglichkeiten erfaßt, die bei den zahlreichen Prozessen vorkommen mochten. Aber es handelt sich wohl gerade um solche Fälle, die sich in letzer Zeit gehäuft hatten und daher einer besonderen Abhilfe bedurften. Der Prozeß, der zuvor als «Individualisierung» gekennzeichnet worden ist, hat offenbar zu einem Anwachsen der von den Gerichten ausgetragenen Rechtshändel geführt, und ungerechtfertigte Anklage, falsches Zeugnis und korrupte Rechtsprechung mögen damit gleichermaßen zugenommen haben. Aus der altbabylonischen Zeit sind eine Vielzahl von Prozeßurkunden auf uns gekommen, und auffallend häufiger Streitgegenstand ist der Besitz von Grund und Boden sowie von Häusern, oft in Verbindung mit Erbangelegenheiten. Auch eine Reihe von Protokollen mit Aussagen vor Gericht ist uns überliefert.

Vergehen wider das Eigentum

Wie sehr es Hammurapi um die Unantastbarkeit von Eigentum und Besitz – eine Unterscheidung, die in der Terminologie der Keilschriftquellen übrigens nicht gemacht wird – zu tun war, zeigen vor allem die nachfolgenden 20 Paragraphen seiner Gesetze. Und sie machen auch deutlich, daß vor allem das Eigentum von Palast und Tempel unter den besonderen Rechtsschutz gestellt wurde. Auffällig ist, daß man sich aber auch bemühte, den einzelnen Familien ihr Besitztum zu erhalten – waren doch gerade die Haus- oder Familienwirtschaften die Grundlage der altbabylonischen Ökonomie, der Abgaben- und Dienstleistungen für den König. Die einzelnen kleinbäuerlichen Betriebe, insbesondere die, die Kronland bewirtschafteten, sollten intakt und leistungsfähig bleiben. Deshalb ist das Strafmaß, das bei Eigentumsdelikten angewendet wurde, oder hier wenigstens der Abschreckung wegen genannt ist, bemerkenswert streng. Wer «Eigentum des Gottes oder des Palastes» stahl – und in beiden Fällen bestahl man letzten Endes den König –, sollte getötet werden. Wer gestohlenes Gut weiterverkaufte oder auch nur in Verwahrung nahm, dem drohte ebenso die

Todesstrafe wie dem, der des Besitzes von gestohlenem oder verlorenem Gut überführt wurde und nicht zu beweisen vermochte, daß er es rechtens – mit Urkunde und Siegel – erworben hatte. Hingerichtet werden sollte auch der, der einen anderen einer solchen Tat bezichtigte, doch diese schwere Beschuldigung nicht durch Zeugen beweisen konnte. Für das Beibringen der Zeugen wurde ihm eine Frist von sechs Monaten eingeräumt.

Als Diebstahl galt auch, wenn jemand ein Kind raubte, die Flucht von Sklavinnen und Sklaven begünstigte oder die Flüchtigen verbarg, obgleich sie der Herold öffentlich ausrief. Beim Einbruch in ein Haus sollte der Verbrecher direkt vor dem Loch getötet werden, das er in die Mauer gebrochen hatte, um in fremdes Besitztum einzudringen. Wurde bei einem Raubüberfall der Verbrecher nicht gefangen, so sollte der Beraubte die Höhe seines Verlustes im Tempel, also im Angesicht des Gottes, benennen. Die Ortschaft, auf deren Gebiet die Tat geschah, sollte dann den Verlust ersetzen oder aber, wenn ein Mensch dabei ums Leben gekommen war, den Angehörigen des Ermordeten 1 Mine Silber (0,5 Kilogramm) geben. Erwähnung findet schließlich auch ein Diebstahl beim Löschen eines Brandes: «Wenn im Hause eines Mannes Feuer ausgebrochen ist und ein Mann, der zum Löschen gekommen ist, seinen Blick auf die Habe des Hausherrn richtet und sich etwas von der Habe des Hausherrn nimmt, so soll man jenen Mann in dieses Feuer werfen» (§ 25).

In den Rechtssprüchen bei Diebstahl und Hehlerei begegnet uns zum ersten Mal in den Gesetzen Hammurapis eine unterschiedliche Strafzumessung je nach der Stellung des Geschädigten. «Wenn ein Mann entweder ein Rind, ein Schaf, einen Esel, ein Schwein oder ein Schiff gestohlen hat, so soll er, wenn es dem Gott oder dem Palast gehört, das Dreißigfache davon geben. Wenn es aber einem Muschkenum gehört, dann soll er es zehnfach ersetzen. Wenn der Dieb nichts zu geben hat, soll er sterben» (§ 8). Hier offenbart sich – der hochtönenden Versicherung des Prologs zum Trotz, die die Gesetze als gerade für die Armen und Schwachen geschaffen preist – nicht nur, daß der Besitzlose benachteiligt war. Vor allem wird zwischen dem Besitz von Tempel und Palast und dem eines sogenannten Muschkenum unterschieden und danach die Strafe bemessen; der Diebstahl «staatlichen» Eigentums wurde mit einer dreifach höheren Buße belegt.

Der Begriff «Muschkenum», wörtlich etwa «der sich zur Erde niederbeugt», ist in der wissenschaftlichen Diskussion heftig umstritten worden und wird noch immer debattiert. Er taucht bereits in Keilschrifttexten des 3. Jahrtausends auf und wird auch in nachaltbabylonischen Texten öfter genannt; dabei hat er eine Bedeutungswandlung erfahren. Im französischen «mesquin» und im italienischen «meschino» hat sich dieser Begriff sogar bis in unsere Tage erhalten – als Bezeichnung eines armen Menschen. Was aber bedeutete «muschkenum» in altbabylonischer Zeit, vor allem in den Gesetzen Hammurapis? Im wesentlichen haben sich zwei Meinungen herausgebildet: Einmal sieht man in diesen Muschkenu-Leuten «Palasthörige», Abhängige des Palastes, Menschen, die auf Königsland saßen und dafür zu Leistungen verpflichtet waren; zum anderen ist vorgeschlagen worden, in ihnen die unterworfene Bevölkerung allgemein zu sehen, alle die, die nicht zum engeren Kreis des Herrschers, zu einer «Elite», gehörten[180]. Vielleicht ist aber auch zu fragen, ob tatsächlich eine «soziale» Wertung getroffen werden sollte, wenn man von einem Muschkenum sprach? Daß die Hammurapi-Gesetze nicht als Zeugnis für eine sogenannte «Dreiklassengesellschaft» verstanden werden können, die sich in Freie, Muschkenu-Leute und Sklaven gliedert, zeigt bereits eine Durchsicht des Urkunden- und Briefmaterials. «Muschkenum» steht also nicht für eine Art von Mittelklasse, zumal andere Texte deutlich machen, daß ein Muschkenum auch ein vermögender Mann sein konnte. Für die Unterscheidung zwischen dem «Menschen», dem «Wohlgeborenen» (Awilum) und dem «Muschkenum» dürfte, wenigstens in den Hammurapi-Gesetzen, das Verhältnis der jeweiligen Person zum Palast maßgeblich gewesen sein. Und wenn man bei Diebstahl von Besitz eines solchen Muschkenum weniger zu zahlen hatte, so vielleicht nicht deshalb, weil dieser Mann sozial niedriger stand, zu den «Armen und Schwachen» gehörte, sondern eher, weil sein Besitztum für den Palast nicht so interessant war wie das eigene? Andere Paragraphen zeigen, daß der Awilum mehr geschützt wurde als der Muschkenum – müßte ersterer dann etwa als eine Art «Königsmann» betrachtet werden, letzterer aber nicht? Es ist nicht zweckmäßig, sich im folgenden durch eine Übersetzung des Wortes «Muschkenum» auf eine der vorgebrachten Interpretationen festzulegen, bevor in der Wissenschaft selbst das entscheidende Wort gefallen ist. Die Gesetze Hammurapis zeigen jedenfalls den Muschkenum gegenüber dem Awilum, dem «Mann», deutlich benachteiligt – gar nicht zu reden von den Sklaven.

Gerade die Paragraphen über Vergehen am Eigentum lassen die Gesetze Hammurapis als Produkt einer in soziale Klassen gespaltenen Gesellschaft erkennen, und es wird deutlich, daß die Gesetze dazu beitragen sollten, das mit dem König verbundene Eigentum zu sichern. Wie die nachfolgenden Bestimmungen nahelegen, ging es dabei auch um einen Schutz vor den Auswirkungen der «individualisierten» Gesellschaft mit ihrem Existenzkampf, ihrem Kreditsystem und Wucher, ihrer wachsenden Schuldknechtschaft auf den Bereich, über den der König nicht nur als Souverän, sondern auch unmittelbar als Grundherr und Eigentümer gebot.

Die Felder der Soldaten

An die Paragraphen über Diebstahl und Raub sind eine Reihe von Bestimmungen angeschlossen, die sich vor allem zwei Kategorien von Soldaten widmen, dem «Redum» und dem «Ba'irum». Ersterer kann als eine Art Polizeisoldat betrachtet werden, letzterer war ein «Fänger», und seine Bezeichnung geht offenbar auf einen mit dem Netz kämpfenden Krieger zurück. Wie andere Dienstleute des Königs auch, so hatten sie von ihm Land erhalten, und Hammurapi bemühte sich um eine Sicherung des Unterhalts und der Leistungsfähigkeit dieser Leute. Gerade durch die Eroberungen im südlichen Mesopotamien war das Königsland stark angewachsen, und Hammurapi hatte die Situation genutzt, um sich zahlreiche Soldaten durch Landzuweisungen zu verpflichten. Aber es ergaben sich daraus auch eine Reihe von Problemen, um die es in den Paragraphen 26 bis 41 der Gesetze geht.

So entstanden zunächst einmal Schwierigkeiten dadurch, daß die Soldaten sich einerseits um ihre Felder kümmen mußten, auch dann, wenn sie sie nicht alle selbst bewirtschafteten, andererseits aber ihre Mobilität gefordert war. Einige der daraus entstehenden Komplikationen spiegeln sich in der Briefliteratur wider, so etwa, wenn sich Soldaten nicht zur festgelegten Zeit am vereinbarten Stellplatz eingefunden haben und das mit der Erledigung dringender landwirtschaftlicher Arbeiten begründeten. Der König aber war in hohem Maße auf den Heeresdienst dieser theoretisch ständig «unter der Fahne» stehenden Leute angewiesen, und deshalb wohl auch die Festlegung: «Wenn ein Redum oder ein Ba'irum, der zum Feldzug des Königs aufgeboten worden ist, nicht kommt oder einen Mietling gemietet hat und ihn an seiner Statt geschickt hat, so soll dieser Redum oder Ba'irum sterben. Der Mietling aber wird sein Haus an sich nehmen» (§ 26). Es ging also nicht so sehr darum, daß irgendwer zum Heeresdienst antrat, um die zahlenmäßige Stärke des Aufgebots zu erreichen, sondern es sollten eben diese Leute und keine anderen kommen. Denn sie mögen nicht nur eine gewisse Ausbildung und Erfahrung besessen haben und dem König und seinen Beauftragten als besonders geeignet für den Heeresdienst erschienen sein, sondern sie verdankten dem Herrscher den Lebensunterhalt – und waren vielleicht gerade dadurch, daß sie auch für ihren Besitz kämpften, bessere Krieger.

Wie die Bewirtschaftung ihres Landes vor sich gehen sollte, wenn sie durch den Dienst im Heer oder auch durch Gefangenschaft länger abwesend waren, regeln weitere Bestimmungen (§§ 27–31): Wenn der Soldat längere Zeit fortblieb und man sein Land einem anderen zur Bewirtschaftung übergeben hatte, so sollte er es zurückerhalten, sobald er wieder in seinem Heimatort eintraf. Besaß er einen Sohn, der die Arbeiten auf dem Felde übernehmen konnte, hatte dieser sie zu erledigen. War der Sohn aber noch minderjährig, so sollte ein Drittel des Landes der Mutter – also der Frau des Soldaten – übergeben werden als materielle Sicherung, bis der Sohn großgezogen war.

Ein Jahr lang konnte sich ein Besitzer von Dienstland von den

Feldarbeiten fernhalten; versäumte er diese seine Pflicht auch danach noch, drohte ihm der Verlust des Landes: «Wenn ein Redum oder Ba'irum angesichts der Schwere seiner Dienstpflichten sein Feld, seinen Garten und sein Haus aufgegeben und sich ferngehalten hat, ein anderer aber nach seinem Fernbleiben sein Feld, seinen Garten und sein Haus in Besitz genommen hat und drei Jahre lang seiner Dienstpflicht nachgeht, so soll man, wenn er zurückkehrt und sein Feld, seinen Garten und sein Haus verlangt, es ihm nicht geben. Vielmehr soll der, der sie genommen hat und seiner Pflicht nachgekommen ist, ihr weiterhin nachgehen. Wenn er aber nur ein Jahr fernbleibt und zurückkommt, so soll dieser ihm sein Feld, seinen Garten und sein Haus geben, und er soll selbst wieder seiner Pflicht nachgehen» (§§ 30/31).

Einem kriegsgefangenen Soldaten sollte der Loskauf ermöglicht werden, um wieder zu seiner Familie – und zu seinen Pflichten gegenüber dem König – zurückzukehren: «Wenn ein Kaufmann einen Redum oder Ba'irum, der auf einem Feldzug des Königs weggeführt worden ist (d. h. in Gefangenschaft geriet), loskauft und zu seinem Ort zurückgelangen läßt, so soll er, falls in seinem Hause etwas zum Auslösen ist, sich selbst loskaufen (d. h. den Kaufmann bezahlen). Wenn in seinem Hause nichts zum Auslösen ist, soll er im Tempel des Ortes losgekauft werden. Wenn im Tempel des Ortes nichts zum Auslösen vorhanden ist, so soll der Palast ihn loskaufen. Sein Feld, seinen Garten und sein Haus darf man zu seinem Loskauf nicht hingeben» (§ 32). Damit sollte verhindert werden, daß Königsland durch den Loskauf in andere Hände geriet – hier in die des Kaufmanns, der den gefangenen Soldaten auf seiner Reise in fremdem Land gesehen, als Babylonier erkannt und losgekauft hatte. Natürlich waren dem Kaufmann seine Aufwendungen zu ersetzen, aber falls es sich durchaus nicht vermeiden ließ, gab der Palast eher das Geld als das Land. Denn sonst hätte der Soldat in Existenzschwierigkeiten geraten können und vor allem: die mit dem Land verbundene Dienstleistung wäre dem Palast verlorengegangen.

In diesem Zusammenhang kann ein Brief des Hammurapi zitiert werden, der uns vom Gesetzestext fort in die Praxis führt.

Das Schreiben ist an zwei Personen gerichtet, die angewiesen werden, für einen Soldaten, der in die Hände des Gegners gefallen war, 10 Sekel Silber aus Mitteln des Sin-Tempels dem Kaufmann zu geben, der den Gefangenen auslöste[181]. Demnach hatte Hammurapi also auch das Recht, über Tempelmittel zu verfügen.

Der Kaufmann muß in diesem Fall den Gefangenen unter recht günstigen Bedingungen ausgelöst haben; denn die genannte Summe ist niedriger als der sonst übliche Preis für einen Sklaven. In einem anderen Brief bitten zwei Personen, die sich als «Diener» des Adressaten bezeichnen, man möge ihre Väter dazu bringen, einen Kaufmann damit zu beauftragen, sie freizukaufen. Denn sie seien oberhalb der Stadt Ekallatum gefangengenommen worden, also im nördlichen Mesopotamien[182].

Die Gesetze Hammurapis untersagen es militärischen Befehlshabern bei Todesstrafe, Ersatzleute in Dienst zu nehmen, Soldaten zu verdingen, sie um ihr Recht zu bringen oder sich Übergriffe gegenüber deren Besitz zuschulden kommen zu lassen (§§ 33/34). Die Härte der – wenigstens angedrohten – Strafe weist darauf hin, daß der König hier einem offenbar häufigen Mißbrauch der Gewalt, die die Offiziere über die Soldaten besaßen, entgegentreten wollte. In den nachfolgenden Paragraphen (§§ 35–37) wird betont, daß das Vieh, das der Soldat vom König erhalten hatte, ebenso unveräußerlich sei wie sein Haus, sein Garten und sein Feld. Es blieb Eigentum des Herrschers; wer es dennoch kaufte, der verlor das Geld, das er dafür gezahlt hatte, und mußte überdies das Erworbene zurückgeben. Seiner Frau oder seiner Tochter durfte der Soldat ebenfalls nichts überschreiben lassen, was er vom König erhalten hatte und worauf Dienstpflichten lasteten (§ 38). Denn auf diese Weise wären Besitzungen an Personen gekommen, von denen keine entsprechenden Leistungen – hier vor allem der Heeresdienst – erwartet oder gefordert werden konnten. Eine solche Überschreibung von Königsgut wurde auch jenen untersagt, die in den Texten als «Träger von Abgaben», «Abgabepflichtige» bezeichnet werden. Von der Unveräußerlichkeit ausgenommen waren dagegen Feld, Garten und Haus, die der Dienstpflichtige selbst gekauft oder auf andere legale

Art erworben hatte. Wieder ergibt sich, daß der Königsmann außer dem ihm vom Herrscher überlassenen Grund und Boden, für den er zu Leistungen verpflichtet war, noch privates Eigentum an Immobilien haben konnte. Urkunden und Briefe machen zudem deutlich, daß er ferner Land bewirtschaften konnte, das er hinzugepachtet hatte. In den Gesetzen des Hammurapi wird die Pacht auch folgerichtig in den weiteren Paragraphen behandelt.

Das Pachten von Land

Es wurde bereits darauf hingewiesen, daß während der altbabylonischen Periode die Bodenpacht zu einem normalen und häufig angewendeten Mittel wurde, die Anbaufläche und damit die Einnahmen zu vergrößern. Für diese in den Quellen ablesbare Erscheinung lassen sich mehrere Gründe anführen, wobei je nach Zeit und Ort ein bestimmter Umstand besonders ins Gewicht gefallen sein dürfte: Da ist zunächst die schon erwähnte Einschränkung der Mobilität von Eigentum an Grund und Boden, die sich vor allem in jenen Urkunden abzeichnet, die in den späten Herrschaftsjahren von Rim-Sin und Hammurapi sowie danach abgefaßt wurden. Zu rechnen ist ferner mit einer Verknappung des Bodens, der veräußerlich war – und möglicherweise mit einer Bodenverknappung generell. Denn archäologische Untersuchungen des altbabylonischen Kanalsystems lassen zu dieser Zeit eine Zunahme der Anzahl jener Siedlungen erkennen, die an den künstlichen Wasserläufen lagen. Schließlich ist zu berücksichtigen, daß durch die Landzuweisung an Dienstleute des Königs viele Felder in die Hände von Leuten kamen, die sich selbst nicht der landwirtschaftlichen Tätigkeit widmen wollten oder konnten und ihre Felder daher verpachteten. Mindestens bis zur Perserzeit, also anderthalb Jahrtausende hindurch, hat die Bodenpacht in Babylonien eine wichtige Rolle gespielt.

In einem auf die altbabylonische Periode zurückgehenden Lehrtext, der sogenannten Serie «ana ittischu», wird auch auf die Pflichten eines Landpächters eingegangen. So heißt es etwa, er werde pflügen und säen, den «Mund» der Saatfurchen zuscharren

– offenbar, nachdem Wasser hineingeleitet worden war –, Klumpen auf dem Felde auflesen und es mit einem Rohrzaun umgeben. Dann werde er die Gazellen vertreiben und die Heuschrecken verscheuchen, wenn sie das Feld befielen. «Er wird früh aufstehen und spät schlafen gehen.» An anderer Stelle dieses Textes werden das Umgraben, das Behüten der Saat, das Vertreiben der Vögel und das Jäten des Unkrauts als die notwendigen Arbeiten genannt. «Er wird das Feld bewässern, er wird seine Saat aufziehen. Zur Erntezeit wird er das Feld eggen, ‹zerbrechen› und die urkundlich abgemachte Menge dem Besitzer des Feldes darmessen.» Auch die Bearbeitung von «Feld, das durch Schöpfen bewässert wird», ist skizziert: «Nachdem er das Feld mit einer Hacke behauen hat, wird er mit einer Gartenegge eggen, und nachdem er das Feld aufgelokkert hat, wird er mit dem Handpflug saatpflügen. In ein, zwei, drei Bewässerungen wird er es mit Wasser tränken, die Stangen des Schöpfbrunnens wird er befestigen, und nachdem er die Schöpfvorrichtung angebracht hat, wird er Wasser schöpfen[183].» Dieses Pachtland hat also höher gelegen als der Brunnen und mußte mit Hilfe einer Hebevorrichtung – einem Vorläufer des noch heute überall anzutreffenden Schaduf – bewässert werden. Das «Saatpflügen» erfolgte, um die Ackerfurche für die Samen zu ziehen. Im Gegensatz zum Umbrechpflug ritzte der Säpflug die Erde nur auf, und gewöhnlich waren an ihm schmale Gefäße angebracht, aus denen die Samen in die Furche fielen. Die einfachen Holzpflüge waren nicht so kostspielig und wohl überall vorhanden, während die Umbrechpflüge mit ihren bronzenen Scharen den Bearbeitern von Königsland vom Palast oder Tempel geliehen oder auch an andere kleine Bauern vermietet wurden.

Die Praxis der Bodenpacht wird durch zahlreiche altbabylonische Urkunden bezeugt. Es entwickelten sich verschiedene Varianten von Pachtverträgen, die etwa dem Formular folgten: Nennung des Pachtobjekts (Feld, Garten bzw. Dattelbäume, Ödland usw.), Größe und Lage des Objekts, Name des Verpächters. Danach wird die Pachtung notiert, häufig unter Angabe des Pachtzwecks – beispielsweise «zur Bebauung», «zur Urbarmachung» usw. Weiterhin wird der Pachtzins vereinbart, der entweder in Naturalform zu entrichten war, oft auf Silberbasis errechnet, oder – seltener – in barem Geld, in Silber. Festgelegt wurde entweder eine bestimmte Menge an Gerste, Sesam usw. oder aber ein Anteil am Ertrag; dabei hat sich erstere Regelung, wie bereits erwähnt wurde, immer mehr durchgesetzt. Bei der Ertragsteilung erhielt der Pächter des Feldes gewöhnlich zwei Drittel, der Feldbesitzer ein Drittel der Ernte; oft findet sich auch der Hinweis, der Pächter solle einen Zins entsprechend dem der Nachbarn zahlen. Zur Sicherung des Verpächters war zuweilen auch eine Anzahlung des Pachtzinses zu entrichten, gewöhnlich ausgedrückt in einer bestimmten Menge Silber. Den Abschluß der Urkunde bilden dann die Zeugen und das Datum. So etwa: «3 Morgen Feld neben dem Feld des Obmanns der Kaufleute, das Feld des Sin-aschared, des Sohnes des Sin-erisch, hat von Sin-aschared Maschkum, der Sohn des Sinnatum, zur Bebauung gegen Abgabe nach dem ortsüblichen Tarif gepachtet.» Es folgen die Namen von acht Zeugen, unter ihnen der des Ortsvorstehers, sowie ein Datum aus dem Jahr 38 des Hammurapi[184].

Besondere Bedingungen galten gewöhnlich bei der Neubruchpacht: Man pachtete mindestens für zwei, normalerweise sogar für drei Jahre, nicht für das sonst übliche eine Jahr. Der Pachtzins wurde wesentlich geringer veranschlagt, wohl mit Rücksicht darauf, daß die Kultivierung dieses Landes schwierig war und ein guter Ertrag – oder ein Ertrag überhaupt – im ersten Jahr der Pacht noch nicht erwartet werden konnte. Oft ist daher das erste Jahr abgabefrei, im zweiten der Pachtzins noch herabgesetzt, und erst im dritten war er voll zu zahlen. Dem Besitzer wurde das Feld dann in kultiviertem Zustand übergeben – oder aber, wohl häufiger, der Pächter nahm das von ihm selbst urbar gemachte Feld nun in Normalpacht. Des öfteren kombinierte man Kultur- und Neuland-Pacht miteinander. Der Pächter konnte dann seinen Unterhalt aus dem ertragfähigen Land beziehen, bis auch das Neubruchland Ernten lieferte. Unter diesem Neubruchland dürfen wir wohl einerseits vernachlässigte Felder verstehen oder solche, die durch Ungeziefer oder Mängel in der Bewässerung keine Erträge geliefert hatten; andererseits wird auch wirkliches Ödland gemeint sein, das nun der agrarischen Nutzung zugeführt wurde.

Palmenhaine und Lehmziegelhäuser im Südirak.

Gärten und Dattelhaine

Besonders zu erwähnen ist die Gartenpacht, d. h. das Pachten von Gartenland sowie der einzelnen Dattelbäume[185]. Erfolgte sie auf der Basis eines Ertragsanteils, so wurden dem Pächter hier gewöhnlich nur ein Drittel, dem Verpächter dagegen zwei Drittel zugebilligt, also umgekehrt wie bei der Feldpacht. Die Ursache ist wohl darin zu suchen, daß bei der Gartenpacht – und es handelt sich dabei vor allem um die Pacht von Dattelgärten – der Pächter weit weniger Arbeit zu investieren hatte als auf den Feldern. Die Aufgaben eines Gärtners werden in dem schon erwähnten Lehrtext beschrieben; es geht um die Anpflanzung eines Dattelhains im

Laufe von drei Jahren: «Er wird den Garten mit Fruchtbäumen füllen, die Dattelbäume zu pflanzen wird er beenden, seine jungen Pflanzen wird er bewässern, mit einer Lehmmauer wird er seine Grenzen umgeben. Wenn er mit der Bepflanzung des Gartens fertig ist, wird der Eigentümer des Gartens dem Gärtner seine Arbeit ersetzen[186].» Wahrscheinlich hat der Gärtner zwischen den jungen Bäumen Getreide und Gemüse für sich selbst angebaut. Wurde der eingerichtete Garten dann später vom Besitzer verpachtet, war die Arbeit des neuen Pächters nicht mehr so umfangreich; sie beschränkte sich im wesentlichen auf die künstliche Befruchtung, auf das Bewachen, die Ernte und das Nachreifenlassen der Datteln. In den Verträgen über Gartenpacht sind zuweilen Klauseln eingefügt, die den Pächter ganz besonders auf die Pflichten hinsichtlich der Pflege und des Schutzes des Gartens hinweisen – so etwa auf das Umgraben des Gartenlandes sowie auf die Bewachung der Blüten und Rispen der Dattelpalmen.

Viele Verträge erwähnen Feld und Garten zusammen als Pachtobjekt; als Abgabe wird dementsprechend neben Datteln auch Gerste oder Sesam festgelegt. Offenbar wurden nicht allein die Bäume in Pacht genommen, sondern auch der Gartenboden selbst, der, wie das noch heute in den Palmengärten des Südirak zu sehen ist, zum Anbau von Getreide oder Gemüse genutzt werden konnte.

Pflichten der Bauern

In den Hammurapi-Gesetzen widmen sich ebenfalls einige Paragraphen der Pacht und den landwirtschaftlichen Arbeiten. Auffälligerweise setzt sich der Gesetzgeber in hohem Maße dafür ein, daß der Acker auf jeden Fall bebaut wird. Denn ertragsfähiger Boden war in Babylonien nur begrenzt vorhanden, und die wachsende Bevölkerungszahl auf der einen sowie die Tendenz zum Absinken der Felderträge durch die Bodenversalzung auf der anderen Seite machten es zu einer Notwendigkeit, den vorhandenen Boden so gut wie möglich zu nutzen. Eine Vernachlässigung der Feldarbeiten wurde daher als schweres Vergehen geahndet, indem man dem Schuldigen trotz fehlender Felderträge die volle Abgabe auferlegte: «Wenn ein Mann ein Feld zum Bebauen gepachtet hat, aber auf dem Feld kein Getreide hervorbringt, so soll man ihm nachweisen, daß er auf dem Felde keine Arbeit geleistet hat. Dann soll er Getreide entsprechend dem Ertrag seines Nachbarn dem Herrn des Feldes geben» (§ 42). Außerdem mußte er das Feld in Ordnung bringen, eggen und dem Besitzer wieder übergeben (§ 43). Gleichermaßen erging es Pächtern von Dattelpalmen, die ihre Pflichten nicht erfüllten: «Wenn der Gartenbauer den Baumgarten nicht befruchtet und dadurch den Ertrag gemindert hat, wird der Gartenbauer den Ertrag des Baumgartens entsprechend dem seines Nachbarn geben» (§ 65). Auch bei Neubruchpacht drohte dem Säumigen eine empfindliche Strafe: «Wenn ein Mann unkultiviertes Land auf drei Jahre zur Urbarmachung gepachtet hat, dann aber seinen Arm in den Schoß sinken ließ und das Feld nicht urbar macht, so wird er im vierten Jahr das Feld aufackern, es mit der Hacke bearbeiten, eggen und es dem Besitzer des Feldes wiedergeben» (§ 44). Er sollte es erschließen, ohne einen Nutzen davon zu haben; ja er wurde sogar verpflichtet, je Hufe 10 Kor Getreide abzuliefern – also mehr, als sonst in den Pachturkunden gefordert wird. Der Pächter vermochte diese Abgabe dann natürlich nur zu entrichten, wenn er sie dem Ertrag weiteren Landes entnahm, über das er verfügte, oder aber sich das Getreide lieh. Hammurapi war demnach genötigt, mit so harten Bestimmungen gegen nachlässige Feld- und Gartenpächter vorzugehen. Offenbar waren nicht alle Pächter an der Bewirtschaftung des Feldes wirklich interessiert – hatte man sie vielleicht gezwungen, in ein solches Pachtverhältnis zu treten, oder ihnen den Pachtvertrag aufgedrängt? Diese Fragen beantworten allerdings weder die Hammurapi-Gesetze selbst noch die Pachturkunden.

Anders standen die Dinge bei unverschuldeten Mißernten, etwa bei einer Überschwemmung der auf dem Halm stehenden Ernte. War bereits ein Pachtzins entrichtet, verblieb er dem Verpächter des nunmehr ruinierten Feldes. Stand aber der Zins – erwähnt wird die Hälfte oder ein Drittel der Ernte – noch aus, sollte das Getreide, das die Katastrophe überstanden hatte, zwischen dem Pächter und dem Verpächter entsprechend den Festlegungen aufgeteilt werden (§§ 45/46).

Handelte es sich bei einer solchen Überflutung des Feldes nicht um eine Naturkatastrophe, sondern um ein menschliches Versagen, um Nachlässigkeit eines anderen Bauern, so mußte dieser dem Geschädigten den Verlust ersetzen: «Wenn ein Mann aus Nachlässigkeit den Deich seines Feldes nicht befestigt und es, weil er seinen Deich nicht befestigt hat, zu einem Dammbruch kommt und bebaute Flur vom Wasser überschwemmt wird, so soll der Mann, bei dem sich der Dammbruch ereignete, das Getreide ersetzen, das er umkommen ließ» (§ 53). Eine harte Strafe traf den, der diesen Schaden nicht zu ersetzen vermochte: Er wurde zusammen mit seiner Habe verkauft, und die Geschädigten teilten untereinander das durch den Verkauf erzielte Geld (§ 54). Wer nichts weiter besaß als die Hoffnung auf eine gute Ernte, wurde also durch das Gesetz dem Besitzenden gegenüber sehr benachteiligt. Bei unachtsamem Öffnen eines Bewässerungsgrabens mußte dem Nachbarn das verdorbene Getreide ebenfalls erstattet werden, und wenn das Wasser beim Bewässern des eigenen Feldes auch auf das Nachbarfeld lief und dort Schaden anrichtete, so hatte er je Hufe 10 Kor Getreide (3000 Liter) zu geben (§§ 55/56).

Auch die Flurschädigung durch einen Hirten wurde in den Gesetzen berücksichtigt (§§ 57/58): Der Hirt ließ die ihm anvertraute Herde gewöhnlich nicht nur die Stoppeln abweiden, und das Feld dadurch düngen, sondern trieb die Tiere auch über die Schößlinge; das Getreide gedieh dann um so besser. Tat er das ohne Einverständnis des Feldbesitzers, hatte er 20 Kor je Hufe zu entrichten. War das Korn aber schon höher, stand es vielleicht sogar schon in Ähren und wurde durch Unachtsamkeit des Hirten von seinen Herdentieren abgefressen, dann verdreifachte sich die Summe: 60 Kor je Hufe. Bei Baumfrevel war sogar die hohe Summe von ½ Mine Silber zu zahlen; diese Höhe der Strafe für das Abschlagen eines Baumes in einem fremden Garten ohne Wissen des Besitzers läßt sich leicht aus dem Wert erklären, den Bäume in Babylonien besaßen (§ 59).

Schließlich müssen einige Paragraphen erwähnt werden, die den verschuldeten kleinen Bauern betreffen (§§ 48–52, 66). So wurde ihm der Zins erlassen, wenigstens für das Katastrophenjahr, wenn Naturgewalten seine Ernte vernichteten; er sollte dann seine Tafel «feucht machen», d.h. für eine Veränderung des Vertragstextes den Ton der Tafel wieder geschmeidig machen. Andere Bestimmungen untersagten es den Gläubigern, von ihren Schuldnern die vollständige Ernte einzuziehen oder das gesamte Land an sich zu nehmen und abzuernten; vielmehr soll der Schuldner selbst ernten und dann den Gläubiger aus dem Feldertrag befriedigen – und wenn er das nicht in Silber vermag, dann soll der Gläubiger auch Getreide oder andere Feld- und Gartenerzeugnisse annehmen. Es zeigt sich auch hier, wie sehr es dem altbabylonischen Staat darum ging, daß die kleinbäuerliche Produktion funktionierte und nicht durch die zunehmende Verschuldung in Mitleidenschaft gezogen wurde.

Hausmiete

In den Urkunden und Briefen altbabylonischer Zeit sowie in den Gesetzestexten werden alle Immobilien, die jemandem gehören konnten, meistens als «sein Feld, Garten und Haus» bezeichnet. So ist es durchaus folgerichtig, wenn in den Gesetzen des Hammurapi nach der Pacht von Feld und Garten die Miete eines Hauses behandelt wird (§§ 67–78, mit Lücken). Nicht nur die Pacht von Feldern und Gärten tritt immer mehr hervor, sondern es läßt sich auch ein zahlenmäßiges Anwachsen jener Urkunden feststellen, in denen die Miete eines Hauses vereinbart wird. Man wohnte also immer öfter «zur Miete», nicht im eigenen Haus.

Gewöhnlich wurden die Mietverträge für die Dauer eines Jahres abgeschlossen, und für diese Zeit ist auch der Zins vereinbart. Dieser richtete sich nach der Größe und Beschaffenheit des Hauses, aber auch nach seiner Lage. Häuser an bevorzugten Plätzen einer Stadt waren teuer, ihre Mieten lagen höher als solche am Rande oder außerhalb des Ortes. Der Mietzins wurde meistens erst

Altbabylonische Urkunde (Hüllentafel) aus der Regierungszeit des Sin-muballit, des Vaters und Vorgängers von Hammurapi. Auf dem Rande Siegelabrollungen. Höhe 13 cm. Berlin, Vorderasiatisches Museum.

nach Ablauf der Mietdauer entrichtet, doch sind auch Anzahlungen bereits bei Abschluß des Mietvertrages recht häufig; sie konnten sogar die Hälfte der Mietsumme betragen. Zuweilen hatten die Mieter noch bestimmte Nebenleistungen zu erbringen, die der Text der Tafel gleichfalls fixierte: den Keller – falls überhaupt einer vorhanden war – ausbessern, zerbrochene Balken ersetzen, Stützmauern anbringen usw. Für Beschädigungen an den gemieteten Häusern war der Mieter ersatzpflichtig. Gerade bei den einfachen Lehmziegel- oder Stampflehmbauten waren solche Beschädigungen nicht selten – und nach einem besonders kräftigen Regenguß konnte das gesamte Haus zusammenrutschen. War die Vermieterin des Hauses eine Stiftsdame des Schamasch oder eine andere Priesterin, konnten auch noch besondere Abgaben anläßlich der Feste des Gottes vereinbart werden. So heißt es etwa: «Das Haus der Ribatum hat von Ribatum, der Stiftsdame des Schamasch, Ninschubur-nasir, Sohn des Nur-alischu, gegen Mietzins für ein Jahr gemietet. Als Mietzins für ein Jahr wird er 3 Sekel Silber zahlen. Als Anzahlung des Mietzinses für ein Jahr hat sie 1½ Sekel Silber empfangen. Am 1. Tag des Monats Tirum, an seinem Beginn, ist er eingezogen. Drei Festgaben für Schamasch, ein Stück Fleisch, 10 Liter Wein wird er liefern[187].»

Wegen der bereits erwähnten Holzarmut wurden die hölzernen Bestandteile von Häusern nicht von vornherein als fest zum Hause gehörig betrachtet. Holz war eben ein wertvolles Material, im Gegensatz zum reichlich vorhandenen Lehm. Selbst das nicht sehr harte und nicht dauerhafte Holz der heimischen Dattelpalme war nicht ausreichend zu haben. So wurden bei Erbteilungen, Verkäufen, in Inventaren und gelegentlich auch in Mieturkunden die Holzteile – wie Tür und Schwelle, die zum Dach führende Treppe – gesondert genannt. Eine Tür ist einmal Gegenstand eines Kaufvertrages aus Dilbat. Für sie wird immerhin die Summe von einem Sekel «gestempeltem Silber» bezahlt[188]. Bei der Miete von Häusern haben die Mieter in der Regel eigene Türen mitgebracht, und sie nahmen sie wieder an sich, wenn sie nach Beendigung des Mietverhältnisses das Haus verließen. Noch heute kann man beobachten, daß Leute, die ihre Häuser aufgeben – etwa im Bereich der Euphrat- und Habur-Stauseen –, alle Holzteile mitnehmen. Gehörten die Holzteile dem Vermieter und verblieben im Hause, so erschien eine besondere Erwähnung im Mietvertrag angebracht: Eine Urkunde aus der Regierungszeit des Samsuiluna vermerkt nach der Fixierung von 1 Sekel Silber Mietzins deshalb, «Tür und Treppe gehören dem Ibbi-Schamasch», d. h. dem Vermieter[189].

Neben Wohnhäusern wurden auch Geschäftsräume, Werkstätten und Speicher gemietet. Das Verhältnis Vermieter–Mieter spielte in der altbabylonischen Zeit offenbar keine geringe Rolle, und mancher Streitfall ist vor Gericht ausgefochten worden. Uns sind eine Reihe von Prozeßurkunden überliefert, in denen es um Häuser und um Hausgrundstücke geht. In Hammurapis Gesetzen wird ein Fall aufgegriffen, der wohl gar nicht so selten war, vor allem dann nicht, wenn der Vermieter während eines noch laufenden Mietvertrages plötzlich Gelegenheit hatte, das Haus unter günstigeren Bedingungen zu vermieten: «Wenn ein Mann einem anderen Mann ein Haus zur Miete auf ein Jahr vergeben hat und der Mann, der das Haus bewohnt, den vollen Mietzins des Jahres dem Hausbesitzer gegeben hat, dieser jedoch den Mann auffordert, noch vor Ablauf der Frist auszuziehen, so verliert der Hausbesitzer, weil er den Mieter zwang, vorzeitig aus seinem Haus zu ziehen, das Silber, das ihm der Mieter gab» (§ 78). Der Vermieter hatte dem Bewohner des Hauses die Miete zurückzugeben, und der Mieter mußte das Haus dann verlassen. In einem anderen Paragraphen wird ausdrücklich untersagt, Häuser zu erwerben, auf denen Pflichten ruhen – wohl Dienstleistungen gegenüber dem König. Kaufte dennoch jemand ein solches Haus, verlor er alles, was er dafür gezahlt hatte. Leider sind gerade hier einige Lücken im Gesetzestext; sie waren entstanden, als der elamische König Platz für seine – dann doch nicht mehr angebrachte – Inschrift schaffen wollte. Dort, wo der Text wieder lesbar ist, geht es um ein anderes wichtiges Thema: um Darlehens- und Schuldverhältnisse.

Kreditaufnahme

Wir haben bereits gesehen, daß sich das Kreditsystem in der frühen altbabylonischen Periode immer weiter ausdehnte und dadurch auch Schuldverhältnisse unterschiedlicher Abstufung deutlicher hervortraten. Und in der Gestalt des Balmunamche aus Larsa ist uns das Beispiel eines Mannes bekannt, der aus der Verschuldung vieler Mitbürger ein Geschäft zu machen verstand. Ausgangspunkt war das Darlehen – sei es nun als unmittelbares Silber- oder Naturaldarlehen, sei es als Kredit- oder Lieferungskauf. Dabei spielte das Darlehen nicht a priori eine negative Rolle und mußte nicht notwendigerweise zu sozialen Konsequenzen führen. Es war vielmehr zu einem festen Bestandteil des altbabylonischen Wirtschaftssystems geworden, trug dazu bei, größere Anschaffungen zu machen oder aus momentanen Verlegenheiten zu helfen. Als Empfänger von Darlehen treten in den Urkunden des öfteren Personen auf, von denen durch andere Zeugnisse bekannt ist, daß sie eine angesehene Position innehatten oder vermögend waren. So wandte sich einmal ein Beamter an Hammurapi mit der Klage, daß er die stattliche Menge von 30 Kor (etwa 9000 Liter) Gerste dem «Statthalter» (?) Sin-magir geliehen und von diesem darüber eine Urkunde erhalten habe. Drei Jahre lang forderte er nun schon sein Darlehen zurück, doch ohne Erfolg. Hammurapi ordnete daher eine Prüfung der betreffenden Urkunde durch Sin-iddinam an. Gab der Text dem Beschwerdeführer recht, so sollte Sin-magir veranlaßt werden, Gerste und Zinsen zu erstatten[190].

Bei den meisten Darlehen handelte es sich allerdings um Verbrauchsdarlehen, nicht um solche zum Zweck einer «Investition». Gerade die sozial Schwächeren werden solche Darlehen aufgenommen haben – einfach, um bis zur nächsten Ernte oder zur Honorierung eines Auftrags durchzuhalten. Vermochte der Schuldner die vertraglich fixierten Verpflichtungen dann nicht zu erfüllen und nicht auf anderes Vermögen zurückzugreifen, war er oft gezwungen, seine Angehörigen oder sich selbst in die Schuldknechtschaft zu geben. Nicht pfändbar waren allerdings Ochsen und wohl auch Getreide – eine Festlegung der Gesetzessammlung Hammurapis (§§ 113, 241), die die ökonomische Fortexistenz der Schuldner sichern sollte.

Darlehen und Schuldverhältnisse haben auch unter der Regierung des Hammurapi und seiner Nachfolger eine Rolle gespielt, und die Vielzahl von Darlehensurkunden, Verpflichtungsscheinen usw. sind dafür ein beredtes Zeugnis. Ebenso weisen auch die königlichen Edikte und brieflichen Erlasse darauf hin, daß die zunehmende Verschuldung gerade der unmittelbaren Produzenten zu einem Problem geworden ist, mit dem sich die Herrscher auseinanderzusetzen hatten. Samsuiluna hat Schuldurkunden der einfachen Soldaten und Landesbewohner für ungültig erklärt, und sowohl von ihm als auch von Ammisaduqa sind Edikte überliefert, die sich dieser Frage widmen. Hammurapi selbst hat, wie das schon erwähnte Datum seines zweiten Regierungsjahres zeigt, «gerechte

Ordnung» im Lande hergestellt und es später auch in seiner Stelen-Inschrift nicht versäumt, auf soziale Maßnahmen hinzuweisen. Man darf annehmen, daß sich die Verschuldeten nicht allein aus des Herrschers «landesväterlicher Fürsorge» dieser seiner Aufmerksamkeit erfreuten, sondern weil er sie als eine wichtige Stütze seiner ökonomischen und politischen Macht benötigte und sie zudem einen Druck auf seine Verwaltung ausübten.

In den Gesetzen Hammurapis finden sich eine ganze Anzahl von Paragraphen, die auf Darlehen und Schuldverhältnisse eingehen. Dabei werden auch hier nicht alle Aspekte behandelt, werden nicht alle möglichen Fälle durchgegangen. Vielmehr geht es offenkundig gerade um solche Angelegenheiten und Mißstände, bei denen eine Regelung oder Abhilfe besonders notwendig war. So ist die Höhe der Zinsen zunächst ein wichtiges Thema, wobei offenbar das Maximum fixiert wird. Für Silberdarlehen werden 20 Prozent der Darlehenssumme genannt, für solche von Getreide (Gerste) 33½ Prozent der Menge des Darlehens (§ 89). Die Urkunden zeigen eine weitgehende Anwendung dieser Zinssätze, jedoch wohl weniger als eine Folge dieser Festlegung durch den Herrscher als vielmehr die tägliche Praxis, die sich im Gesetz widerspiegelte. Je nach den besonderen Umständen konnten die Zinssätze allerdings auch zwischen etwa 5 bis 25 Prozent bei Silber und um 20 bis 33⅓ Prozent bei Gerste schwanken: Bei Gerstedarlehen sind ausnahmsweise auch Zinsen von 40 Prozent vereinbart worden. Oft wird in den Urkunden sogar überhaupt keine bestimmte Summe oder Menge als Zinssatz erwähnt, sondern man verweist nur auf den «festen Zinssatz», den «ortsüblichen Zins» oder den Zins eines Tempels – vor allem den des Schamasch in Sippar.

Gegenstand der Darlehen sind am häufigsten Gerste und Silber; es kommen aber auch andere Naturalien – wie Wolle, Sesam, Datteln und Ziegel – sowie gelegentlich Gold vor. Darlehensgeber sind private Personen oder Beauftragte des Palastes, auch Tempel und Paläste selbst. Die Rückerstattung erfolgte je nach Vereinbarung entweder in Naturalien oder in Silber, wobei Getreide statt Silber gegeben werden konnte: «Wenn ein Mann eine Zinsschuld hat, aber nicht Silber zur Rückzahlung, wohl aber

Getreide hat, so soll der Kaufmann entsprechend den königlichen Bestimmungen als Verrechnung 60 Liter auf 1 Kor (300 Liter) an Getreide nehmen» (§ 90).

Bei Überschreitung der Zinssätze droht § 91 der Gesetze dem Wucherer mit dem Verlust seines gesamten Darlehens. Dennoch sind in der Praxis auch höhere Zinssätze anzutreffen. Gegen unzulässige Forderungen auf Grund betrügerischer Manipulationen mit dem Gewicht, die dadurch erleichtert wurden, daß es in Babylonien noch kein einheitliches Maß- und Gewichtssystem gab, wendet sich der § 94: «Wenn ein ‹Kaufmann› Getreide oder Silber als Zinsdarlehen gegeben und bei der Hingabe als Zinsdarlehen Silber nach dem kleinen Gewichtsstein oder das Getreide nach dem kleinen Maß gegeben hat, aber dann, als er es zurückempfing, das Silber nach großem Gewicht oder das Getreide nach großem Maß empfangen hat, so wird dieser ‹Kaufmann› alles, was er gegeben hat, verlieren.» Ungleiche Maße und Gewichte bei Vergabe und Rückgabe des Darlehens zuungunsten des Schuldners wurden also untersagt, waren Betrug und mußten daher bestraft werden.

Der Darlehensgeber wird in diesem Paragraphen und in anderen Quellen als «Kaufmann» bezeichnet; tatsächlich dürften gerade die Kaufleute am ehesten über «flüssiges» Kapital verfügt und Kredite vergeben haben. Im Gesetz Hammurapis wird die Bezeichnung als «Kaufmann» offenbar bereits in einem breiteren Sinne verwendet und bezieht sich auf jeden Darlehensgeber, der ja mit der Kreditvergabe praktisch eine «kaufmännische» Handlung vornahm. Damit wird in den Gesetzen aber schon übergeleitet zu einer Reihe von Paragraphen, die sich der Tätigkeit des Kaufmanns widmen.

Händler und Schankwirtin

Die Kaufleute haben sich häufig nicht selbst auf die Handelsreise begeben; sie überließen das ihren Agenten und Gehilfen, die in den Texten als «Beutelträger», Schamallum, bezeichnet werden. Sie erhielten von ihren Auftraggebern das Kapital oder die Waren, praktisch als eine Art Darlehen, und übernahmen das nicht geringe Risiko der Reise. Erzielten sie Gewinne, dann «soll er die Zinsen des Geldes entsprechend dem, was er erhalten hat, notieren. Dann soll man seine Reisetage zählen und er soll seinen Kaufmann bezahlen» (§ 100). Wenn wir den Text der Stele richtig verstehen, so wurde er verpflichtet, den Gewinn abzüglich der Spesen dem Kaufmann abzuliefern. «Wenn er dort, wohin er gezogen ist, keinen Gewinn erzielt hat, so soll der Schamallum dem Kaufmann das Silber, das er empfangen hat, doppelt geben» (§ 101). Der ausgebliebene Gewinn wurde also dem Schamallum angelastet; man betrachtete ihn entweder als unfähig oder aber als unehrlich. Er hatte die doppelte Summe zurückzugeben, und der Kaufmann machte damit einen hundertprozentigen Gewinn. Immerhin impliziert das einen normalerweise recht hohen Gewinn – und auch nur er erklärt, weshalb die Händler und ihre Agenten weite und gefahrvolle Wege zogen. Nahm dem Schamallum unterwegs ein Feind alles fort, so sollte er einen Gotteseid leisten und danach von der Verantwortung entbunden sein (§ 103). Hatte der Agent von seinem Kaufmann Getreide, Wolle, Öl und anderes Handelsgut erhalten und erfolgreich losgeschlagen, war das empfangene Silber abzurechnen. Der Kaufmann mußte ihm darüber eine gesiegelte Urkunde ausstellen. Versäumte der Agent die Entgegennahme der Urkunde – es war also seine Sache, sich um dieses Dokument zu kümmern –, so «soll das Silber, für das keine gesiegelte Tafel gegeben wurde, nicht auf die Abrechnung gesetzt werden» (§§ 104/05).

Leugnete ein «Beutelträger», von seinem Kaufmann Kapital erhalten zu haben, und konnte ihm jener das durch einen Eid vor dem Gott oder durch Zeugen beweisen, traf den Agenten eine empfindliche Strafe: Er mußte das Dreifache von dem geben, was er vom Kaufmann erhalten hatte (§ 106). Wahrscheinlich unterstellte man bei der Festlegung dieser hohen Bußzahlung, daß der Agent mit dem Kapital des Kaufmanns ein gutes Geschäft gemacht hatte. Andererseits wurde dem Kaufmann, der fälschlicherweise behauptete, der Schamallum habe ihm sein Kapital nicht zurückerstattet, habe bei ihm nicht abgerechnet, eine sechsfache Zahlung dessen auferlegt, was er von dem Agenten erhalten hatte (§ 107). Er hatte also die doppelte Strafe zu erleiden wie der Agent – und vielleicht wurde auch die Höhe der Buße an dem Anteil gemessen, den Schamallum und Kaufmann am Gewinn der Handelsreise hatten. Von einer Bezahlung des Schamallum ist nirgends die Rede; nur die Tagesspesen werden erwähnt. Eine Urkunde aus der Zeit Ammisaduqas behandelt die Indienstnahme eines Schamallum, der einen Silberlohn empfangen soll und einen Teil davon als Anzahlung erhält[191].

Wahrscheinlich war es die Behandlung der Kaufleute, die die Verfasser der Hammurapi-Gesetze dazu veranlaßten, im folgenden einige Paragraphen über die Schankwirtin anzuschließen. Denn sie war ja eine Händlerin mit Rauschtrank, wenn dieser Handel auch nicht mit weiten Reisen verbunden war. Die Schankwirtin hat im täglichen Leben Babyloniens eine wichtige Rolle gespielt; sie und ihre männlichen «Kollegen» werden sogar in literarischen Texten erwähnt, ebenso wie das von ihnen ausgeschenkte Bier. Schon lange braute man in Mesopotamien dieses Getränk, das sich großer Beliebtheit erfreute und selbst dem Tempel- und Palastpersonal als «Ration» zugeteilt wurde. Dennoch war die Tätigkeit einer Schankwirtin, zumindest in den Augen des Gesetzgebers und der «Öffentlichkeit», wenig angesehen. Schließlich befanden sich Kneipe und Freudenhaus häufig unter ein und demselben Dach, und man stellte Schankwirtin und Dirne oft auf dieselbe Stufe – womit man meistens sicher nicht unrecht hatte.

In Hammurapis Gesetzen ist festgelegt, daß diejenige Wirtin eine strenge Strafe treffen solle, die sich betrügerischen Verhaltens schuldig machte: «Wenn eine Schankwirtin als Bezahlung für Bier Getreide nicht annimmt, sondern Silber nach dem Gewicht des großen Steines annimmt und die vorgeschriebene Menge Bier im Verhältnis zur vorgeschriebenen Menge Getreide verringert, so soll diese Schankwirtin überführt und ins Wasser geworfen werden» (§ 108). Die betrügerische Wirtin – von Männern dieses Gewerbes ist hier nicht die Rede, und in der Tat dürften die Schenken fast ausschließlich von Frauen bewirtschaftet worden sein – sollte also ertränkt werden. Der gegenüber dem Getreide relativ stabil bleibende Wert des Silbers, seine Dauerhaftigkeit und bequeme Transportmöglichkeit hatten offensichtlich dazu geführt, daß man dem Silber den Vorzug gab. Und wenn sich der Schankwirtin die Möglichkeit bot, für ihr Bier Silber statt Gerste zu fordern, dann wird sie sie gewiß wahrgenommen haben. Bei der «Bargeldknappheit» der kleinen Produzenten allerdings wird Gerste auch weiterhin Zahlungsmittel in den Kneipen gewesen sein und zugleich Grundstoff wiederum für die Herstellung des Biers. Was hier mit dem Tode geahndet wird, ist die Manipulation mit dem Silbergewicht, das Ausschenken von Bier in nicht rechtem Verhältnis zum einkassierten «Geld».

Das Gewerbe der Schankwirtin war wahrhaftig nicht ohne Risiko, denn: «Wenn sich im Hause einer Schankwirtin Verbrecher zusammentun, sie aber diese nicht ergreift und zum Palast bringt, dann soll diese Schankwirtin sterben» (§ 109). Sie dürfte kaum in der Lage gewesen sein, die Verbrecher zu ergreifen und zum Palast – der lokalen Verwaltungsbehörde des Königs – zu bringen. Vielleicht hat sie dafür einen Gendarm zu Hilfe geholt, worauf auch das verwendete Wort selbst hindeuten könnte. Es ging hier um die öffentliche Sicherheit – oder besser: vor allem um die des Staates, denn die Verbrecher sollten ja nicht zu den städtischen, sondern zu den staatlichen Behörden gebracht werden.

Priesterinnen – außer «Stiftsdamen» – wird es bei Strafe des Verbrennens untersagt, in eine Kneipe zu gehen und dort vielleicht sogar noch Bier zu trinken (§ 110). Es vertrug sich eben nicht mit ihrer Reputation, in Kneipen gesehen zu werden, geschweige denn, sich dort zu prostituieren. Die im «Kloster» lebenden Damen, die wir als «Stiftsdamen» bezeichnen, waren zwar in das geschäftliche Leben integriert, doch gab es einen Pförtner, der verpflichtet war, darauf zu achten, daß diese Geschäfte weitgehend im «Kloster» abgewickelt wurden.

Man konnte, wie § 111 zeigt, auf «Pump» in der Kneipe Bier bekommen und dann die angeschriebene Summe zur Erntezeit begleichen – durch Getreide, nicht durch Silber. Dieses Getreide wurde dann wahrscheinlich wieder der Brauerei zugeführt. Was die Preise betrifft, so wird durch eine Urkunde angezeigt, daß 10 Liter Bier 10 Gran Silber kosteten, demnach 1 Liter Bier 1 Gran, etwa 0,44 Gramm Silber, oder das dem Kurs entsprechende Äquivalent in Gerste[192].

Folgen der Verschuldung

Mit der Pacht von Feld und Garten sowie der Hausmiete, mit dem Darlehen sowie der Übergabe von Kapital an einen Agenten, ja auch mit dem Ausschank von Bier sind in den Gesetzen Hammurapis verschiedene Möglichkeiten einer Verschuldung angesprochen oder wenigstens angedeutet worden. Die Folgen werden in einigen weiteren Paragraphen behandelt, wobei noch kurz die Veruntreuung von wertvollem Handelsgut zwischengeschaltet wird: «Wenn ein Mann auf Reisen ist und einem anderen Mann Silber, Gold, Edelsteine oder sonstige bewegliche Habe, die er bei sich hat, gegeben hat und ihn zur Beförderung der Sendung fortschickt, dieser Mann aber das, was zu befördern war, an dem Bestimmungsort nicht abliefert, sondern es beiseite gebracht hat, dann soll der Besitzer des zu transportierenden Gutes ihn überführen, daß er das, womit er geschickt wurde, nicht abgegeben hat, und dieser Mann soll dem Besitzer des Transportgutes alles, was ihm übergeben worden ist, fünffach geben» (§ 112). Anvertrautes Gut wurde hier unterschlagen – nicht gestohlen, denn es wurde dem Schuldigen ja mit Wissen des Besitzers übergeben; daher wohl auch die relativ milde Strafe.

Die zwangsweise Pfändung eines Schuldners durch den Gläubiger war oft die Folge von Schuldverhältnissen. Allerdings durfte sich der Gläubiger nicht selbst – und ohne Kenntnis des Betroffenen – dessen Getreide aus dem Speicher oder von der Tenne nehmen (§ 113). Tat er es dennoch, verlor er nicht nur das, was er sich angeeignet hatte, sondern ging auch seiner gesamten Forderung betreffend Getreide oder Silber verlustig. Getreide konnte demnach nicht zwangsgepfändet werden, es hätte das nicht nur die wirtschaftliche Existenz, sondern auch die Leistungsfähigkeit des Schuldners bedroht.

Pfändete jemand eine Person, ohne wirklich eine Schuldforderung dieser gegenüber zu besitzen, dann sollte er pro Pfändling, den er aus dem «Hause» des anderen genommen hatte, ⅓ Mine Silber zahlen. Diese 20 Sekel entsprachen dem Preis, den man üblicherweise für einen Sklaven zahlen mußte. Starb ein Pfändling im Hause des Gläubigers, dann ging das, wenn es sich um einen natürlichen Tod handelte, zu Lasten des Schuldners: «Wenn jemand gegenüber einem anderen eine Forderung auf Getreide oder Silber hat und ihm jemanden gepfändet hat, der Pfändling aber im Hause dessen, der ihn als Pfand nahm, seinem Schicksal gemäß verstirbt, so ist dies kein Grund für einen Anspruch» (§ 115). Der Schuldner konnte den Gläubiger daraufhin nicht verklagen, der Verlust hätte ihn ja ohnehin getroffen. Anders ist die Sachlage nach dem § 116: «Wenn ein Pfändling im Hause dessen, der ihn als Pfand genommen hat, durch Schlagen und Mißhandlung stirbt, wird es der Herr des Pfändlings seinem Gläubiger nachweisen. Hatte er den Sohn eines (freien) Mannes als Pfand genommen, so soll auch sein Sohn sterben. War es der Sklave eines Mannes, so soll er ⅓ Mine Silber darwägen und geht überdies all dessen verlustig, was er ihm als Darlehen gegeben hat.» Für den getöteten Sohn des Schuldners wurde also das Talionsprinzip angewendet, während der Sklave nur wertmäßig ersetzt wurde durch die Zahlung von 20 Sekel Silber, das sind etwa 160 Gramm.

Die als Sicherheit für die Rückzahlung der Darlehenssumme oder auch anstelle von Zinsen dem Gläubiger übergebenen Pfändlinge waren billige Arbeitskräfte, aber nicht Sklaven. Sie blieben juristisch frei und genossen den gleichen Rechtsschutz wie die Freien, es sei denn, sie waren schon vor dem Überstellen in den Dienst des Gläubigers Sklaven gewesen. Diese Unterscheidung wird auch in dem oft zitierten Paragraphen 117 deutlich, der auf das Fortgeben von Frau, Sohn oder Tochter des Schuldners eingeht. Jene Familienangehörigen sollten nur drei Jahre lang bei dem dienen, der sie für Silber erworben hatte oder der sie als Pfändlinge übernahm. Im vierten Jahr dagegen sollten sie wieder frei sein – wenn es nicht der, der nun über ihre Arbeitskraft verfügte, verstanden hatte, sie auf andere Weise weiterhin sich unterworfen zu halten. Hammurapi jedenfalls strebte danach, sie nicht auf die

Dauer von ihrer Familie zu trennen, weil sich dies auf die wirtschaftliche Situation dieses «Hauses» und auf die Familie negativ ausgewirkt hätte. Wenn sie drei Jahre lang bei ihrem neuen Herrn gearbeitet hatten, sollte das als Äquivalent für das Silber gelten, das dieser für sie gezahlt hatte, oder als Befriedigung des Gläubigers. Vielleicht kann in diesem Zusammenhang der Brief eines Mädchens an einen gewissen Ubar-Emach zitiert werden, in dem es heißt: «Seit dem Tag, an dem du mich verlassen hast und fortgegangen bist, bediene ich als Gegenleistung für 10 Sekel Silber (d. h. offenbar eine Schuldsumme des Adressaten) die Familie des Gläubigers (?). Kälte und Läuse verzehren mich. Es ist eine Schuldhaft, denn mein Gläubiger hält mich bei sich gefangen. Ich bin deinetwegen verkauft worden, doch wer dein Haus betreuen sollte, deine Mutter, die ist soeben gestorben. Wenn du wirklich mein Bruder und Herr bist, schicke mir zwei Sekel Silber, damit ich sie meinem Gläubiger geben kann und dein Haus nicht verlorengeht und deine Brüder nicht fortgehen. Ich will sie betreuen[193]!»

Bei Sklaven lagen auch hier die Dinge anders: Wurden sie von ihrem Herrn für seine Schulden fortgegeben, dann konnte sie der Gläubiger nach Verstreichen des Rückkauftermins weiterveräußern; sie konnten nicht mehr zurückgefordert werden (§ 118); die in § 117 getroffene Regelung galt also nicht für sie. Nur wenn es sich um eine Sklavin handelte, die ihrem Herrn Kinder geboren hatte, konnte der Besitzer dem Gläubiger das Geld geben, das er für sie erhielt, und sie damit loskaufen (§ 119).

Es zeigt sich hier – und wird durch zahlreiche Urkunden bestätigt –, daß die Familienangehörigen praktisch mit Leib und Leben für die Schulden hafteten, die der Hausherr machte. Er war der «Patriarch» des Haushalts, seiner Gewalt waren sie unterworfen. Für Schulden, die während der Ehe entstanden, büßten beide Ehepartner gleichermaßen gegenüber dem Gläubiger. Allerdings konnten sie sich durch einen schriftlichen Vertrag davor sichern, für voreheliche Schulden des anderen einzustehen: «Wenn eine Frau, die im Hause eines Mannes wohnt, ihren Mann vertraglich dazu verpflichtet und ihn eine Tafel ausstellen läßt, daß ein Gläubiger ihres Mannes sie nicht greifen könne, so dürfen seine Gläubiger, wenn dieser Mann eine Schuld vor der Heirat mit jener Frau hatte, seine Frau nicht ergreifen. Ebenfalls können ihre Gläubiger, wenn diese Frau, bevor sie in das Haus ihres Mannes ging, eine Schuld auf sich genommen hatte, nicht ihren Mann ergreifen» (§ 151).

Eine Durchsicht der Urkunden aus der Zeit des Hammurapi und seiner unmittelbaren Nachfolger ergibt, daß der Selbstverkauf eines Schuldners – ein Akt, der nur im äußersten Notfall vorgenommen wurde – oder der Verkauf eines Kindes für diese Schuld, früher eine nicht seltene Erscheinung, tatsächlich zurückgegangen zu sein scheint.

Das Depositum

Die vermögensrechtlichen Bestimmungen der Hammurapi-Gesetze werden sodann mit einigen Festlegungen hinsichtlich der Verwahrung von Getreide, Edelmetallen oder sonstiger Habe fortgesetzt (§§ 120–126). Fehlte es an Speicherraum und konnte man diesen nicht mieten, so war es möglich, Getreide usw. in Verwahrung zu geben. Manchmal stritt dann derjenige, bei dem dieses Gut deponiert wurde, dies ab; vermochte man ihn zu überführen, so hatte er das Doppelte des Depositums zu geben. Die Miete eines Speicherraumes wurde mit jährlich 5 Litern pro 1 Kor Gerste fixiert; sie richtete sich also nach der Menge des Getreides, die in dem betreffenden Speicher gelagert wurde.

Die Verwahrung von Geld, Silber oder anderer wertvoller Habe machte einen schriftlichen, vor Zeugen ausgefertigten Vertrag erforderlich, damit später keine Schwierigkeiten entstanden. Denn wurde ein solcher Vertrag nicht geschlossen und leugnete der Verwahrer dieser Dinge, sie erhalten zu haben, war dagegen kein gerichtliches Vorgehen möglich. Bei Gerste hingegen galt der Gotteseid als Mittel des Beweises. Konnte der das Depositum Abstreitende überführt werden, hatte er das Verwahrte doppelt zu ersetzen. Er war zugleich für das verwahrte Gut haftbar: «Wenn ein Mann etwas von dem, was ihm gehört, zur Aufbewahrung gegeben hat und dort, wohin er es gegeben hatte, etwas von dem, was ihm gehört, und etwas von dem, was dem Herrn des Hauses gehört – sei es infolge eines Loches in der Mauer oder durch Übersteigen –, abhanden kommt, so soll der Herr des Hauses, der nachlässig gewesen ist, alles, was ihm zur Aufbewahrung gegeben wurde und er jenem abhanden kommen ließ, vollständig dem Besitzer des verwahrten Gutes ersetzen. Der Herr des Hauses kann all dem, was bei ihm abhanden gekommen ist, nachforschen und von dem, der ihn bestohlen hat, nehmen» (§ 125). Doppelt mußte er geben, wenn er fälschlicherweise und vorsätzlich behauptete, ihm sei etwas abhanden gekommen, und er dies bei der lokalen Behörde anzeigte. Man sollte ihm dann das Gegenteil nachweisen und die Summe doppelt erstatten lassen – und zwar der Behörde (!) (§ 126). Verwahrtes Eigentum wurde also gleichfalls unter den Schutz des Gesetzes gestellt, und die Bestimmungen sollten sichern, daß deponiertes Gut bei anderen Leuten so sicher aufgehoben war wie auf einer Sparkasse.

Einige Urkunden zeigen uns, daß verwahrtes Gut, sicher mit Zustimmung des Besitzers, zwischenzeitlich auch als Darlehen ausgegeben werden konnte. So heißt es in einem Text aus dem 35. Regierungsjahr des Hammurapi: 4¼ Sekel Silber, Verwahrungsgut, hat von Schumma-Schamasch der Iddin-Dagan, der Sohn des Mar-irsitim, entliehen. Am Tage, da er (d. h. der Gläubiger) es verlangt, wird er das Silber zahlen. Vor den Göttern Sin und Schamasch (als Zeugen)[194].» Das ausgeliehene Gut wurde also für den Besitzer verfügbar gehalten; in der Zwischenzeit konnte es der Verwahrer aber «arbeiten lassen».

Ehe und Familie

Auffallend viele Paragraphen der Gesetzessammlung Hammurapis befassen sich mit Fragen, die offensichtlich gerade in der altbabylonischen Periode besonders aktuell geworden sind: mit der Familie und allen damit in Zusammenhang stehenden Besitzproblemen.

Terrakotta-Relief mit der Darstellung eines Paares. Aus Tello (Girsu). Paris. Louvre.

Als eine sozialökonomische Einheit war die Familie das Ergebnis eines langen Entwicklungprozesses, der schon in der Auflösungsperiode der Urgesellschaft begonnen hatte. Sie bildete sich in dem Maße heraus, wie die sich verändernden Bedingungen der Produktion des Lebensunterhalts auch kleineren Gruppen erlaubten, wirtschaftlich und gesellschaftlich zu existieren, und wie sich die noch urgesellschaftlich geprägten Bindungen innerhalb von Stämmen, Gemeinden oder Sippen auflösten. Die Dorfgemeinden, dereinst kollektiver Landeigentümer und Organisator der Produktion, hatten längst einen anderen Charakter angenommen; in altbabylonischer Zeit waren sie kaum mehr als administrative Einheiten. Die Sippen und Großfamilien spielten gleichfalls nicht mehr die einstige Rolle, und selbst die Funktion der Großfamilie als eine Art «Sozialversicherung» war nun, wie die Briefe und Urkunden altbabylonischer Zeit erkennen lassen, erschüttert. Die «Individualisierung» hatte sich auch hier durchgesetzt. Mann und Frau, die Eltern des Mannes und – vor allem bei Unfruchtbarkeit oder Krankheit der Ehefrau – auch Nebenfrauen, sodann die Kinder sowie gegebenenfalls noch Sklaven bildeten nun die Einheit, die als die Grundzelle der babylonischen Gesellschaft zu bezeichnen ist.

Gerade die frühe altbabylonische Periode mag viel zur Verselbständigung der Familie beigetragen haben, zur ökonomischen wie zur rechtlichen. Dabei kam es zu vielfältigen Komplikationen, zu Klagen vor Gericht, insbesondere bei den Besitzfragen, bei Erbteilungen und dergleichen. Gegenüber skrupellosen Wucherern und Geschäftemachern waren diese kleineren Einheiten anfälliger, ihre Existenz war leichter gefährdet; und je mehr sich das auf den Bereich des «staatlichen Sektors» auswirkte, desto mehr wurde auch die Aufmerksamkeit des Königs auf die Familienverhältnisse gelenkt. Ehe und Familie erhielten seinen besonderen Schutz, und das fand seinen Ausdruck in den Gesetzen.

Die Frau war dem Mann gegenüber zwar in mancher Hinsicht rechtlich benachteiligt, aber die Urkunden zeigen dennoch ihre volle Rechts- und Geschäftsfähigkeit in altbabylonischer Zeit. Sie kaufte und verkaufte, machte Tauschgeschäfte, vergab Darlehen, mietete und pachtete, machte Schenkungen, trat als Klägerin oder als Zeugin in Prozessen auf. Ihr Ruf wurde nach § 127 der Gesetze vor übler Nachrede und Anschuldigung geschützt – oder sollte es wenigstens werden: «Wenn ein Mann gegen eine hohe Priesterin oder die Frau eines Mannes den Finger ausgestreckt hat, sie aber nicht überführt, so soll dieser Mann vor die Richter gebracht werden, auch soll man seine Schläfe (zum Zeichen der Schande) scheren.»

In den nachfolgenden Paragraphen wird zunächst betont, daß eine Ehe ohne einen schriftlichen Kontrakt nicht gültig sei: «Wenn ein Mann eine Frau genommen, aber keinen Vertrag darüber abgeschlossen hat, dann ist diese Frau nicht seine Ehefrau» (§ 128). Gerade für verschiedene Vermögensfragen war das von

Bedeutung und wurde daher noch einmal ausdrücklich unterstrichen. Es sind im altbabylonischen Material eine ganze Reihe solcher Eheverträge überliefert, und in ihnen werden meistens gleichzeitig die Fragen der Ehescheidung mit formuliert. Auch der Ehebruch und seine Konsequenzen werden in der Gesetzessammlung recht ausführlich dargestellt (§§ 129–136), wobei für die Frau die Treuepflicht rechtlich fixiert wird, nicht aber für den Mann. Wurde eine Ehefrau mit einem anderen Mann in flagranti ertappt, sollten beide Ehebrecher gebunden und ins Wasser geworfen werden. Wenn allerdings der betrogene Ehegatte seiner Frau das Leben schenken wollte, dann war der König geneigt, auch seinem Untertanen, dem ehebrecherischen Mann, das Leben zu schenken. Getötet werden sollte ein Mann, der eine Jungfrau in ihrem Vaterhaus vergewaltigte und dabei erwischt wurde. Erhob ein Ehemann Anschuldigungen gegenüber seiner Frau, ohne sie beweisen zu können, durfte die Frau einen Reinigungseid leisten, und die Sache war – wenigstens rechtlich – geklärt. Wurde sie unbewiesenermaßen in Verruf gebracht, hatte sie das Recht, durch ein Flußordal ihre Unschuld nachzuweisen – freilich ein recht gefährliches Unternehmen für sie. In dem entsprechenden Paragraphen heißt es, daß sie sich «ihrem Mann zuliebe» im Fluß untertauchen lassen sollte.

Fragen der Wiederverheiratung der Ehefrau mußten ebenfalls geregelt werden, weil insbesondere bei den königlichen Dienstleuten deren oft längere Abwesenheit die wirtschaftliche Existenz ihrer Familien bedrohen konnte. Solange sie noch in der Lage war, aus der Wirtschaft ihres Mannes für sich und die Kinder ihren Unterhalt zu bestreiten, blieb es ihr – bei Strafe, ertränkt zu werden – untersagt, zu einem anderen Mann zu ziehen. War aber nichts mehr vorhanden, durfte sie ausziehen und einen anderen Mann nehmen. Kam ihr erster Gatte dann doch noch aus der Gefangenschaft heim, hatte seine Frau zu ihm zurückzukehren. Kinder aus der zweiten Ehe blieben bei ihrem leiblichen Vater. Hatte ein Mann aber von sich aus, vielleicht aus politischen Gründen, seinen Wohnort aufgegeben und seine Frau verlassen, dann war seine Frau, wenn sie zu einem anderen Mann gezogen war, nicht verpflichtet, wieder zu ihm zurückzukehren, auch wenn er eines Tages wieder in der Ortschaft auftauchen sollte. Außerdem bestand für die Frau noch eine andere Möglichkeit, die Ehe ihrerseits zu lösen: «Wenn eine Ehefrau ihren Mann verschmäht und zu ihm sagt: ‹Rühr mich nicht an!›, so soll die Lokalbehörde ihren Fall erforschen. Wenn sie sich züchtig betrug und unbescholten ist, ihr Mann aber außer Haus zu gehen pflegte und sie allzusehr erniedrigt hat, so ist diese Frau nicht schuldig. Sie kann ihre Mitgift nehmen und in das Haus ihres Vaters ziehen» (§ 142). Falls sie sich aber nicht züchtig betragen hat und dem Rufe ihres Gatten auf diese Weise schadete, sollte sie ertränkt werden. Obwohl also auch die Ehefrau unter bestimmten Bedingungen die Möglichkeit hatte, sich von ihrem Mann zu trennen, steht das Gesetz dennoch ganz auf der Seite des Mannes. Er konnte sich recht leicht von seiner Frau trennen, faßte sie selbst aber einen solchen Entschluß und schaffte ihr Hausgerät für sich beiseite, durfte sie der Ehemann verstoßen und brauchte ihr nichts mitzugeben. Wollte der Ehemann sie nicht freigeben, nahm er sich eine zweite Frau, während die erste «wie eine Sklavin» weiterhin im Hause leben mußte.

Die geschiedene Frau

Wichtig sind die Festlegungen über die finanziellen Leistungen für eine geschiedene – oder besser: vom Mann verstoßene – Frau. Trennte sich der Mann von ihr, brauchte er ihr lediglich den Brautpreis zu erstatten, ihre Mitgift oder – wenn keine vorhanden ist – eine Mine Silber (0,5 Kilogramm) als Scheidungsgeld. Feld und Garten waren ihr mitzugeben, wenn sie Kinder hatte oder eine Priesterin war; denn schließlich mußte sie die Möglichkeit haben, ihre Kinder aufzuziehen. In den Eheverträgen wird die finanzielle Leistung des Mannes für den Fall der Scheidung oft gleich mit vereinbart. So etwa in dem Ehevertrag eines Priesters, der aus dem Jahr 13 Samsuilunas datiert: «Enlil-izzu, der Salbpriester des Enlil, der Sohn des Lugal-azida, hat die Ama-sukkal, die Tochter des Ninurta-mansum, zur Ehefrau genommen. 19 Sekel Silber hat Ama-sukkal dem Enlil-izzu, ihrem Ehemann, mitgebracht. Wenn künftig Enlil-izzu zu Ama-sukkal, seiner Ehefrau, sagt: ‹Du bist nicht (mehr) meine Ehefrau!›, wird er die 19 Sekel Silber zurückerstatten. Auch wird er eine halbe Mine Silber (30 Sekel) als ihr Scheidegeld darwägen. Wenn andererseits Ama-sukkal zu Enlil-izzu, ihrem Ehemann, sagt: ‹Du bist nicht (mehr) mein Ehemann!›, geht sie der 19 Sekel Silber verlustig. Auch wird sie eine halbe Mine Silber darwägen. In gegenseitiger Übereinstimmung haben sie beim König geschworen.» Es folgen dann 10 Zeugen, unter ihnen zwei Frauen, der Name des Schreibers, des Notars und das Datum[195].

Die hier vereinbarten Scheidungsbedingungen waren für die Frau noch recht günstig; sie hatte lediglich eine finanzielle Einbuße in Kauf zu nehmen. Andere Ehekontrakte legten für sie härtere Bestrafungen fest, falls sie ihrem Mann erklärte, sie betrachte ihn fortan nicht mehr als ihren Gatten. Sie konnte dann versklavt, ertränkt oder von einem Turm hinabgestürzt werden. Der schon erwähnte «Lehrtext» sagt in diesem Zusammenhang: «Wenn eine Frau gegen ihren Gatten Abscheu faßt und ‹Du bist nicht mein Gatte› sagt, so wird man sie in den Fluß werfen. Wenn der Gatte zu seiner Ehefrau ‹Du bist nicht meine Gemahlin› sagt, so wird er eine halbe Mine Silber zahlen[196].»

Erbregelungen

Das Erbe des Mannes – genannt sind «Feld, Garten, Haus sowie bewegliches Vermögen» – kam nur dann in die Hände der Frau, wenn er ihr darüber eine gesiegelte Urkunde ausgestellt hatte. Die Kinder konnten in diesem Falle von ihrer Mutter nichts einklagen, sondern dieser war es gestattet, die Erbschaft demjenigen ihrer Kinder zu geben, das sie am meisten liebte (§ 150). Ein Testament in unserem Sinne gab es nicht, es galt die natürliche Erbfolge der Söhne. Ausnahmebestimmungen, wie sie etwa im Hammurapi-Gesetz fixiert wurden, konnten diese Norm durchbrechen, soweit sie sich tatsächlich in der täglichen Praxis durchzusetzen vermochten.

Für Gattenmord oder blutschänderische Beziehungen, d. h. solche zwischen Vater und Tochter, Schwiegervater und Schwiegertochter, Mutter bzw. Adoptivmutter und Sohn, bestimmten die Paragraphen 153 bis 158 eine Skala von Strafen: Verbannung, Ertränken, Verbrennen, «auf den Pfahl tun», auch Bußgelder.

Danach werden das Verlöbnis und seine Auflösung behandelt einschließlich der – und das war der eigentliche Anlaß zur Aufnahme dieser Probleme in die Gesetze – vermögensrechtlichen Konsequenzen. Denn die Ehe wurde ja durch die Zahlung eines Brautpreises eingeleitet, den der Vater der Braut entgegennahm. Wenn dann der Bräutigam plötzlich von seinem Kontrakt zurücktrat, mußte er auf den Brautpreis verzichten und auf alles das, was er anläßlich des Verlöbnisses in das Haus der Braut gebracht hatte. War es aber der Vater der Braut, der die Ehe nicht vollziehen lassen wollte, so hatte er das Doppelte des Empfangenen zurückzugeben. Zwar ging es bei der Eheschließung nicht um einen «Frauenkauf», aber es war dennoch ein wichtiger geschäftlicher Akt. Die Frau kam ins Haus des Mannes, das damit höhere Aufwendungen für den Lebensunterhalt hatte. Die Mitgift, die die Braut von ihrem Vater bekam und die nach ihrem Tod auf die Kinder überging, sollte sie selbst zu ihren Lebzeiten finanziell absichern; zudem konnte ihr der Ehemann eine Schenkung machen, die nach seinem Tod wirksam wurde.

Mit dem Erbrecht, das in der altbabylonischen Zeit besondere Bedeutung gewonnen hatte, befassen sich noch einige weitere Bestimmungen der Gesetze. Der Vater durfte eine Enterbung nur dann aussprechen, wenn er den Nachweis antreten konnte, daß sein erstgeborener Sohn sich ihm gegenüber zweimal schwer versündigt hatte; die Angelegenheit machte einen gerichtlichen Beschluß erforderlich (§§ 168/69).

Kinder von Sklavinnen mußten von ihrem Erzeuger nicht als seine leiblichen Kinder – und Erben – anerkannt werden; hier blieb es seiner Entscheidung überlassen, wie er handeln wollte. Allerdings waren aber dann, wenn er sie nicht als seine Kinder betrachtete, diese Kinder sowie ihre Mutter nach dem Tode des Vaters freizulassen. «Die erste Frau erhält ihre Mitgift und ihre Ehegabe, die ihr Mann ihr gegeben und auf einer Tafel ihr verschrieben hat, und bleibt in der Wohnung ihres Mannes wohnen. Solange sie lebt, hat sie die Nutznießung daran, doch darf sie nichts gegen Silber fortgeben; ihr Nachlaß gehört ihren Kindern» (§ 171).

Insgesamt ergibt sich aus den Urkunden und Gesetzen ein recht kompliziertes Bild der familienrechtlichen Regelungen. Hammurapi hat in seinem Gesetz gerade die Aspekte hervorgehoben, die ihm besonders wichtig erschienen – und das waren die, die den Fortbestand der Familie betrafen. Töchter erhielten mit der Mitgift praktisch einen Anteil am väterlichen Erbe. Wurden sie Priesterinnen und bekamen vom Vater keine Mitgift, teilten sich diese Töchter gemeinsam mit den Brüdern die Hinterlassenschaft. Besonders die «Stiftsdamen» des Gottes Marduk erfuhren dabei laut Gesetz (§ 182) eine Vergünstigung: «Wenn ein Vater seiner Tochter, einer Stiftsdame des Gottes Marduk von Babylon, eine Mitgift nicht gegeben und eine entsprechende Siegelurkunde ihr nicht geschrieben hat, so teilt sie sich, wenn der Vater zum Schicksal eingeht, mit ihren Brüdern zu einem Drittel der Erbschaft in den Besitz des Vaterhauses. Dienstpflichten braucht sie nicht zu tragen. Ihren Nachlaß kann eine Stiftsdame des Marduk von Babylon geben, wohin sie will.» Ihr Erbteil fiel dann also bei ihrem Tode nicht an die Familie zurück. Die Erwähnung der Dienstpflichten zeigt dabei deutlich, für welchen Bereich diese Bestimmungen vor allem gedacht waren: für die, die auf Königsland saßen und dienstpflichtig waren.

Adoption und Sohnespflichten

Im Zusammenhang mit dem Erbrecht und dem Bestreben, das Fortbestehen der Familien zu sichern, erlangte auch die Adoption mehr Bedeutung. Sie sollte bei Kinderlosigkeit oder beim Fehlen männlicher Erben für den Weiterbestand der Familie sorgen und vielleicht auch der Familienwirtschaft eine Arbeitskraft gewinnen. Die Adoption von Freien und auch von Sklaven ist Gegenstand einer ganzen Reihe altbabylonischer Urkunden. Die

Annahme von Sklaven an Kindes Statt bedeutete deren Freilassung – ein Umstand, der zwar in der Gesetzessammlung Hammurapis nicht erwähnt wird, aber aus vielen Urkunden bekannt ist. Der Freigelassene trat in diesem Fall entweder in ein Kindschaftsverhältnis zum früheren Herrn, den er dann auch zu versorgen hatte wie ein leiblicher Sohn seinen Vater, oder er zahlte dem früheren Herrn eine bestimmte Summe. Sklavinnen wurden oft gleichzeitig mit der Freilassung geheiratet. Die Adoption von Freien ließ zugleich eine Einsetzung als Erbe zu.

Die verschiedenen Arten einer Adoption haben ein bestimmtes Formular ausgeprägt. So heißt es in einer Urkunde, derzufolge ein Mar-Ischtar adoptiert und dem leiblichen Sohn des Ehepaars gleichgestellt wird: «Ein gewisser Mar-Ischtar ist der Sohn der Iltani und des Nidnat-Sin. Iltani und Nidnat-Sin haben ihn zur Kindschaft angenommen. Achu-waqar ist sein Bruder. Am Tage, an dem Mar-Ischtar zu Iltani, seiner Mutter, und zu Nidnat-Sin, seinem Vater, sagt: ‹Ihr seid nicht mein Vater, nicht meine Mutter›, werden sie ihn für Geld fortgeben. An dem Tage andererseits, an dem Iltani und Nidnat-Sin zu Mar-Ischtar, ihrem Sohne, sagen: ‹Du bist nicht unser Kind›, wird er als sein Erbteil gleich den eigenen Kindern der Iltani und des Nidnat-Sin einen Anteil nehmen und forttragen.» Es folgen 12 Zeugen, der Schreiber der Tafel und das Datum[197].

In den Hammurapi-Gesetzen sind dieser wichtigen Frage mehrere Paragraphen (§§ 185–193) gewidmet. Nahm jemand ein kleines Kind auf und zog es groß, konnte es gerichtlich nicht zurückgefordert werden. Wenn der Ziehvater aber die richtigen Eltern ausfindig machte, sollte das Kind in das Haus seiner Eltern gehen. Es handelte sich hier also um ein Findelkind, für das der Lehrtext «ana ittischu» eine Reihe von Umschreibungen kennt: «der Vater und Mutter nicht hat», «der seinen Vater und seine Mutter nicht kennt», «im Brunnen ist er gefunden», «von der Straße ist er hereingebracht», «aus dem Maul eines Hundes hat er ihn entrissen», «aus dem Schnabel eines Raben hat er ihn herunterfallen lassen»[198].

Wollte der Adoptierte die Eltern nicht anerkennen und war

Sohn eines Hofbeamten oder einer bestimmten Priesterin, drohte ihm eine schlimmere Strafe, als sie sonst in solchen Fällen angewendet wurde (§§ 192/93): Man sollte ihm die Zunge herausreißen, die die frevlerischen Worte zu seinen Zieheltern gesprochen hatte; kehrte er von sich aus in das Haus seiner leiblichen Eltern zurück, dann sollte man ihm ein Auge ausstechen. Der schon erwähnte Lehrtext nennt für ein derartiges Verhalten ebenfalls eine Strafe: Ein Sohn, der von seinem Adoptivvater großgezogen und verheiratet worden ist, jedoch dann sagt: «Du bist nicht mein Vater», solle zum Zeichen der Schande rasiert werden, die «Haartracht der Sklaven» erhalten und verkauft werden. Erkannte er seine Adoptivmutter nicht an, «so wird man seine eine Hälfte des Kopfes rasieren, ihn in der Stadt herumführen» und aus dem Haus der Adoptiveltern jagen[199].

Ein Handwerker, der ein Kind annahm und es sein Handwerk lehrte, konnte gerichtlich – so wird es in zwei Paragraphen (§§ 188/89) festgelegt – nicht wegen des Ziehkindes belangt werden. Das war nur möglich, wenn er dem Adoptierten nicht sein Gewerbe beibrachte.

Falls der Adoptivvater die Absicht hatte, das angenommene Kind zu verstoßen, da er inzwischen leibliche Kinder besaß, war ihm das nicht untersagt. Doch der Verstoßene sollte nicht der Gesellschaft zur Last fallen oder auf Abwege geraten, und so mußte ihm ein Drittel der Erbschaft, die ihm sonst zugefallen wäre, ausgezahlt werden (§ 191). Ausgenommen werden dabei auch hier die Immobilien: Feld, Haus und Garten.

Wenn keine anderen Kinder vorhanden waren, fiel das gesamte Erbe an das Adoptivkind. So hinterließ beispielsweise laut einer aus dem Jahr 36 des Hammurapi stammenden Urkunde eine Stiftsdame namens Munawwirtum ihre Felder, ihr Hausgrundstück und eine Sklavin – ihre ganze Habe «vom Stroh bis zum Golde» – der adoptierten Ipqu-ilischa. «Solange Munawwirtum lebt, wird sie das Feld, das Haus und die Magd in ihrer eigenen Hand halten. Sobald ihr Gott sie zu sich ruft, gehört es ausschließlich Ipqu-ilischa[200].» Gewiß hatte sich diese dafür um die Stiftsdame zu kümmern und sie zu umsorgen. In einem aus dem Jahr Samsuiluna 4 datierenden Text werden zwei Brüder gleichzeitig adoptiert und zu Erben eingesetzt: «Den Ili-iddinam, den älteren Bruder, und Ili-ummati, seinen Bruder, haben Ea-iddinam, Sohn des Ipqu-Ischtar, und Kuritum, seine Ehefrau, als ihre Kinder angenommen und als Erbsöhne eingesetzt. Haus, Feld, Habe, soviel wie vorhanden ist, werden sie – nachdem der ältere Bruder seinen Vorzugsanteil genommen hat – gleichmäßig teilen. Wenn künftig Ili-iddinam, der ältere Bruder, oder Ili-ummati, sein Bruder, zu seinem Vater Ea-iddinam oder zu seiner Mutter Kuritum sagt: ‹Du bist nicht mein Vater, du bist nicht meine Mutter›, gehen sie des Hauses, des Feldes, der Habe, soviel vorhanden ist, verlustig; auch werden sie für Geld verkauft. Wenn andererseits Ea-iddinam oder Kuritum, seine Ehefrau, zu Ili-iddinam, ihrem Sohne, oder zu Ili-ummati, dessen Bruder, sagen: ‹Du bist nicht unser Kind›, so gehen sie des Hauses, der Felder, der Habe, soviel vorhanden, verlustig. Ferner werden sie eine Mine Silber zahlen. In gegenseitiger Übereinstimmung haben sie beim König geschworen[201].» In einem Brief wird auf die Klage eines Mannes eingegangen, der Adoptivsohn einer Priesterin war und den Beruf eines Militärschreibers ausübte. Der Palast hatte das Haus dieser Priesterin weitervergeben, ohne den Adoptivsohn dafür zu entschädigen, der ja einen Anspruch auf das Erbe besaß. Es ergeht nun die Anweisung, ihm entweder das Haus zurückzugeben oder ihm, um einen Prozeß zu vermeiden, ein anderes Haus zur Verfügung zu stellen[202].

Das Ziehkind sollte, wie die anderen Kinder auch, stets die Kindespflichten getreulich erfüllen, die Eltern ehren und achten, mit ihnen oder für sie arbeiten und ihnen nach dem Tode die Totenopfer darbringen. Für das Verhältnis Vater–Sohn gibt es zwei interessante und lebendige literarische Schilderungen, die hier kurz erwähnt werden sollen, auch wenn sie nicht der Zeit des Hammurapi zugehören. Das eine Beispiel stammt aus dem sumerischen Mesopotamien, das andere aus der syrischen Hafenstadt Ugarit. Im sumerischen Text hält ein besorgter Vater, offensichtlich ein auf seinen Beruf stolzer Schreiber, seinem Sohne eine Ansprache, in der er allerdings von diesem immer wieder unterbrochen wird. Der Vater, ganz von dem Wunsch beseelt, sein Sohn möge ihm im Gelehrtenstand ein würdiger Nachfolger werden, ist mit seinem Sprößling recht unzufrieden. Er ermahnt ihn, fleißig zur Schule zu gehen, seine Aufgaben ordentlich zu erledigen und nicht unnütz auf der Straße herumzustehen: «Du sollst nicht auf dem Marktplatz stehen, nicht auf der Straße herumlaufen. Und schau nicht überall hin, wenn du durch die Gassen gehst! Sei bescheiden, zeige deinem Aufseher gegenüber Respekt! Denn wenn du ihm stets Respekt zeigst, wird er dich sehr gern haben! Du mußt Ehrgeiz haben, stelle dich deinen Kameraden gleich!» Denn schließlich, meint der Vater, habe es sein Sohn doch gut bei ihm: Er würde nicht herumkommandiert, sondern behütet und belehrt, und er würde auch nicht geprügelt – da es ohnehin nichts nutze. Auch zur Arbeit werde er nicht angestellt, wie das sonst den Söhnen passiere: «Niemals in meinem Leben habe ich dich beauftragt, zum Röhricht zu gehen und von dort Rohr heranzuschaffen! Das grüne, frische Rohr, das selbst die Allerkleinsten tragen – niemals in deinem Leben hast du es getragen! In keinem Falle habe ich dir gesagt, hinter dem Ochsen zu gehen. Hinter meinem Ochsen herzugehen, habe ich dir niemals als Arbeit zugewiesen. Mein Feld zu pflügen, habe ich dir nie als Arbeit aufgetragen. Mein Feld mit der Hacke zu bearbeiten, habe ich dir nie als Arbeit angewiesen, oder auch sonst irgendeine Arbeit auszuführen. ‹Geh, arbeite, versorge mich!›, das habe ich nie in meinem Leben zu dir gesagt. Leute wie du arbeiten sonst und versorgen ihre Eltern. Wenn ich mir da so ansehe, was die Kinder meiner Kollegen alles zu tun haben: Das eine Kind wie das andere versorgt sie mit 10 Kor Getreide. Die Kleinen, die ‹Diener ihrer Väter›, versorgen sie mit 10 Kor Getreide, und einige vermehren sogar das Getreide ihrer Väter; Getreide, Öl, Schafwolle haben sie ihnen gegeben. Der, der so tut, ist mehr Mensch als du!» Der Vater putzt seinen Sohn herunter, weil er ihm nur Kummer mache und ein Faulpelz sei. «3600 Meilen» aber sollten sich alle von ihm fernhalten, die mit bösen und derben Schimpfworten um sich werfen, wofür er seinem Sohn Beispiele nennt. Denn schließlich: «Du sollst der beste unter den Gelehrten deiner Stadt werden, so daß deine Stadt, der schöne Ort, deinen Namen preisend nennt[203]!»

Ungefähr ein halbes Jahrtausend später als diese sumerische Ermahnung eines Vaters an seinen Sohn wurde an der syrischen Küste in ugaritischer Sprache und Schrift ebenfalls auf die Sohnespflichten eingegangen. Der Held des Gedichts klagte, er habe keinen Sohn, «der im Heiligtum die Statue seines hehren Gottes aufstellt, der ausströmen läßt seinen Weihrauchduft vom Boden, der tapfer einsteht für ihn, der die Beleidigungen jener abwehrt, die ihn, den Vater, verachten. Der jene vertreibt, die seine Nachtruhe stören, der seine Hand ergreift im Rausch, der ihn auf sich ladet, wenn er des Weines satt ist, der seinen Anteil ißt im Hause Baals, seine Portion im Hause des Gottes El. Der seine Dachterrasse weiß tüncht, wenn sie schlammig wird, der sein Gewand wäscht, wenn es schmutzig ist[204].» Hier muten die Sohnespflichten weniger streng an, eine andere Lebenshaltung und vielleicht auch sinnenfrohere Vorstellungen spiegeln sich wider. Ugarit, das zur Kultur des östlichen Mittelmeerraumes gehörte und durch seine Kaufleute «weltoffener» war, hat sich seine eigene Literatur geschaffen, die sich auch der Frage nach dem Verhältnis Vater–Sohn angenommen hat.

Die Amme

In der Gesetzessammlung des Hammurapi wird nach der Adoption ein ihr ähnliches Verhältnis angesprochen, das des Kindes zu seiner Amme. Wie der Adoptivvater oder die Adoptivmutter für das Aufziehen eines angenommenen Kindes, so war die Amme für das Säugen des Kleinkindes verantwortlich: «Wenn ein Mann sein Kind einer Amme gegeben hat und sein Kind verstarb in der Hand der Amme, sich die Amme aber dann ohne Wissen seines Vaters und seiner Mutter ein anderes Kind anlegt (d.h. ohne die Eltern des neuen Säuglings über das Vorgefallene zu informieren), so soll man es ihr nachweisen, und man soll ihr, weil sie sich ohne Information seines Vaters und seiner Mutter ein anderes Kind angelegt hat, die Brust abschneiden» (§ 194). Man könnte diese Bestimmung für unwichtig halten und mehr als für einen Sonderfall geltend betrachten. Doch es ist eine ganze Anzahl von sogenannten Säugeverträgen überliefert, die uns bezeugen, daß die Dienste einer Amme gar nicht so selten in Anspruch genommen wurden. Diese Kontrakte waren die Voraussetzung für Quittungen über den Empfang von Säugelohn, wie etwa: «Marduk-nasir und Schat-Marduk haben ihr Kind zum Säugen der Waqartum gegeben. Säugelohn für zwei Jahre haben Waqartum und Habil-kinum (wohl der Ehemann der Amme) erhalten, ihr Herz ist befriedigt. Nachdem Waqartum wegen des Säugelohns vor die Richter gegangen war und die Richter die ‹Hierodulen› vorgeladen hatten, hat sie ihren Säugelohn erhalten[205].» Hier war es also bei der Entlohnung zu Schwierigkeiten gekommen; die als ‹Hierodulen› bezeichneten Frauen wurden von den Richtern offenbar als Sachverständige herangezogen. Es ist bekannt, daß sie ebenfalls oft als Ammen fungiert haben.

Die Ammen nahm man gewöhnlich für zwei oder drei Jahre in Dienst – entsprechend der Zeit, in der in Mesopotamien die Kinder gestillt wurden. Als Säugelohn erhielten sie Geld oder auch den vollen Lebensunterhalt, wie Kost, Kleidung, Öl usw. Gelegentlich blieb auch ein Kind bei der Amme, wenn der Säugelohn nicht gezahlt werden konnte: «Zuchuntum, die Ehefrau des Anumkinum, hat ihr Kind der ‹Hierodule› Iltani zum Säugen gegeben, darauf konnte sie den Säugelohn für drei Jahre, Kost, Salböl und Kleidung, der Iltani nicht geben. ‹Nimm das Kind, es sei dein Kind!›, sagte infolgedessen Zuchuntum zu Iltani, der ‹Hierodule›. Darauf hat, weil sie so zu ihr sagte, außer dem Säugelohn für drei Jahre, den sie nicht erhalten hatte, die Iltani 3 Sekel Silber (etwa 24 Gramm) der Zuchuntum noch dazugegeben. Für alle Zeit soll keiner gegen den anderen Einspruch erheben. Bei Gott Urasch und König Hammurapi schworen sie[206].»

Ammen erscheinen mehrfach in Prozeßurkunden. So hatte einmal ein Kläger, der in einem Prozeß des 41. Jahres Hammurapis auftrat, seine Tochter einer Sklavin zum Säugen gegeben. Diese aber gab das Kind, wohl weil ihr eigenes verstorben war, ihrem Herrn gegenüber als ihre leibliche Tochter aus. Der Vater schwor daraufhin im Tempel des Gottes Schamasch, daß es sich bei diesem

Kind wahrhaftig um seine eigene Tochter handele, nicht um das der Sklavin; er erhielt danach sein Kind wieder zugesprochen[207].

«Auge um Auge, Zahn um Zahn»

Mit der Festlegung, daß einem Sohn, der seinen Vater geschlagen hat, die Hand abgehackt werden soll (§ 195), leiten die Gesetze Hammurapis aus dem großen Komplex «Ehe und Familie» über zu einer Reihe von Paragraphen, die die Ahndung von Körperverletzungen und Sachbeschädigungen betreffen. Die dafür geforderten Strafen sind hart, lassen dabei aber interessante Unterschiede erkennen. Gerade die ersten Bestimmungen zeigen deutlicher als sonst die Anwendung des Talionsprinzips, die Vergeltung nach der Devise «Auge um Auge, Zahn um Zahn» – und zugleich auch seine Aufhebung durch eine andere Form der Bestrafung: «Wenn ein Mann das Auge des Sohnes eines Mannes zerstört, so soll man sein Auge zerstören. Wenn er einem Manne einen Knochen bricht, so soll man seinen Knochen brechen. Wenn er das Auge eines Muschkenum zerstört oder einem Muschkenum einen Knochen bricht, so soll er eine Mine Silber darwägen. Wenn er das Auge eines Sklaven eines Mannes zerstört oder einem Sklaven eines Mannes einen Knochen bricht, so soll er die Hälfte von dessen Kaufpreis geben. Wenn ein Mann einem ihm gleichgestellten Mann einen Zahn ausschlägt, so soll man seinen Zahn ausschlagen. Wenn er einem Muschkenum einen Zahn ausschlägt, so soll er ⅓ Mine Silber darwägen» (§§ 196–201).

Diese Paragraphen zeigen zunächst, daß eine Reihe von Körperverletzungen einfach «wiedervergolten» werden sollten. Dieses Prinzip, das später in den Mosaischen Gesetzen des Alten Testaments gleichfalls seine klare Formulierung gefunden hat, geht zweifellos auf Verhältnisse zurück, deren Ursprünge wir in der Zeit der Urgesellschaft suchen müssen. Es handelt sich um gewohnheitsrechtliche Vorstellungen, wie sie zwar im mesopotamischen Kulturland selbst weitgehend überwunden waren, doch gerade bei nomadischen oder halbnomadischen Gruppen noch fortlebten. Daß die Talion auch in die Gesetze Hammurapis Eingang gefunden hat, könnte mit halbnomadischen Traditionen, mit Brauchtum und Vorstellungen aus der Zeit der sich auflösenden Gentilgesellschaft in Verbindung gebracht werden, die mindestens bei einem Teil der Bevölkerung Babyloniens noch nachwirkten oder sogar lebendig waren. Hier wäre vor allem an die amurritischen Zuwanderer zu denken, auf die sich ja die Hammurapi-Dynastie selbst zurückführte und aus denen sich ein erheblicher Teil der Gefolgs- und Dienstleute des Königs zusammensetzte. Mit der Androhung der Talion sollten wohl gerade sie angesprochen und abgeschreckt werden; Körperverletzungen von Dienstleuten des Königs beeinträchtigten letzten Endes ihre Leistungsfähigkeit, vor allem beim Militärdienst.

Die zitierten Paragraphen machen aber – ebenso wie andere Bestimmungen der Gesetze – deutlich, wie sich in Wirklichkeit die gesellschaftlichen Verhältnisse, denen die Talion entstammte, verändert hatten. Sie wirkt im Rahmen der Situation, wie sie sich sonst in den Gesetzen und im übrigen altbabylonischen Quellenmaterial widerspiegelt, archaisch-patriarchalisch, und sie wurde durch die Rechtsnormen der höher entwickelten Gesellschaft weitgehend eingeschränkt, wenn nicht gar in der Praxis aufgehoben. Man hatte längst den Wert des Geldes und die Möglichkeit erkannt, selbst körperliche Verletzungen mit Geld zu «büßen». Und man unterschied dabei sorgsam zwischen den Muschkenu-Leuten und den Sklaven: Während erstere eine – nicht gerade geringe – Summe für erlittene Verletzungen erhalten sollten, wurde bei den Sklaven die dadurch für ihren Herrn eingetretene Wertminderung taxiert. So ist es auch nicht verwunderlich, daß ein ausgeschlagener Zahn bei einem Sklaven für den Gesetzgeber ohne Belang war und daher nicht erwähnt wurde; im Gegensatz zu einem gebrochenen Knochen oder einem zerstörten Auge minderte dies nicht die Arbeitsfähigkeit des Sklaven.

Nicht nach dem Prinzip der Talion sollte dann verfahren werden, wenn einer dem anderen während einer Schlägerei eine Verletzung beibrachte. Hier war nicht von vornherein klar, ob das in böser Absicht geschah. Wenn der Täter beeidete, das sei aus

Versehen geschehen, dann hatte er nur die entstehenden Arztkosten zu tragen. Starb der Mann, so mußte er ½ Mine Silber – oder, wenn es ein Muschkenum war, ⅓ Mine – als Bußgeld zahlen (§§ 206–208). Selbst ein Backenstreich wurde gesetzlich geahndet; er sollte je nach dem Rang des Geohrfeigten bestraft werden. Schlug ein Sklave einen Freien, mußte er es mit dem Abschneiden eines Ohres büßen (§ 205). In diesem Zusammenhang wird auch die Bestrafung derer fixiert, die eine schwangere Frau schlugen und die deshalb «ihre Leibesfrucht verlor». Die Buße wurde je nach der Stellung dieser Frau festgelegt; starb sie an den Folgen der Schläge, sollte auch die Tochter des Täters sterben, sofern die getötete Frau Tochter eines «Mannes» war. Sonst waren auch für diesen Fall Geldbußen vorgesehen (§§ 209–214). Geahndet wurde also nicht das ungeborene Leben, das durch die Schläge vernichtet wurde, sondern die Körperverletzungen bzw. der Tod der Mutter. Bei Sklaven und Sklavinnen ging die zu zahlende Buße an den Herrn als Ersatz für die Wertminderung oder den Verlust von Besitz.

Diesen Paragraphen schließen sich einige Bestimmungen über Körperverletzungen und Sachbeschädigungen an, wie sie in Ausübung bestimmter Berufe entstehen konnten. Sie werden zugleich um einige Preis- und Tarifbestimmungen erweitert. Wenn die Hammurapi-Gesetze tatsächlich in der täglichen Rechtspraxis angewendet wurden, war es in dieser Zeit ein ziemliches Risiko, als Arzt, Baumeister, Schiffsbauer oder in einem Beruf tätig zu sein, der zum Tod oder zur Verletzung von babylonischen Mitbürgern führen konnte. In erster Linie war es natürlich der Arzt, dessen Tätigkeit dabei erwähnt werden muß (§§ 215–223): ein «schwerer Einschnitt mit dem bronzenen Messer», eine Augenoperation – offenbar wurden die Bewohner Mesopotamiens auch damals schon besonders stark von Augenkrankheiten geplagt –, die Heilung eines Knochenbruchs oder einer Sehne. Je nach Art der Operation sowie nach der Stellung des Patienten konnte der Arzt ein Honorar zwischen 2 Sekeln (bei Sklaven) und 10 Sekeln fordern. Verstarb aber der Kranke nach der Operation oder verlor er sein Augenlicht, hatte der Arzt schwere Strafen zu erwarten: Man sollte ihm die Hand, mit der er gesündigt hatte, abschneiden. Handelte es sich um den Sklaven eines Muschkenum, dann sollte der Arzt – bei Tod des Patienten – «Sklaven für Sklaven» geben; wurde der Patient blind, so hatte der Arzt dem Besitzer die Hälfte des Kaufpreises zu zahlen. Die Verstümmelung des Arztes sollte wohl verhindern, daß er mit seiner Hand noch einmal Unheil anrichtete; man darf allerdings annehmen, daß diese harte Strafe in der Praxis nicht immer durchgeführt wurde, sondern gleichfalls eine Geldbuße an ihre Stelle trat. Es lag gewiß am Geschick des Arztes, den Fall darzustellen und eine Einigung zu erzielen.

Besser dran war auf jeden Fall der Tierarzt, der beim Tod eines Rindes oder Esels nur eine Buße zu entrichten hatte (§§ 224/25). Und da ein Barbier eine ähnliche Profession ausübte wie ein Arzt – man denke daran, wie lange noch Barbiere in Europa die Tätigkeit von Medizinern, vor allem von Zahnärzten, ausgeübt haben –, wird auch über sein Berufsrisiko einiges gesagt (§§ 226/27): «Wenn ein Barbier ohne Wissen des Herrn des Sklaven das Sklavenmal eines ihm nicht gehörenden Sklaven geschoren hat, so soll man diesem Scherer die Hand abschneiden. Wenn ein Mann den Scherer belügt und jener das Sklavenmal eines ihm nicht gehörenden Sklaven schert, so soll man diesen Mann töten und bei seinem Tor verscharren (?). Der Barbier aber soll schwören: ‹Ich habe nicht wissentlich geschoren›, und dann von der Verantwortung frei sein.» Hier ging es nicht um eine beschädigte Frisur, sondern um ein Eigentumsdelikt, das dementsprechend hart bestraft wurde. Denn nach dem Abscheren der für einen Sklaven typischen Haartracht war dieser nicht mehr als solcher erkennbar und konnte, ohne aufzufallen, fliehen. Vielleicht werden daher in späteren Urkunden wesentlich dauerhaftere Sklavenmale erwähnt, die in die Haut eingebrannt oder eintätowiert wurden – wie man das auch mit dem Vieh tat, um den Besitz zu kennzeichnen. Hatte der Barbier im erstgenannten Fall ohne Auftrag seines Herrn den Sklaven geschoren und sich damit am Eigentum eines anderen vergangen, so traf ihn dagegen, wenn er einen gestohlenen Sklaven unwissentlich schor, keine Schuld; dem Dieb aber galt dann die volle Härte des Gesetzes.

Ein beträchtliches Berufsrisiko hatten auch die Baumeister

zu tragen. Sie waren für die Qualität ihres Baus verantwortlich, und erlitt jemand durch einen Einsturz Schaden, hatte der Baumeister dafür zu büßen (§ 228–233). Kam beim Hauseinsturz der Besitzer ums Leben, sollte man – dem Prinzip der Wiedervergeltung entsprechend – den Baumeister töten. War es der Sohn des Hausherrn, der getötet wurde, sollte auch ein Sohn des Baumeisters sein Leben verlieren, und war es ein Sklave, sollte der Baumeister Sklaven für Sklaven geben. Das vernichtete Hab und Gut hatte der Baumeister zu ersetzen; das eingestürzte Haus mußte er aus eigenen Mitteln wieder errichten, und die fehlerhafte Ausführung war von ihm zu korrigieren. Bei jenen Häusern, für die man sich einen Baumeister engagierte, wird es sich vor allem um die wohlhabenderen Bauten gehandelt haben, die oft auch zwei Geschosse besaßen und fester gefügt waren.

Der Transport zu Schiff

Der Schiffsbauer trug gleichfalls eine besondere Verantwortung (§ 234–240). Verrichtete er seine Arbeit nicht ordentlich und das Schiff wurde undicht, hatte er es auseinanderzunehmen und auf eigene Kosten neu zu bauen. Genannt wird hier – wie auch in § 277 – ein Schiff von 60 Kor «Tonnage», d.h. ewa 18000 Liter Fassungsvermögen. Vielleicht war dies die durchschnittliche oder häufigste Schiffsgröße. Altbabylonische Briefe erwähnen jedoch auch Schiffe von 120 und sogar 300 Kor Fassungsvermögen; es muß also auch wesentlich größere Schiffe gegeben haben. Wie Briefe zeigen, wurden die Schiffe an ihrem Bestimmungsort zuweilen «abgebrochen» und auf dem Landweg zum Ausgangspunkt zurückgebracht, wenn das günstiger war. Ein Brief Hammurapis an Sin-iddinam beordert die «Kapitäne» mit ihren Frachtschiffen eiligst nach Babylon; falls welche mit ihren Schiffen festsitzen, sollte man sie herausnehmen und über Land transportieren – auf jeden Fall aber hätten sie an einem bestimmten Tag in Babylon zu sein[208]!

Der König hat sich selbst immer wieder um die Transportfrage gekümmert, und der Wasserweg war dabei besonders billig und bequem. In einem Schreiben an Sin-iddinam teilt Hammurapi mit, ein mit dem Schiffsbau Beauftragter habe ihm geschrieben, daß die Arbeiter für den Bau der Frachtschiffe nicht geschickt worden seien. Er wendet sich nun an Sin-iddinam mit der strikten Anweisung, sich schnellstens um die Arbeiter zu kümmern und ihm diese «nach Namen und Lohn» in einer Liste aufzuschreiben[209].

Bei der Rolle, die die Frachtschiffe in Babylonien spielten, ist es nicht verwunderlich, wenn sich auch private Geschäftsleute der Vermietung von Schiffen zuwandten und die Schiffsmiete in vielen Urkunden behandelt wird. Sie ist auch Gegenstand einiger Paragraphen in Hammurapis Gesetzen: Der Schiffer, der das Schiff mietete und durch Nachlässigkeit seinen Verlust herbeiführte, mußte es dem Eigner ersetzen. Hatte er sich zur Beförderung von Lasten – genannt werden in § 237 Getreide, Wolle, Öl und Datteln – verdingt und Schiffbruch erlitten, so haftete er für Schiff und Ladung. Gelang es ihm, das gesunkene Schiff wieder zu heben, hatte er wenigstens die Hälfte seines Wertes in Silber zu erstatten. Als Tarif für die Indienstnahme eines Schiffsführers werden 6 Kor Getreide pro Jahr festgelegt (§ 239); das ist soviel, wie ein Rinderknecht erhalten sollte, und 2 Kor weniger als das Entgelt für einen Landarbeiter.

Schließlich wird noch der Fall einer Havarie zwischen einem stromabwärts und einem stromaufwärts fahrenden Schiff behandelt: Der Eigner des beschädigten oder sogar bei der Kollison gesunkenen stromabwärts fahrenden Schiffes sollte unter Eid den Wert seines Verlustes angeben und ihn ersetzt bekommen (§ 240). Offenbar wird davon ausgegangen, daß das – wohl geruderte – stromaufwärts fahrende Schiff besser manövrierfähig war als das andere, das – vielleicht mit gesetzten Segeln – rasch den Strom hinabglitt.

Auf die Schiffsmiete wird auch an späterer Stelle (§ 275 bis 277) noch einmal zurückgekommen. Dabei wird zwischen einem «Langschiff», einem stromaufwärts fahrenden Schiff (Ruderschiff?) und einem Schiff von 60 Kor Fassungsvermögen unterschieden.

Das Problem der Arbeitskräfte

In der frühen altbabylonischen Periode hatte sich, wie bereits erwähnt wurde, die Mobilität der Arbeitskraft wesentlich erhöht. Die sozialökonomischen Veränderungen Babyloniens nach dem Sturz der III. Dynastie von Ur machten die Inanspruchnahme fremder Arbeitskraft – vor allem in der Landwirtschaft – nicht nur in größerem Umfang als zuvor möglich, sondern zugleich auch notwendig. Damit sind manche Streitfälle entstanden – angefangen von der nicht eingehaltenen Zusage einer Dienstleistung bis hin zur nicht erfolgten oder hinausgezögerten Entlohnung.

So sah sich Hammurapi – wie andere babylonische Gesetzgeber auch – genötigt, auf diese Probleme einzugehen, und die Behandlung des Schiffsführers, seines Tarifs und seiner Verantwortung bot den Kompilatoren der Gesetze die Möglichkeit, die entsprechenden Bestimmungen anzuschließen. Da die verschiedensten, wenn auch nicht alle Seiten dieses Problems zur Sprache gebracht werden mußten, suchte man nach einem gewissen Ordnungsprinzip, und man fand es zunächst in der Abfolge der landwirtschaftlichen Tätigkeiten selbst.

Es wird mit dem Rind begonnen, das vor allem zum Ziehen des Pfluges und anderer Ackerbaugeräte verwendet wurde; sein Miettarif wird ebenso fixiert wie die Haftung seines Halters bzw. Mieters, auch für von dem Tier verursachte Schäden: «Wenn ein Rind bei seinem Hinziehen auf der Straße einen Mann mit den Hörnern gestoßen hat und seinen Tod verursacht, so kann man daraus keine rechtlichen Ansprüche ableiten. Wenn das Rind eines Mannes aber stößig ist und ihn die lokale Behörde darauf aufmerksam gemacht hat, er seinem Rind aber die Hörner nicht stumpf gemacht und es auch nicht angebunden hat – wenn dieses Rind dann den Sohn eines Mannes gestoßen hat und seinen Tod verursacht, soll er ½ Mine Silber geben. Wenn es der Sklave eines Mannes ist, soll er ⅓ Mine Silber geben» (§ 250–252). In diesem Falle soll also eine Geldbuße gezahlt werden und nicht eine Talion eintreten. Es war ja das Tier, das den anderen Menschen getötet hatte, und der Besitzer oder Mieter hatte nur für seine Nachlässigkeit zu

Terrakotta-Relief mit der Darstellung eines Handwerkers bei der Arbeit. Wohl aus Uruk. Paris, Louvre.

büßen. Wohl deshalb war es in diesem Zusammenhang auch gleichgültig, ob es sich bei dem Getöteten um den Sohn eines «Mannes» oder eines «Muschkenum» handelte. Der Herr des getöteten Sklaven erhielt mit der ⅓ Mine (20 Sekel) Silber praktisch den Kaufpreis des Sklaven ersetzt.

Ein weiterer Komplex von Paragraphen (§ 253–277) widmet sich der Miete von Arbeitskräften, Tieren und Geräten. Zunächst geht es um die Veruntreuung von Zugvieh, Saatgut und Gerätschaften: Bei Diebstahl sollte dem Täter die Hand abgeschlagen werden; gab er ein Zugtier einem Dritten zur Miete oder stahl er Saatkorn, so daß das Feld nicht wie vereinbart bestellt wurde, hatte er je Hufe Land 60 Kor Getreide zu liefern. War er dazu nicht in der Lage, so sollte man ihn «auf diesem Feld mit dem Rindvieh schleifen» (§ 256) – er hatte dann als eine Art Pflug zu dienen, um auf diese Art symbolisch die Feldbestellung zu vollziehen, die er versäumt hatte. Zugvieh, Saatgut, Gerät und Futter wurden, wie diese Paragraphen zeigen, dem Bewirtschafter vom Feldeigentümer zur Verfügung gestellt. Das unberechtigte Benutzen von Pflügen und Eggen galt demgegenüber als ein geringerer Frevel, und eine Geldbuße war hier gefordert.

Der in Dienst genommene Hirte wurde ebenfalls für die ihm anvertrauten Herdentiere haftbar gemacht; er hatte «Rind um Rind, Schaf um Schaf» zu ersetzen (§ 263). «Wenn ein Hirt, dem Groß- oder Kleinvieh zum Weiden gegeben worden ist, Untreue begangen hat, das Brandmal ändert oder Vieh gegen Silber fortgibt, so soll man ihn dessen überführen, und er soll ihren Besitzern zehnfach ersetzen, was er an Groß- oder Kleinvieh gestohlen hat» (§ 265). Anders lagen die Dinge, wenn die Tiere durch «höhere Gewalt» umgekommen waren, ohne daß man dem Hirten eine Nachlässigkeit vorwerfen konnte, etwa, wenn Tiere der Herde «von einem Gott berührt» – also vielleicht einer Epidemie zum Opfer fielen – oder von einem Löwen getötet wurden. Der Hirt konnte sich dann durch einen Eid von einer Schuld reinigen. Tiermiete für den Drusch des Getreides sowie die Miete eines Wagens mit oder ohne Zugtiere und Treiber stehen dann am Schluß dieses Komplexes, wie ja auch der Transport der Ernte in die Speicher am Abschluß der landwirtschaftlichen Saison steht.

Die Tarife werden für jeden Tag angegeben, da diese Indienstnahme von Leuten oder Tieren häufig nur für einen kurzen Zeitraum erfolgte. Sie sind in Getreide, gemeint ist Gerste, fixiert; nur in zwei Paragraphen über die Miete eines Arbeiters allgemein bzw. von bestimmten Handwerkern wird die Entlohnung in Silber angegeben. Der Tageslohn liegt dabei zwischen 4 und 6 Gran Silber. Es ist interessant – und stimmt mit der Praxis der Mieturkunden überein –, daß bei der Entlohnung eines länger in Dienst genommenen Mietlings für die ersten fünf Monate ein etwas höherer Satz genannt wird: «Wenn ein Mann einen Mietling gemietet hat, so soll er ihm vom Beginn des Jahres bis zum fünften Monat 6 Gran (d.h. etwas über 2½ Gramm) Silber pro Tag geben; vom sechsten Monat bis zum Ende des Jahres soll er 5 Gran pro Tag geben» (§ 273). Der Unterschied erklärt sich wohl daraus, daß die meiste Arbeit in der Landwirtschaft in den ersten fünf Monaten des Jahres anfiel, von März/April bis Juli/August. Die anderen Monate waren dann weniger arbeitsintensiv, und deshalb wurde der Lohn offenbar etwas niedriger angesetzt. Bei den Handwerkern wird ein solcher Unterschied nicht gemacht; für sie verteilte sich die Arbeit gleichmäßig auf das Jahr.

Die Stellung der Sklaven

Diesen Bestimmungen in der Gesetzessammlung des Hammurapi, die sich noch einmal dem wichtigen Problem der Arbeitskräfte widmen, die nicht der Familie des jeweiligen Besitzers der Felder zugehörten, schließen sich noch einige Paragraphen über die Sklaven an (§ 278–282). In ihnen geht es vor allem um den Sklavenerwerb. Gekaufte Sklaven rekrutierten sich teils aus Fremdstämmigen, insbesondere aus gefangenen Gegnern, teils aus Babyloniern, die zahlungsunfähige Schuldner waren, von ihren Familien «für Silber weggegeben» wurden oder aber ein Verbrechen begangen hatten, das mit dem Verkauf des Täters in die Sklaverei geahndet wurde. Kaufurkunden über Sklaven sind im altbabylonischen Material reichlich vertreten; soweit man ihnen entnehmen kann, wurden durchschnittlich wohl doppelt so viele Sklavinnen verkauft wie Sklaven. Das erklärt sich nicht nur daraus, daß männliche Sklaven in größerer Zahl eine Gefahr für die Sicherheit des Staates bedeuten konnten, sondern in erster Linie aus den geringeren Einsatzmöglichkeiten für Sklaven im Vergleich zu den Sklavinnen. In der agrarischen Produktion der kleinbäuerlichen Wirtschaften fanden Sklaven nur begrenzt Verwendung, während für das Mahlen des Korns, für das Weben, für Hausarbeiten usw. mehr Sklavinnen gebraucht wurden. Die Preise sind in den Urkunden recht unterschiedlich, je nach der Situation, nach der Qualifikation des Sklaven oder der Dringlichkeit des Kaufs; im Hammurapi-Gesetz wird ein Preis von 20 Sekel Silber vorausgesetzt, und im Durchschnitt ist er auch in den Kaufurkunden so vereinbart worden.

Sklavinnen kaufte man zuweilen – und auch das könnte ihre höhere Zahl erklären – als Nebenfrauen. Hatte eine Ehefrau keine Kinder bekommen oder eine ansteckende Krankheit, konnte der Ehemann mit ihrer Einwilligung – und diese dürfte auf jeden Fall ratsam gewesen sein! – eine Sklavin als Nebenfrau nehmen, um den Fortbestand der Familie zu sichern. In einer Urkunde des Jahres Hammurapi 12 heißt es beispielsweise: «Schamasch-nuri, die Tochter des Ibbi-Schachan, haben von ihrem Vater Ibbi-Schachan Bunini-abi und Belisunu gekauft. Dem Bunini-abi ist sie Ehefrau, der Belisunu Sklavin. Am Tage, an dem Schamasch-nuri zu Belisunu, ihrer Herrin, sagt: ‹Du bist nicht meine Herrin!›, wird sie ihr das Haupthaar schneiden und sie für Geld verkaufen. Als ihren vollen Kaufpreis hat man 5 Sekel Silber dargewogen. Man hat sie am ‹hölzernen Stößel› vorbeigehen lassen (womit symbolisch das Ausscheiden aus dem Besitz des früheren Herrn angezeigt wurde). Die Verhandlung darüber ist beendet, sein (d. h. des Verkäufers) Herz ist befriedigt. In Zukunft wird einer gegen den anderen nicht klagen. Bei den Gottheiten Schamasch, Aja und Marduk und bei Hammurapi haben sie geschworen.» Es folgen die Zeugen und das Datum. Der niedrige Preis erklärt sich wohl aus besonderen Umständen, die sich unserer Kenntnis entziehen[210].

Wurde der Sklave oder die Sklavin noch innerhalb des ersten Monats, d. h. praktisch während einer Art «Garantie-Zeit», von einer heimtückischen Krankheit befallen – für die wir Epilepsie annehmen –, durfte der Käufer den Kauf rückgängig machen (§ 278). Für Einsprüche gegen die Rechtmäßigkeit des Kaufs, die von dritter Seite erhoben werden, ist der Verkäufer haftbar (§ 279). Einer Auslösung des gekauften Sklaven mußte der Besitzer nicht zustimmen, wie aus einem Brief hervorgeht: «Falls entweder ihr

(d. h. der Sklavin) Vater oder ihre Mutter dir Silber anbieten sollte und sie folgendermaßen sagen: ‹Wir wollen unsere Tochter auslösen›, so willige nicht ein[211]!» Kaufte jemand im «Ausland» – hier generalisierend als «Feindesland» bezeichnet – einen Sklaven oder eine Sklavin und brachte sie nach Babylonien, mußten sie freigelassen werden, wenn sie ihr ehemaliger Herr als «Kinder des Landes» identifizierte. Waren sie dagegen nicht Babylonier, konnte der ehemalige Besitzer sie nur zurückerwerben, indem er dem Kaufmann, der sie im «Feindesland» erworben hatte, die Kaufsumme erstattete (§§ 280/81). Einen besonderen Fall, der aber mit dieser Bestimmung in einen Zusammenhang gestellt werden kann, erwähnt eine Urkunde aus der Regierungszeit des Ammiditana von Babylon: Ein Sklave, der von seinem Herrn ins «Ausland» verkauft worden war, flüchtete nach fünfjährigem Sklavendasein nach Babylon, wurde dort frei, obgleich er nicht losgekauft worden war, doch sollte er dafür unter die Soldaten. Er wollte jedoch lieber den Königsdienst seiner Familie teilen und Kronland bestellen, was ihm mit Einverständnis seiner Brüder, die an seinem früheren Sklavenstatus nicht Anstoß nahmen, auch genehmigt wurde. Verleugnete ein Sklave gegenüber seinem Herrn die Sklaveneigenschaft und sagte zu ihm: «Du bist nicht mein Herr!», sollte dieser ihm das Gegenteil nachweisen und ihm dann als Strafe ein Ohr abschneiden (§ 282).

Die Hammurapi-Gesetze behandeln also babylonische und nichtbabylonische Sklaven. Anders als der Kriegsgefangene, von dem im § 32 die Rede war, handelt es sich bei denen, die im Ausland angetroffen und erworben wurden, um Personen, die schon vorher Sklaven waren, also nicht Kriegsgefangene. Wahrscheinlich ist mancher von ihnen durch die Flucht aus Babylonien dorthin gelangt, und der Loskauf bedeutete für ihn nur die Rückkehr in das frühere Knechtschaftsverhältnis. Zuweilen nahmen auch Gegner, die in Babylonien einfielen, Sklaven mit. So drückt der Absender eines Briefes dem Adressaten gegenüber sein Mitgefühl aus, weil jener auf diese Weise eine Sklavin verlor: «Von deiner Sklavin, die der Feind weggenommen hat, habe ich gehört – und ich bin sehr betroffen[212]!»

Flucht und Freilassung

Zahlreiche altbabylonische Briefe erwähnen die Flucht von Sklaven. So heißt es einmal, daß ein Soldat seine Sklavin im Hause des Absenders «eingesperrt», sie dort also praktisch in Verwahrung gegeben hatte. Sie sei aber entflohen, und der Soldat habe sich daraufhin an seinen Vorgesetzten gewandt. Dem Absender, dem mangelnde Aufsicht vorgeworfen wurde, erlegte man 10 Sekel als Strafe auf. 5 Sekel vermochte er sogleich zu zahlen, doch erschöpfte sich damit offenbar sein Bargeld. Er wandte sich in dem Brief nun an den Adressaten mit der Bitte, ihm die weiteren 5 Sekel zu leihen. Denn er wolle alles zahlen, um nicht in einen Prozeß verwickelt zu werden. In Anbetracht der hohen Strafen, die das Gesetz Hammurapis für das Verbergen von Sklaven oder Beihilfe zur Flucht vorsah, ist die Furcht des Absenders nur zu verständlich – die Sache konnte ihn um Kopf und Kragen bringen. Deshalb die Bitte um das Darlehen mit der Versicherung, den Gegenwert für die 5 Sekel Silber in Form von Öl oder von Sesam zurückzuerstatten[213].

In dem schon des öfteren herangezogenen Lehrtext wird die mit der Sklaverei verbundene Terminologie anhand einer Art Erzählung, einer fortlaufenden Handlung notiert, ausgehend von einem Sklavenverkauf: «Er (d. h. der Besitzer) hat ihn (d. h. den Sklaven) rasiert / die Haartracht des Sklaven ihm angelegt / für Silber ihn verkauft // Seinem Herrn hat er nicht gehorcht / aus dem Hause seines Herrn ist er verschwunden // Nachdem er verschwunden war / hat man ihn zurückgebracht / nachdem er verschwunden war und man ihn zurückgebracht hat / hat er (d. h. der Herr) ein ‹Fußholz› an seinen Fuß gelegt / in eine Kette ihn geschlossen / am hölzernen Stößel hat er ihn vorbeigehen lassen / ‹entlaufen – verhaften› / hat er in sein Gesicht geschnitten (?) // Er hat seine Sklavenschaft verstärkt //» usw.[214]. Ein Brief meldet, man habe einen Burschen festgenommen, der weder Sklavenfessel noch Sklavenhaartracht trage[215].

Ein recht ungewöhnlicher Fall wird in einem Brief der Hammurapi-Zeit gemeldet: Ein Beamter, wohl Schamasch-hasir, hatte anläßlich einer Inspektion den Koch des Absenders, einen Sklaven, gesehen und – da dieser offenbar hervorragend zu kochen verstand – Silber für ihn geboten. Der Besitzer lehnte jedoch ab, und auch die wiederholte Entsendung von Boten hatten dem Beamten nichts genutzt und vermochten den Herrn des Sklaven nicht umzustimmen. Da habe nun der Beamte dem Sklaven dermaßen den Kopf verdreht, daß dieser aus Babylon entlief und sich bei dem Beamten einfand. Dieser nahm den Flüchtigen auch auf – und verkaufte ihn mit Gewinn weiter. Der Eigentümer bemühe sich schon seit vier Jahren, wieder in den Besitz des Kochs zu gelangen[216]. Eine aus der Zeit des Hammurapi stammende Urkunde über eine Erbteilung führt u. a. einen geflohenen Sklaven auf; obgleich er also zur Zeit nicht greifbar war, blieb er doch Besitz der Familie[217].

Eine Freilassung von Sklaven wird in Hammurapis Gesetz nur in zwei Fällen verfügt: Schuldsklaven sollten nach 3 Jahren (§ 117), und eine Sklavin, die ihrem Herrn Kinder geboren hatte, nach seinem Tode frei sein (§ 171). Aber die Urkunden zeigen auch die Möglichkeit, durch eine Adoption zur Freiheit zu gelangen – es wurde darauf bereits hingewiesen. Bei der Adoption übernahm der Freigelassene gewöhnlich die Unterhaltspflicht gegenüber den Adoptiveltern; gelegentlich erfolgte auch eine besondere «Weihung» des Freigelassenen für eine bestimmte Gottheit, unter deren Schutz er fortan stehen sollte. So ist in einer Urkunde aus Sippar, die Hammurapis 11. Regierungsjahr entstammt, zu lesen: «Lamassum-muballit ist der Sohn der Aja-schagga; Aja-schagga, die Stiftsdame des Schamasch, die Tochter des Ilschu-ibbischu, seine (Adoptiv)mutter, hat ihn ‹gereinigt›. Gegen den Sonnenaufgang hat sie sein Antlitz gerichtet. Wenn Lamassum-muballit, solange Aja-schagga lebt, sie unterhält, soll niemand in Zukunft einen Anspruch auf Lamassum-muballit haben. Er ist ‹gereinigt›.» Der ehemalige Sklave – und um einen solchen handelt es sich hier offenbar – wurde zum Versorger der Adoptivmutter, kümmerte sich um ihre Geschäfte und hatte auch sonst alle Sohnespflichten wahrzunehmen[218]. Ein besonderer Fall von ‹Adoptionsfreilassung› wird in einer aus Dilbat stammenden Urkunde überliefert. Eine Sklavin wurde von ihrem Besitzer adoptiert, und zwar aus Dankbarkeit dafür, daß sie für ihren Herrn eine Summe von $\frac{1}{3}$ Mine Silber zahlte, die er jemandem schuldete. Sie verfügte also über Vermögen – immerhin über so viel, wie sonst ein Sklave kostete. Ihr Herr schenkte ihr noch ein kleines Hausgrundstück und legte fest, daß niemand aus seiner Familie gegen dieses Besitztum seiner Adoptivtochter Einspruch erheben dürfe[219].

In den altbabylonischen Texten werden mehrfach Sklaven und Sklavinnen aus Obermesopotamien erwähnt, aus dem Lande Subartu oder auch aus Idamaraz. Insbesondere aus der Zeit nach Hammurapi sind solche Sklaven belegt, und es scheint, als wären sie damals in etwas größerer Zahl nach Babylonien gelangt[220]. Ein militärischer Sieg des Samsuiluna über «das Land Idamaraz von den Grenzen Gutiums bis zu den Grenzen Elams», bei dem ihm die Bevölkerung dieses osttigridischen Bereiches von Idamaraz in die Hände fiel, kann damit kaum in Verbindung gebracht werden. Scheinbar ließ Samsuiluna diese Leute dann frei und betrachtete sie fortan als Babylonier. Wenn dennoch eine Reihe von Leuten aus Idamaraz als Sklaven nach Babylonien gelangten, so kamen sie aus dem obermesopotamischen Idamaraz. Denn Samsuiluna selbst hat in einem brieflichen Erlaß verboten, Leute aus Idamaraz und aus Arrapchum, also aus dem östlichen Bereich, aus den Händen der Nomaden zu erwerben – bei Strafe des Verlustes dessen, was sie gezahlt hatten: «Zu Ibbi-Schachan sprich, so sagt Samsuiluna: Männer und Frauen, Bewohner von Idamaraz und von Arrapchum, darf von den Sutäern niemand käuflich erwerben. Der Kaufmann, welcher Bewohner von Idamaraz und von Arrapchum von den Sutäern für Geld gekauft hat, wird seines Geldes verlustig gehen[221]!» Es sollte also dasselbe eintreten, was Hammurapi in seiner Gesetzessammlung für babylonische Sklaven anordnete, die ein Kaufmann außerhalb des Landes kaufte. Als Illustration dazu könnte auch eine protokollartig abgefaßte Notiz dienen: «Eine freie Frau aus Idamaraz hatten die Elamer zusammen mit der Bevölkerung des Landes, doch ohne ihre Familie weggeführt. Ihre Amme hat sie verkauft! Ihre Stadt weist nun von ihr nach, daß sie eine freie Frau ist. Ihr Herr, der sie in der Stadt Muti'abal besitzt, hat ihr dennoch nicht die Freiheit gegeben, sondern sie in seinem

Hause festgehalten. Man soll nun gemäß den Verordnungen Recht sprechen[222]!»

Die Edikte der Könige Samsuiluna und Ammisaduqa

König Hammurapi hat in seiner Gesetzessammlung zusammenstellen lassen, was auf Grund der täglichen praktischen Erfahrung regelns- und verändernswert erschien. Die Gesetze sollten dazu beitragen, seine Herrschaft zu festigen und die Stützen seiner Macht zu sichern. Deshalb war es auch notwendig, einige soziale Mißstände zu beseitigen – oder dies wenigstens zu verkünden. Eigentum und Besitz, insbesondere das, was dem Palast und den Tempeln gehörte oder vom König an Dienstleute vergeben worden war, wurde durch die Androhung rigoroser Strafen geschützt. Hammurapi selbst und die Kompilatoren seiner Gesetzessammlung, gewiß auch weite Kreise der Bevölkerung verstanden diese gesetzlichen Bestimmungen als einen «Gerechtigkeits-Akt». Aus dieser Sicht reiht sich das Gesetz ein in jene Erlasse, wie sie gerade aus der altbabylonischen Zeit auf uns gekommen sind und aus deren Zahl dann vor allem zwei hervorragen, da sie als selbständige Edikte uns überliefert sind. Man darf vermuten, daß noch weitere in den Trümmern der babylonischen Städte verborgen sind.

Samsuiluna, der Nachfolger des Hammurapi, hat in einem Brief an einen hohen Beamten namens Etel-pi-Marduk geschrieben, er habe nun in der Nachfolge seines Vaters den Thron bestiegen und den Abgabepflichtigen ihre Rückstände erlassen. Die Schuldurkunden der Soldaten und Muschkenu-Leute habe er zerbrochen, gerechte Ordnung habe er im Lande wiederhergestellt. Niemand solle mit Zwangsmaßnahmen gegen diese Leute vorgehen. Sobald du nun diesen Brief liest, mußt du dich mit den Landesältesten, welche du abordnen wirst, zu mir aufmachen und vor mir erscheinen[223].» Samsuiluna hat – ebenso wie vor ihm Hammurapi und nach ihm noch Abi'eschuch, Ammiditana und Ammisaduqa – in seinen Jahresformeln eine «Befreiung» von Sumer und Akkad, d. h. von Babylonien, notiert[224]. Sie steht unter

Altbabylonisches Terrakotta-Relief mit der Darstellung eines Musikanten. Höhe 12 cm. Bagdad, Irak-Museum.

dem Jahr 2 vermerkt, und wir haben bereits gesehen, daß damit auch auf etwas Bezug genommen werden konnte, was sogleich nach der Thronbesteigung geschehen war. Der zitierte Brief Samsuilunas kann mit dieser «Befreiung» in einen Zusammenhang gestellt werden. Es hat sich also nicht um eine leere, auf Wirkung allein zielende Deklaration gehandelt. Dies bestätigt ein «Edikt», das uns auf einer Tontafel aus der Stadt Sippar überliefert ist und das trotz sehr schlechten Erhaltungszustandes erkennen läßt, daß den Kronbauern, den Hirten und anderen im Dienst des Palastes stehenden Leuten rückständige Abgaben erlassen wurden[225]. Den Eintreibern von Abgaben wurde untersagt, gegen Schuldner Zwangsmaßnahmen anzuwenden. Ein anderer noch erhalten ge-

Kitharaspielerin und tanzender Handtrommelspieler. Terrakotta-Relief, Höhe 13,7 cm. Berlin, Vorderasiatisches Museum.

bliebener – oder besser: rekonstruierbarer «Paragraph» wendet sich der Frage der Schuldsklaverei zu. In gleicher Weise ist dieses Problem im Edikt des Ammisaduqa fast ein Jahrhundert später behandelt worden. Entweder gab es bereits eine Art «Formular» für derartige Erlasse, oder aber die Schreiber, die das Edikt des Ammisaduqa aufzeichneten, haben sich an Samsuilunas Regelung orientiert. Deutlich wird aber vor allem: Der Anlaß zu solch einem Schuldenerlaß als «Gnadenakt» war geblieben, hatte sich vielleicht sogar noch verstärkt. Die Verschuldung der kleinen Bauern, gleich ob sie fremden oder eigenen Boden bearbeiteten, hatte offenbar immer weiter um sich gegriffen.

Das Edikt des Königs Ammisaduqa entstand wohl gleich nach

seinem Herrschaftsantritt[226]. Denn eine Prozeßurkunde aus dem 10. Monat seines ersten Regierungsjahres scheint sich bereits auf diesen Erlaß zu berufen. An seinem Beginn steht eine Befreiung von Abgaberückständen ähnlich der in dem Samsuiluna-Erlaß. «Als der König gerechte Ordnung dem Lande geschaffen hatte», sollten diese Rückstände gestrichen werden. Rigorose Strafen wurden sowohl dem Abgabeneintreiber angedroht, der trotzdem mit Gewalt die Schulden einzuziehen versuchte, als auch dem Gläubiger, der auf betrügerische Weise den Schuldenerlaß umgehen wollte: Wurde ersterer mit dem Tode bestraft, so hatte letzterer das Sechsfache der Schuldsumme zu zahlen. War er dazu nicht in der Lage, sollte auch er sterben.

Die nachfolgenden Abschnitte befassen sich dann mit dem Zerbrechen der Schuldurkunden über Gerste und Silber – was bei Tontafeln wirklich getan werden konnte. Von dieser Seisachthie (Schuldenerlaß) sollte die gesamte Bevölkerung Babyloniens profitieren, die hier mit «Akkader und Amurriter» bezeichnet wird. Das einheimische Bevölkerungselement und die den zugewanderten Amurritern angehörenden Landesbewohner wurden demnach immer noch voneinander unterschieden. Wer zum Zeitpunkt des Edikts allerdings schon zum zweiten Mal den fälligen Schuldverpflichtungen nicht nachgekommen war, sollte – falls der nicht vollständig erhaltene Abschnitt so ergänzt werden kann – von dieser Seisachthie ausgenommen sein. Außerdem sollten die Schuldtafeln auch dann nicht zerbrochen werden, wenn es sich um ein Darlehen kommerzieller Art handelte – etwa um Kapital, das für eine Geschäftsreise vorausgezahlt worden war.

Wurden damit zunächst die auf Königsland sitzenden Bauern sowie die privaten Schuldner begünstigt, werden in den nachfolgenden Abschnitten Abgaben bzw. Abgabenrückstände gegenüber dem Palast behandelt. Sie betreffen bestimmte Teile der Bevölkerung und spezielle Berufsgruppen, wie den «Träger», der dem Abgabeneintreiber beigegeben war, die Schankwirtin, die Bevölkerung des Landes Suchum am Euphrat sowie fast die gesamte ackerbautreibende Bevölkerung der Umgebung Babylons.

Die Annullierung von Abgaben konnte sich auf diejenigen

«Kaufleute» nachteilig auswirken, die für den Palast die Einziehung der Abgaben übernommen hatten und dafür eine Pauschale entrichteten. Sie hatten ihrerseits den Palast schon befriedigt, mußten nun aber fürchten, nicht mehr in den Besitz der ihnen zustehenden Lieferungen der Abgabepflichtigen zu gelangen. Damit nun für sie keine finanzielle Schädigung durch den Schuldenerlaß entstand, ordnet das Edikt an, daß die bereits erfolgten Zahlungen über den Palast verrechnet werden sollten. Ähnlich wurden auch die Oberhirten für entsprechende Ausfälle schadlos gehalten. In besonderer Weise wird gerade die einfache ländliche Bevölkerung die Bestimmung begrüßt haben: «Die Schankwirtin, die Bier oder Gerste auf Borg gegeben hat, darf sich nichts von dem, was sie auf Borg gab, zurückgeben lassen.» Offenbar standen bei der Wirtin viele Leute in der Kreide, so daß eine solche Anordnung in das Edikt aufgenommen werden mußte.

Die Redu- und Ba'iru-Leute, die bereits öfter als besondere Stütze des Königs genannten Soldatengruppen, sind noch durch zwei weitere Bestimmungen begünstigt: Einmal wurden sie, wenn sie Neubruchland auf drei Jahre gepachtet hatten, von ihren Dienstverpflichtungen während dieser arbeitsintensiven Zeit befreit. Die Urbarmachung von Neuland oder die Wiedererschließung einst kultivierten Bodens erschien den Königen von Babylon wichtig genug, um dafür auf andere Dienste zu verzichten; vielleicht spielt dabei auch eine Rolle, daß Ammisaduqa keine größeren militärischen Unternehmungen geplant hat – jedenfalls sind keine überliefert – und deshalb der Heeresdienst nicht so im Vordergrund stehen mußte. Im übrigen läßt sich für das nördliche Babylonien gerade seit der Zeit des Samsuiluna ein starkes Anwachsen der Urkunden feststellen, die eine Neubruchpacht bzw. eine kombinierte Neubruch- und Kulturlandpacht zum Gegenstand haben. Die Erhaltung und Ausweitung des agrarischen Nutzungsraumes, unerläßlich für die Versorgung der wachsenden Bevölkerung und die Abgabeneinkünfte des Palastes, wurde offenbar in starkem Maße auf dem Wege der Neubruchpacht vorgenommen. Allerdings blieben umfangreiche Kanalarbeiten, wie nach den Jahresformeln zu schließen ist, nach wie vor Aufgabe des Staates.

Die andere Bestimmung zugunsten der beiden genannten Kategorien von Soldaten kann gleichfalls aus der Sicht eines besonderen königlichen Interesses betrachtet werden: Höhere Beamte durften ihre Autorität nicht dazu nutzen, um diesen Königsleuten Gerste, Silber oder Wolle aufzudrängen und dann als Gegenleistung zu fordern, auf den Feldern der Beamten Korn zu schneiden oder andere Arbeiten zu verrichten. Beamte, die so etwas taten, hatten die Todesstrafe zu erwarten, während die Soldaten das, was man ihnen gegeben hatte, behalten konnten. Dieser Festlegung muß die Sorge des Herrschers zugrunde gelegen haben, die hohen Provinzbeamten könnten für ihre privaten Zwecke die ihnen vom König verliehene Macht mißbrauchen, um zu Arbeitskräften zu kommen, an denen offensichtlich nach wie vor ein Mangel herrschte. Das hätte sich auf die Wirtschaften der Soldaten selbst negativ auswirken können, und der Leidtragende wäre letztendlich der König selbst gewesen.

Schließlich behandelt das Edikt des Ammisaduqa auch die Freilassung von Schuldsklaven. Hatte Hammurapi in seinen Gesetzen festgelegt, daß Schuldknechte prinzipiell nur drei Jahre im Hause des Gläubigers dienen sollten (§ 117), so verfügte Ammisaduqa nun für bestimmte Gebiete bzw. Städte seines Reiches die sofortige Freilassung der Schuldsklaven, sofern sie nicht schon vorher Sklaven gewesen waren: «Wenn einen freien Mann von Numchia, einen freien Mann von Emutbalum (Jamutbal), einen freien Mann von Idamaraz, einen freien Mann von Uruk, einen freien Mann von Isin, einen freien Mann von Kisurra, einen freien Mann von Malgum eine Schuldverpflichtung gebunden hatte und er infolgedessen sich selbst, seine Ehefrau oder seine Kinder für Silber in ein Gewaltverhältnis oder als Pfand gegeben hatte – weil der König gerechte Ordnung dem Lande geschaffen hat, ist er freigelassen, seine Freiheit ist wiederhergestellt.» Wir wissen nicht mit Sicherheit, warum gerade diese Orte genannt werden; immerhin fällt es auf, daß Idamaraz, Jamutbal, Uruk, Isin und Kisurra in den Jahresdaten 10 und 13 des Samsuiluna als besiegt erwähnt wurden. Sollten jetzt diese Bereiche eindeutig dem übrigen Babylonien gleichgestellt und in die Seisachthie einbezogen werden?

Die «Gerechtigkeits-Akte» – eine Lösung sozialer Probleme?

Weder die zahlreichen «Gerechtigkeits-Akte» der Könige von Babylon noch die Hammurapi-Gesetze haben die gesellschaftliche Entwicklung auf jene Bahn lenken können, wie sie von den Herrschern selbst immer wieder als erstrebt – oder sogar als erreicht – deklariert worden ist: auf den Weg einer «gerechten Ordnung», in der der Starke den Schwachen nicht unterdrückte. Die Entwicklungstendenz zeigte vielmehr deutlich auf eine zunehmende Verschuldung gerade der kleinen Bauern, auf deren Arbeit die babylonische Wirtschaft basierte. Das schließt nicht aus, daß sich zu bestimmten Zeiten oder in einigen Gebieten die Verhältnisse einmal etwas günstiger darstellten, daß einige Bauern und Handwerker größeres Vermögen erwarben und sozial aufstiegen. Insgesamt blieben Verschuldung und Beamtenwillkür, harte Abgabenforderungen oder kriegerische Ereignisse eine ständige Bedrohung der wirtschaftlichen Existenz der unmittelbaren Produzenten. Für sie war weder die Zeit des Hammurapi noch die seiner Nachfolger jenes «goldene Zeitalter», als das diese Periode babylonischer Geschichte zuweilen bezeichnet worden ist.

Betrachten wir das, was auf den vorhergehenden Seiten dargestellt wurde, so zeigt sich trotz aller Unsicherheiten im Detail die altbabylonische Periode als eine Zeit wichtiger gesellschaftlicher Veränderungen. Und diese Veränderungen, die sich hier im Quellenmaterial abzeichnen, haben die weitere soziale Entwicklung Mesopotamiens für viele Jahrhunderte vorgeprägt. Der Parzellenbodenbau, die agrarische Produktion in Form kleiner Familienwirtschaften setzte sich durch. Die um die Mitte der altbabylonischen Zeit vor sich gehende erneute Zentralisation des Eigentums und der Kontrolle hat daran nicht grundsätzlich etwas geändert.

Verbunden mit dieser Entwicklung war eine Zunahme von Kredit und Wucher. Die Gewährung von Darlehen wurde zu einem notwendigen Bestandteil der babylonischen Wirtschaft, doch führte sie andererseits auch zum finanziellen Ruin eines Teils der Bevölkerung. Die Könige mußten versuchen, durch Schulderlasse und andere «Gerechtigkeits-Akte» die negativen Konsequenzen –

insbesondere im Hinblick auf die eigene Großwirtschaft – zu mildern. Die noch unzureichend entwickelte Warenwirtschaft, das weitgehende Fehlen eines inneren Marktes ermöglichte es dem Herrscher, sowohl den Fernhandel als auch das spezialisierte und in den Städten konzentrierte Handwerk seiner Kontrolle zu unterwerfen und dem Palast beizuordnen.

Gestützt auf seine Rolle als Souverän und Grundherr, als Vertreter seines Landes gegenüber den Göttern sowie – und das trat immer stärker hervor – als oberster Feldherr, war es dem König möglich, einen erheblichen Teil des erzeugten Reichtums in seinen Händen zu konzentrieren. Einen Anteil davon erhielten auf dem Wege einer Redistribution diejenigen, die seine Herrschaft stützten, ein anderer Teil nahm Warencharakter an und wurde eine wichtige Säule des Fernhandels, ein weiterer Teil diente der unmittelbaren Konsumtion und dem Luxus des Hofes.

Die Probleme der altmesopotamischen Gesellschaft, wie sie auch in der Überlieferung altbabylonischer Zeit sichtbar werden, haben noch viele Jahrhunderte hindurch keine konsequente Lösung gefunden. Während auf politischem Gebiet Perioden der Zentralisation und Dezentralisation einander ablösten, kam es zu einer immer stärkeren Polarisierung zwischen den Bodeneigentümern auf der einen und den unmittelbaren Bearbeitern des Landes auf der anderen Seite. Das private Grundeigentum wurde schließlich auch in Babylonien bestimmend – aber nicht in Form des antiken Politeneigentums, sondern in Form des Großgrundbesitzes. Demgegenüber gerieten die unmittelbaren Produzenten in verschiedene Formen der Abhängigkeit, wenn auch nicht in die Sklaverei; sie wurden zunehmend an den Boden gebunden, der aber nicht ihr eigen war.

Es wäre aber unrichtig, von einer völligen Stagnation zu sprechen, von einem Verharren auf einem Niveau der Produktion, das bereits nach einem raschen und steilen Aufstieg in Babyloniens Frühzeit erreicht und dann beibehalten worden sei. Die Erfahrungen der Menschen in der Produktion und ihrer Organisation wuchsen, neue Geräte wurden eingeführt – seit dem frühen 1. Jahrtausend v. Chr. dann auch solche aus Eisen –, neue Transportmittel, neue Rohstoffe. Fremde Pflanzen- und Tierarten wurden in Babylonien heimisch gemacht, und der Bodenversalzung konnte mit neuen Kenntnissen und Methoden entgegengewirkt werden. Tiefbrunnen und in die Felsen geschlagene Kanäle erschlossen dem Menschen neuen Lebensraum. Es wuchs der Austausch über weite Entfernungen, Waren- und Geldwirtschaft entwickelten sich weiter, und es kam zu einer stärkeren gegenseitigen kulturellen Beeinflussung, die nicht nur im literarischen Erbe, sondern auch in der materiellen Hinterlassenschaft sichtbar geworden ist. Anfänge wissenschaftlichen Denkens begannen sich – wenngleich noch lange im Rahmen religiöser Vorstellungen – bemerkbar zu machen, und sie wurden später zu einer Grundlage für das rasche Aufstreben der antiken Wissenschaft.

Die Konturen dieses sich im Laufe der Zeit verändernden Gesamtbildes sind gerade von der altbabylonischen Zeit mit vorgezeichnet worden. Hammurapi, dessen 43 Herrschaftsjahre nur einen winzigen Bruchteil der langen Geschichte in Mesopotamien ausmachen, hebt sich gerade deshalb aus der Masse derer heraus, die vor und nach ihm auf dem Thron saßen, weil er in einer historisch bedeutsamen Periode wirkte und sie mitgestaltete.

Als Politiker realisierte Hammurapi die von den wirtschaftlichen Gegebenheiten her geforderte politische Vereinigung des Landes. Und wenn er sich dabei auch wenig skrupelhaft zeigte, so lag das Ergebnis doch im Sinne des historischen Fortschritts. Hammurapi war offenbar ein kluger Taktiker, der die Gunst der Zeit zu nutzen verstand und der zweifellos auch versucht hat, seine Untertanen als «fürsorglicher Landesvater» für sich zu gewinnen. Seine Macht war nicht nur nach außen, sondern auch nach innen zu sichern, und die Gesetzessammlung, aufgezeichnet auf der berühmten Dioritstele, diente letzten Endes gerade diesem Zweck. In den zahlreichen Briefen zeigt er sich besonders um seinen unmittelbaren Herrschaftsbereich bemüht, um seine über das ganze Land verstreute Palastwirtschaft, um jene Ländereien, über die er als unmittelbarer Grundherr verfügen konnte.

Dabei waren seine Herrschaftsjahre durchaus keine «goldene Zeit», als die sie sowohl in der späteren mesopotamischen

Überlieferung als auch bei manchem modernen Historiker dargestellt worden sind. Gerade die so oft notwendig werdenden «Gerechtigkeits-Akte», die vielen Briefe und Urkunden, die aus der Zeit seiner Regierung und der seiner unmittelbaren Nachfolger uns überliefert sind, zeigen deutlich soziale Mißstände. Hammurapi kann auch nicht den Ruhm für sich in Anspruch nehmen, der erste Gesetzgeber Mesopotamiens gewesen zu sein. Schon Jahrhunderte vor ihm wurden Gesetze in Keilschrift fixiert, wenngleich nicht Werke von solchem Umfang und solcher literarischen Bedeutung. Daß er auch nicht der letzte Gesetzgeber war, zeigen unter anderem die mittelassyrischen Gesetze und die der neubabylonischen Zeit.

Von der Kunst der Hammurapi-Zeit ist bislang – vergleicht man sie mit der Hinterlassenschaft anderer Perioden – wenig auf uns gekommen. Er hat sie jedoch wohl kaum besonders gefördert, und auch als Bauherr wird er von anderen Königen Mesopotamiens weit übertroffen – wobei nicht zu vergessen ist, daß er nur wenige Jahre hindurch über ein größeres Reich und dementsprechend umfangreichere Mittel gebot.

Was seinen Charakter betrifft, so bleibt dieser für uns fast völlig im Dunkel. Bei den Briefen, seinen wahrscheinlich noch persönlichsten Äußerungen, ist die Hand des Schreibers zu berücksichtigen, der den Brief formulierte und dabei auch das Bild des Absenders etwas verzeichnet hat, und in seinen Gesetzen und Bauinschriften ist seine eigene Persönlichkeit durch eine Schablone fast ganz verdeckt. Wie Hammurapi wirklich war, wissen wir also kaum; doch wir kennen seine Wirksamkeit auf die Gesellschaft und die Politik seiner Zeit, und diese weist ihn zweifellos als einen bedeutenden Herrscher aus. Neue Quellen und Forschungen werden die Gestalt Hammurapis von Babylon eines Tages noch deutlicher vor unsere Augen treten lassen.

Anhang

Anmerkungen

1 Zitate aus den Gesetzen des Hammurapi folgen im wesentlichen der Übersetzung durch G. R. Meyer in W. W. Struwe (Hrsg.), *Geschichte der alten Welt. Chrestomathie,* Band 1 (Berlin 1955). Für eine neuere deutsche Wiedergabe des Textes vgl. R. Borger in O. Kaiser (Hrsg.), *Texte aus der Umwelt des Alten Testaments,* Band I, Lief. 1 (Gütersloh 1982), 39 ff.

2 Vgl. zuletzt D. R. Frayne, *The Royal Inscriptions of Mesopotamia, 4: Old Babylonian Period (2003–1595)* (Toronto 1990) 333 ff.

3 Dazu H. Klengel in *Journal of Cuneiform Studies* 28 (Cambridge, Mass., 1976), 156 ff.

4 Zur Veränderung der sozialen Verhältnisse allgemein vgl. H. Klengel in *Acta Antiqua Academiae Scientiarum Hungaricae* 22 (Budapest 1974), 249 ff., sowie I. M. Diakonoff in *Oikumene* 2 (Budapest 1982), 7 ff.

5 Die altbabylonischen Briefe werden seit 1964 in der von F. R. Kraus herausgegebenen Reihe *Altbabylonische Briefe in Umschrift und Übersetzung* in Leiden publiziert bzw. neu herausgegeben (im folgenden: *Altbabylonische Briefe* mit Band- und Textnummer). Dieser Bearbeitung folgen im wesentlichen auch die Textzitate in diesem Buch.

6 Zu den Inschriften Hammurapis und seiner Nachfolger s. zuletzt D. R. Frayne, *The Royal Inscriptions of Mesopotamia, 4: Old Babylonian Period,* 332 ff. Vgl. auch die deutsche Übersetzung bei I. Kärki, *Die sumerischen und akkadischen Königsinschriften der altbabylonischen Zeit, II: Babylon* (Helsinki 1983), 1 ff.

7 A. Ungnad in *Reallexikon der Assyriologie* (Berlin und Leipzig 1938), 163 (im folgenden: RlA II). Eine Zusammenfassung der Jahresnamen, die sich jeweils auf Ereignisse des vorausgehenden Jahres bezogen, erfolgte auch durch S. A. B. Mercer, *Sumero-Babylonian Year Formulae* (London 1946), 35 ff. Ergänzungen bei M. Stol, *Studies in Old Babylonian History* (Leiden 1976), 32 ff. Eine Neubearbeitung ist ein Desiderat.

8 Vgl. dazu H. Klengel in K. R. Veenhof (Hrsg.), *Cuneiform Archives and Libraries* (Leiden 1986), 106 ff.

9 Aus der umfangreichen Literatur zur Landeskunde des Vorderen Orients sei hier insbesondere auf E. Wirth, *Agrargeographie des Irak* (Hamburg 1962), verwiesen. Allgemeiner H. Mensching – E. Wirth, *Nordafrika, Vorderasien* (Frankfurt/Main 1973).

10 Dazu – mit Verweis auf ältere Literatur – Th. Jacobsen, *Salinity and Irrigation Culture in Antiquity* (Malibu 1982).

11 Vgl. G. Buccellati, *The Amorites of the Ur III Period* (Neapel 1966); für die frühe altbabylonische Zeit haben jetzt Texte aus Tell Asmar neue Informationen geliefert, s. R. M. Whiting, *Old Babylonian Letters from Tell Asmar* (Chicago 1987).

12 A. Falkenstein – W. von Soden, *Sumerische und akkadische Hymnen und Gebete* (Zürich–Stuttgart 1953), 201 f.

13 Th. G. Pinches, *Cuneiform Texts from Babylonian Tablets in the British Museum* 45 (London 1964) Nr. 3.

14 A. Ungnad, *RlA* II (1938), 162.

15 Zum «Königreich Obermesopotamien» vgl. J.-M. Durand in *MARI. Annales de Recherches Interdisciplinaires* 6 (Paris 1990), 271 ff., zum Verhältnis des Schamschi-Adad I. zur Stadt Assur s. J.-R. Kupper in J.-M. Durand – J.-R. Kupper (Hrsg.), *Miscellanea Babylonica* (Festschrift M. Birot, Paris 1985), 147 ff.

16 Bearbeitung der Texte in der Reihe *«Archives Royales de Mari»* (im folgenden *ARM*), Paris 1950 ff.

17 J. Laessøe in *Acta Orientalia* 29 (Kopenhagen 1966), 243 ff., vgl. jetzt D. R. Frayne, *The Royal Inscriptions of Mesopotamia, 4: Old Babylonian Period,* 546 f.

18 M. Schorr, *Urkunden des altbabylonischen Zivil- und Prozeßrechts* (Leipzig 1913), Nr. 284 (im folgenden: M. Schorr, *Urkunden*).

19 Vgl. *ARM* II 49.

20 Dazu D. Charpin – J.-M. Durand in *MARI* 4 (Paris 1985), 293 ff. Der Tod des Schamschi-Adad wird auch in einem Jahresnamen des Königs Ibalpi'el II. von Eschnunna erwähnt, s. A. Ungnad, *RlA* II (1938), 195, und S. Greengus, *Old Babylonian Tablets from Ishchali and Vicinity* (Leiden 1979), 34.

21 D. Charpin – J.-M. Durand in *MARI* 4 (Paris 1985), 293 ff.

22 G. Dossin in *Syria* 19 (Paris 1938), 117 f.

23 Bearbeitung (bzw. Neubearbeitung) der Briefe von Abgesandten des Mari-Königs aus Babylon s. bei D. Charpin, *ARM* XXVI (Paris 1988), 139 ff.

24 *ARM* II 31, vgl. *ARM* XXVI (Paris 1988), 170.

25 Vgl. *ARM* VI 51–54. Zu den Briefen des Buqaqum, der einen Distrikt unterhalb Maris am Euphrat verwaltete, vgl. S. Lackenbacher, *ARM* XXVI (Paris 1988), 401 ff.

26 Einige Mari-Briefe lassen erkennen, daß das Verhältnis zwischen Mari und Babylon zeitweilig durch die «Hit-Affäre» belastet wurde. Beide Königtümer waren an dieser Stadt am Euphrat interessiert, die über Asphaltquellen verfügt; nach Bündnisschluß haben offenbar Zimri-Lim und Hammurapi dort Truppen stationiert; vgl. dazu S. Lackenbacher, *ARM* XXVI (Paris 1988) 451 ff., zu den Nummern *ARM* XXVI 40, 160, 449, 468 und 469.

27 *ARM* II 71.

28 *ARM* II 68.

29 G. Dossin in *Studia Mariana* (Leiden 1950), 56, ferner M. Birot in *Syria* 55 (Paris 1978), 333 f., und D. Charpin – J.-M. Durand in *MARI* 4 (Paris 1985), 305 f.

30 *ARM* II 24.

31 *ARM* II 25, VI 54, vgl. *ARM* XXVI (Paris 1988), 156.

32 A. Ungnad in *RlA* II (1938), 180.

33 *ARM* II 72 = XXVI 368, *Altbabylonische Briefe* VIII 19 und *ARM* XXVI 367 und 368.

34 *ARM* XXVI 372.

35 *ARM* XXVI 385; vgl. die Notiz «Leben für Maschkan-schapir» im Prolog der Gesetze Hammurapis.

36 *ARM* XXVI 383. Im gleichen Brief heißt es, Hammurapi habe sich über die Meldung gefreut, daß der Herrscher von Elam verstorben sei. Es stellte sich dann allerdings heraus, daß dieser nur erkrankt war, s. *ARM* XXVI 384.

37 *ARM* XXVI 379, vgl. auch *ARM* XXVI 378 und 380. Hammurapi soll wegen der überlegenen Truppenstärke des Gegners so beunruhigt gewesen sein, daß er eine neue Truppenaushebung anordnete. Die Hilfstruppen des Zimri-Lim von Mari waren ihm deshalb besonders willkommen.

38 *ARM* XXV 9.

39 A. K. Grayson, *Assyrian and Babylonian Chronicles* (Locust Valley, N. Y. 1975), 155.

40 A. Ungnad, *Babylonische Briefe aus der Zeit der Hammurapi-Dynastie* (Leipzig 1914), Nr. 45.

41 G. Dossin in *Syria* 19 (Paris 1938), 120.

42 A. Ungnad in *RlA* II (1938), 181.

43 *ARM* II 76.

44 *ARM* X 134 + 177 = XXVI 185-bis.

45 *ARM* X 6 = XXVI 212.

46 Vgl. *ARM* XXVI 209–214. Diese Texte werden in die letzten Regierungsjahre des Zimri-Lim datiert, s. J.-M. Durand, *ARM* XXVI (Paris 1988), S. 401f.

47 A. Ungnad in *RlA* II (1938), 180f.

48 A. Sjöberg in *Zeitschrift für Assyriologie* 54 (Berlin 1961), 52; vgl. K. Hecker in O. Kaiser (Hrsg.), *Texte aus der Umwelt des Alten Testaments,* II/5 (Gütersloh 1989), 726f.

49 F. Thureau-Dangin in *Revue d'Assyriologie* 39 (Paris 1942/44), 12, vgl. zuletzt R. D. Frayne, *The Royal Inscriptions of Mesopotamia, 4: Old Babylonian Period,* 376f.

50 Eine Zusammenstellung der Belege für Kassiten in der altbabylonischen Zeit bei W. A. J. DeSmet in *Akkadica* 68 (Brüssel 1990), 1ff.

51 *Altbabylonische Briefe* II 67.

52 Zur Situation zuletzt H. Klengel in Ö. Tunca (Hrsg.), *De la Babylonie à la Syrie, en passant de Mari* (Fs J.-R. Kupper, Lüttich 1990), 183ff.

53 Zu dieser Problematik zuletzt J. Renger in *Jahrbuch für Wirtschaftsgeschichte, Sonderband: Das Grundeigentum in Mesopotamien* (Berlin 1987), 49ff., der u. a. auf regionale Unterschiede verweist.

54 H. Klengel in *Altorientalische Forschungen* 4 (Berlin 1976), 63ff., vgl. jetzt noch S. G. Koshurnikov – N. Yoffee in *Iraq* 48 (London 1986), 117ff.

55 A. L. Oppenheim in *Journal of the American Oriental Society* 74 (Boston

1954), 6 ff., ferner H. Klengel, *Handel und Händler im alten Orient* (Wien–Köln–Graz 1979), 51 ff.

56 J. Nougayrol in *Palais Royal d'Ugarit* IV (Paris 1956), 102 ff.

57 J. Lautner, *Altbabylonische Personenmiete und Erntearbeiterverträge* (Leiden 1936) sowie zuletzt M. Stol, *Studies in Old Babylonian History* (Leiden 1976), 97 ff.

58 J. Kohler – P. Koschaker – A. Ungnad, *Hammurabi's Gesetz* (Leipzig 1909–1923), IV Nr. 1016.

59 M. Schorr, *Urkunden des altbabylonischen Zivil- und Prozeßrechts* (Leipzig 1913), Nr. 154.

60 Vgl. die neueste deutsche Übersetzung durch R. Borger in O. Kaiser (Hrsg.), *Texte aus der Umwelt des Alten Testaments,* I/1 (Gütersloh 1982), 32 ff. (§ 9).

61 J. Kohler .. (s. Anm. 58), IV Nr. 848.

62 *Materialien zum sumerischen Lexikon* (Rom 1937 ff.), I Taf. 2 I 1 ff.

63 R. Harris, *Ancient Sippar. A Demographic Study of an Old Babylonian City (1894–1595 B. C.)* (Leiden 1975), 188 ff., sowie J. Renger in *Zeitschrift für Assyriologie* 58 (Berlin 1968), 110 ff. und 59 (Berlin 1969), 104 ff.

64 J. Kohler .. (s. Anm. 58), III Nr. 773.

65 Zum folgenden s. H. Klengel in *Das Altertum* 19 (Berlin 1973), 199 ff., sowie zuletzt M. de Mieroop in *Archiv für Orientforschung* 35 (Horn/Österr. 1987), 1 ff.

66 F. R. Kraus in *Revue d'Assyriologie* 65 (Paris 1971), 30.

67 H. Klengel in *Orientalia* 37 (Rom 1968), 216.

68 G. Dossin in *Syria* 33 (Paris 1953), 63 ff.

69 A. Schott – W. von Soden, *Das Gilgamesch-Epos* (Stuttgart 1984), 81 f.

70 *Altbabylonische Briefe* X 4.

71 *Altbabylonische Briefe* III 33.

72 *Altbabylonische Briefe* XI 6.

73 *Altbabylonische Briefe* VII 176.

74 *Altbabylonische Briefe* XI 124.

75 *Altbabylonische Briefe* VI 102 und XI 34.

76 *Altbabylonische Briefe* III 38 und VIII 152.

77 *Altbabylonische Briefe* VI 134.

78 *Altbabylonische Briefe* XI 34.

79 *Altbabylonische Briefe* VI 135.

80 *Altbabylonische Briefe* VI 160.

81 *Altbabylonische Briefe* VII 153, vgl. dazu J. J. Finkelstein, *Assyriological Studies* 16 (Fs B. Landsberger, Chicago 1965), 233 ff.

82 Vgl. dazu die Pionierarbeit von B. Meissner, *Babylonien und Assyrien* (Heidelberg 1920 und 1925), H. Schmökel (Hrsg.), *Kulturgeschichte des Alten Orient* (Stuttgart 1961) sowie zuletzt H. Klengel (Hrsg.), *Kulturgeschichte des alten Vorderasien* (Berlin 1989), insbes. S. 386 ff.

83 Vgl. dazu H. Waetzoldt – E. Strommenger in *RlA* VI/1–2 (Berlin 1980), 18 ff.

84 Zur Periodizität der «Gerechtigkeits-Akte» vgl. G. Komoróczy in J. N. Postgate et al. (Hrsg.), *Societies and Languages of the Ancient Near East* (Fs I. M. Diakonoff, Warminster 1982), 196 ff.

85 Dazu zuletzt H. Lutzmann in O. Kaiser (Hrsg.), *Texte aus der Umwelt des Alten Testaments,* I/1 (Gütersloh 1982), 23 ff., mit neuer deutscher Übersetzung.

86 D. O. Edzard, *Die «zweite Zwischenzeit» Babyloniens* (Wiesbaden 1957), 80 ff.

87 Vgl. die deutsche Übersetzung durch R. Borger in O. Kaiser (Hrsg.), *Texte aus der Umwelt des Alten Testaments,* I/1 (Gütersloh 1982), 32 ff.

88 Dazu G. Komoróczy in *Oikumene* 1 (Budapest 1976), 9 ff.

89 W. G. Lambert, *Babylonian Wisdom Literature* (Oxford 1960), 21 ff., vgl. jetzt W. von Soden in O. Kaiser (Hrsg.), *Texte aus der Umwelt des Alten Testaments,* III/1 (Gütersloh 1990), 110 ff.

90 W. G. Lambert (s. Anm. 89), 63 ff., und W. von Soden (s. Anm. 89), 143 ff.

91 Zur Flucht als soziales Problem altbabylonischer Zeit vgl. J. Renger in D. O. Edzard (Hrsg.), *Gesellschaftsklassen im Alten Zweistromland und in den angrenzenden Gebieten* (München 1972), 167 ff., ferner H. Klengel in *Klio* 61 (Berlin 1979), 277 ff.

92 J. van Dijk in *Journal of Cuneiform Studies* 19 (New Haven 1965), 1 ff.

93 A. Ungnad in *RlA* II (1938), 163.

94 J. J. Finkelstein in *Journal of Cuneiform Studies* 20 (New Haven 1966), 95 ff., vgl. dazu W. G. Lambert in *Journal of Cuneiform Studies* 22 (New Haven 1968), 11 f., sowie D. Charpin – J.-M. Durand in *Revue d'Assyriologie* 80 (Paris 1986), 159 ff.

95 F. R. Kraus, *Könige, die in Zelten wohnten* (Amsterdam 1965); Neubearbeitung der Königsliste durch A. K. Grayson in *RlA* VI/1–2 (1980), 101 ff.

96 *Altbabylonische Briefe* IV 125.

97 *Altbabylonische Briefe* IV 83.

98 *Altbabylonische Briefe* IV 54.

99 *Altbabylonische Briefe* IV 64.

100 *Altbabylonische Briefe* IX 193.

101 *Altbabylonische Briefe* IV 31.

102 *Altbabylonische Briefe* IV 89.

103 *Altbabylonische Briefe* IV 36.

104 *Altbabylonische Briefe* IV 131.

105 *Altbabylonische Briefe* IX 198.

106 *Altbabylonische Briefe* IX 79.

107 M. Schorr, *Urkunden des altbabylonischen Zivil- und Prozeßrechts* (Leipzig 1913), Nr. 95 A.

108 *Altbabylonische Briefe* IV 14.

109 *Altbabylonische Briefe* IV 95.

110 *Altbabylonische Briefe* IV 20.

111 *Altbabylonische Briefe* IV 111.

112 Zum Archiv des «Soldaten» Ubarrum s. E. Szlechter in *Journal of Cuneiform Studies* 7 (New Haven 1953), 81 ff., sowie B. Landsberger in ebd. 9 (1955), 124 ff., und G. Evans in ebd. 14 (1960), 34 ff.

113 Dazu E. Wirth, *Agrargeographie des Irak* (Hamburg 1962), 94 ff.

114 *Altbabylonische Briefe* II 6.

115 *Altbabylonische Briefe* IV 40.

116 *Altbabylonische Briefe* II 22.
117 *Altbabylonische Briefe* II 37.
118 *Altbabylonische Briefe* IX 192.
119 *Altbabylonische Briefe* II 39.
120 *Altbabylonische Briefe* II 14.
121 *Altbabylonische Briefe* II 28.
122 *Altbabylonische Briefe* IV 23.
123 *Altbabylonische Briefe* IV 101.
124 A. Ungnad in *RlA* I (1938), 180; vgl. dazu D. O. Edzard, *Die «zweite Zwischenzeit» Babyloniens* (Wiesbaden 1957), 115.
125 Allgemein dazu St. D. Walters, *Water for Larsa: An Old Babylonian Archive Dealing with Irrigation* (New Haven–London 1970).
126 *Altbabylonische Briefe* II 55.
127 *Altbabylonische Briefe* II 4.
128 *Altbabylonische Briefe* II 5.
129 *Altbabylonische Briefe* IV 85.
130 *Altbabylonische Briefe* IV 109.
131 *Altbabylonische Briefe* IV 80.
132 *Altbabylonische Briefe* IV 74.
133 *Altbabylonische Briefe* IV 162.
134 *Altbabylonische Briefe* II 8.
135 *Altbabylonische Briefe* II 40.
136 Vgl. dazu A. Salonen, *Die Fischerei im alten Mesopotamien* (Helsinki 1970).
137 J. Kohler – P. Koschaker – A. Ungnad, *Hammurabi's Gesetz* (Leipzig 1909–1923), VI Nr. 1950.
138 Zum Fischgeschäft des Palastes vgl. insbesondere P. Koschaker in *Zeitschrift für Assyriologie* 47 (Berlin 1942), 135ff.
139 *Altbabylonische Briefe* II 15.
140 *Altbabylonische Briefe* II 25.
141 *Altbabylonische Briefe* II 29.
142 *Altbabylonische Briefe* II 53.
143 *Altbabylonische Briefe* I 60.
144 M. Schorr, *Urkunden* (s. Anm. 107), Nr. 54.
145 *Altbabylonische Briefe* II 33.
146 *Altbabylonische Briefe* II 16.
147 *Altbabylonische Briefe* II 30.
148 *Altbabylonische Briefe* IV 3.
149 T. Fish in *Manchester Cuneiform Studies* 1 (Manchester 1951) Nr. 313.
150 Für den syrischen Bereich vgl. H. Klengel in B. Alster (Hrsg.), *Death in Mesopotamia* (Kopenhagen 1980), 189ff.
151 *Altbabylonische Briefe* IV 139.
152 A. Ungnad, *Babylonische Briefe aus der Zeit der Hammurapi-Dynastie* (Leipzig 1914) S. V Anm. 1.
153 *Altbabylonische Briefe* IV 84.
154 *Altbabylonische Briefe* IV 22.
155 *Altbabylonische Briefe* IV 21.
156 *Altbabylonische Briefe* II 57.

157 *Altbabylonische Briefe* II 17.
158 *Altbabylonische Briefe* II 11.
159 *Altbabylonische Briefe* I 120.
160 Zur Rolle der Ältesten s. zuletzt H. Klengel in M. Lebeau – Ph. Talon (Hrsg.), *Reflets des deux fleuves* (Fs A. Finet, Löwen 1989), 61 ff. (mit früherer Lit.).
161 *Altbabylonische Briefe* IV 118.
162 *Altbabylonische Briefe* IV 142.
163 *Altbabylonische Briefe* I 1.
164 *Altbabylonische Briefe* II 1.
165 *Altbabylonische Briefe* II 3.
166 A. Ungnad, *Babylonische Briefe* .. (s. Anm. 152), Nr. 37.
167 *Altbabylonische Briefe* II 26.
168 *Altbabylonische Briefe* II 43.
169 F. M. Th. de Liagre Böhl, *Opera Minora* (Groningen 1953), 367; vgl. zuletzt F. R. Kraus, *Königliche Verfügungen in altbabylonischer Zeit* (Leiden 1984), 66 f.
170 *Altbabylonische Briefe* II 34.
171 A. Ungnad in *RlA* II (1938), 181.
172 I. Kärki, *Die sumerischen und akkadischen Königsinschriften der altbabylonischen Zeit, II: Babylon* (Helsinki 1983), 1 f., vgl. jetzt D. R. Frayne, *The Royal Inscriptions of Mesopotamia, 4: Old Babylonian Period,* 351.
173 C. J. Gadd in *British Museum Quarterly* 16 (London 1952), 44; vgl. D. R. Frayne (s. Anm. 172), 361 f.
174 I. J. Gelb in *Journal of Near Eastern Studies* 7 (Chicago 1948), 267 ff., vgl. D. R. Frayne (s. Anm. 172), 334 ff.
175 Vgl. dazu die Untersuchung von W. Sommerfeld, *Der Aufstieg Marduks. Die Stellung Marduks in der babylonischen Religion des zweiten Jahrtausends v. Chr.* (Kevelaer/Neukirchen-Vluyn 1982), vgl. ders. in *RlA* VII/5–6 (1989), 360 ff.
176 Vgl. dazu F. R. Kraus, *Königliche Verfügungen* .. (s. Anm. 169), 62 ff.
177 Zur Diskussion vgl. J. Renger in *Die Welt des Orients* VIII (Göttingen 1976), 228 ff., sowie F. R. Kraus, *Königliche Verfügungen* (s. Anm. 169), 111 ff.
178 G. Dossin in *Symbolae P. Koschaker dedicatae* (Leiden 1939), 112 ff.
179 *Altbabylonische Briefe* VIII 102.
180 Zur Diskussion vgl. J. Klíma in *Acta antiqua Academiae Scientiarum Hungaricae* 22 (Budapest 1974), 267 ff., ferner F. R. Kraus, *Königliche Verfügungen* (s. Anm. 169), 329 ff.
181 *Altbabylonische Briefe* IX 32.
182 *Altbabylonische Briefe* II 46.
183 *Materialien zum sumerischen Lexikon* (Rom 1937 ff.), I Taf. 4 III 18 ff.
184 J. Kohler – P. Koschaker – A. Ungnad, *Hammurabi's Gesetz* (Leipzig 1909–1923), IV Nr. 1031.
185 Zur Bewirtschaftung von Dattelpalmgärten in altbabylonischer Zeit s. J. Renger in G. van Driel et al. (Hrsg.), *Zikir šumim* (Fs F. R. Kraus, Leiden 1982), 290 ff.
186 *Materialien zum sumerischen Lexikon* (Rom 1937 ff.), I Taf. 4 III 18 ff.

187 M. Schorr, *Urkunden* (s. Anm. 107), Nr. 139.
188 M. Schorr, *Urkunden* (s. Anm. 107), Nr. 98.
189 H. Klengel in *Altorientalische Forschungen* 1 (Berlin 1974), 359f.
190 *Altbabylonische Briefe* II 24.
191 *Yale Oriental Series* XIII (New Haven 1972), Nr. 207.
192 J. Kohler (s. Anm. 184), V Nr. 1299. Zum Bier allgemein s. W. Röllig, *Das Bier im Alten Mesopotamien* (Berlin 1970).
193 *Altbabylonische Briefe* VIII 100.
194 M. Schorr, *Urkunden* (s. Anm. 107), Nr. 76.
195 M. Schorr, *Urkunden* (s. Anm. 107), Nr. 1.
196 *Materialien zum sumerischen Lexikon* (Rom 1937ff.), I Taf. 7 IV 1ff.
197 M. Schorr, *Urkunden* (s. Anm. 107), Nr. 10.
198 *Materialien zum sumerischen Lexikon* (Rom 1937ff.), I Taf. 3 III 28ff.
199 Ebenda Taf. 7 III 23ff.
200 M. Schorr, *Urkunden* (s. Anm. 107), Nr. 18.
201 M. Schorr, *Urkunden* (s. Anm. 107), Nr. 20.
202 *Altbabylonische Briefe* II 131.
203 A. Sjöberg in *Journal of Cuneiform Studies* 25 (Cambridge, Mass., 1973), 105ff., vgl. W. H. Ph. Römer in O. Kaiser (Hrsg.), *Texte aus der Umwelt des Alten Testaments,* III/1 (Gütersloh 1990), 77ff.
204 J. Aistleitner, *Die mythologischen und kultischen Texte aus Ras Schamra* (Budapest 1964), 69.
205 M. Schorr, *Urkunden* (s. Anm. 107), Nr. 241.
206 M. Schorr, *Urkunden* (s. Anm. 107), Nr. 78.
207 J. Kohler (s. Anm. 184), VI Nr. 1759.
208 *Altbabylonische Briefe* II 40.
209 *Altbabylonische Briefe* II 59.
210 M. Schorr, *Urkunden* (s. Anm. 107), Nr. 77.
211 *Altbabylonische Briefe* I 51.
212 *Altbabylonische Briefe* I 54.
213 *Altbabylonische Briefe* VI 48.
214 *Materialien zum sumerischen Lexikon* (Rom 1937ff.), I Taf. 2 IV 1ff.
215 *Altbabylonische Briefe* VIII 71.
216 *Altbabylonische Briefe* IV 155.
217 J. Kohler (s. Anm. 184), V Nr. 1095.
218 M. Schorr, *Urkunden* (s. Anm. 107), Nr. 27.
219 M. Schorr, *Urkunden* (s. Anm. 107), Nr. 26.
220 Dazu H. Klengel in *Altorientalische Forschungen* 5 (Berlin 1977), 63ff.
221 *Altbabylonische Briefe* III 1.
222 *Altbabylonische Briefe* VI 80.
223 Vgl. zuletzt F. R. Kraus, *Königliche Verfügungen in altbabylonischer Zeit* (Leiden 1984), 66f.
224 A. Ungnad in *RlA* II (1938), 182.
225 F. R. Kraus, *Königliche Verfügungen* (s. Anm. 223), 154ff.
226 F. R. Kraus, *Ein Edikt des Königs Ammi-ṣaduqa von Babylon* (Leiden 1958), zuletzt in: *Königliche Verfügungen* (s. Anm. 223), 168ff.

Abbildungsnachweis

Autor: 20, 21, 27, 35, 109, 113, 117, 187, 208
Archäologisches Museum, Aleppo: 41 links, 95, 173
Britisches Museum, London: 178
Irak-Museum, Bagdad: 37 links, 111, 256
Louvre, Paris: 48, 53, 69, 116, 195, 227, 247
Universität Jena: 177
Vorderasiatisches Museum, Berlin: 37 rechts, 41 rechts, 70, 181, 213, 257

Zeittafel

Mesopotamien	Andere Länder des Vorderen Orients
2800–2340 Frühdynastische Zeit. Entstehung von Stadtstaaten in Mesopotamien und Syrien, erste Ausprägung einer schriftbesitzenden Hochkultur.	Altes Reich in Ägypten (3.–6. Dynastie), Bau der großen Pyramiden. In Syrien am Ende dieser Zeit Blüte des Stadtstaates von Ebla (südwestlich des heutigen Aleppo), der Wirtschaftskontakte zu Mesopotamien und Beziehungen zu Ägypten hatte, wohl vermittelt über Gubla/Byblos.
2340–2111 Zeit der Dynastie von Akkad. Herausbildung des ersten Territorialstaates. Unter Sargon und Naram-Sin Eroberungszüge bis nach Syrien, später Fremdherrschaft des Gebirgsvolkes der Gutäer über Mittelmesopotamien.	Ende des Alten Reiches in Ägypten. Frühe Fürstengräber in Anatolien, die auf die Herausbildung einer politischen Gewalt deuten. Ausbreitung von Gruppen in Kleinasien, die eine indogermanische Sprache benutzten.
2111–2003 Periode der III. Dynastie von Ur. Weitere Zentralisation der politischen und wirtschaftlichen Macht, Herrschaft der Könige von Ur über fast ganz Mesopotamien. Verstärkte Zuwanderung von Bevölkerungsgruppen aus dem Nordwesten (Martu/Amurriter).	Sogenannte 1. Zwischenzeit in Ägypten (7.–9. Dynastie), Zusammenbruch des zentralisierten Staates. Beginn des Mittleren Reiches mit der 11. Dynastie.

2003–1595
Altbabylonische Zeit. Rivalität einer Reihe mesopotamischer Fürstentümer. Bis 1763 im Süden zunächst Vorherrschaft von Isin und Larsa; im Norden Aufstieg des assyrisch-obermesopotamischen Staates, vor allem unter Schamschi-Adad I. (etwa 1812–1780/76).

1792–1750
Regierung des Hammurapi von Babylon, Zeitgenosse der Könige Schamschi-Adad I. und Ischme-Dagan von Assyrien, Jasmach-Adad und Zimri-Lim von Mari, Jarim-Lim I. und Hammurapi I. von Halab/Aleppo, Rim-Sin von Larsa usw. Ab seinem 29. Regierungsjahr Eroberung fast ganz Mesopotamiens: Im 30. Jahr Sieg über Rim-Sin von Larsa, im 32. über Zimri-Lim von Mari. Etwa im 38. Regierungsjahr Aufzeichnung der Gesetze auf der Stele.

1750–1595
Nachfolger des Hammurapi auf dem Thron von Babylon: Samsuiluna (1749–1712), Abi'eschuch (1711–1684), Ammiditana (1683–1647), Ammisaduqa (1646–1626) und Samsuditana (1625–1595).

Etwa 1595
Ende der Hammurapi-Dynastie, Eroberung Babylons durch die hethitische Armee des Mursili I.

In Ägypten erneutes Erstarken des Zentralstaates, Mittleres Reich (11.–14. Dynastie). Danach erneut eine (2.) Zwischenzeit (15.–17. Dynastie), zeitweilige Herrschaft der «Hyksos». In Kleinasien im frühen 2. Jahrtausend v. Chr. altassyrische Handelsniederlassungen bei anatolischen Fürstensitzen, vor allem in Kanesch (Kültepe). In Syrien Herausbildung und politische Dominanz des Königreiches Jamchad (Aleppo), das in engen Beziehungen u. a. zu Mari und Babylonien stand. In Kleinasien Entstehung des Staates der Hethiter, der schließlich über den Taurus nach Nordsyrien übergriff und dieses zeitweilig beherrschte. Auf Kreta Blütezeit der älteren minoischen Paläste (Knossos, Mallia, Phaistos, Zakro); nach einem Erdbeben (um 1700 v. Chr.) weitere Ausdehnung des minoischen Handels und Zeit der Neuen Paläste (bis etwa 1450 v. Chr.).

Bibliographie

Im folgenden wird nur eine kleine Auswahl monographischer Arbeiten genannt, die als Einleitung dienen bzw. zu weiteren Untersuchungen hinführen können. Auf einschlägige Zeitschriftenaufsätze wird in den Anmerkungen verwiesen.

Charpin, D., *Archives familiales et propriété privée en Babylonie ancienne* (Genf 1980).

Charpin, D., *Le clergé d'Ur au siècle d'Hammurapi (XIXe–XVIIIe siècles av. J.-C.)* (Genf–Paris 1986).

Diakonoff, I. M., *Ljudi goroda Ura* (Moskau 1990) (russ.).

Frayne, D. R., *The Royal Inscriptions of Mesopotamia, 4: Old Babylonian Period (2003–1595 BC)* (Toronto 1990).

Harris, R., *Ancient Sippar. A Demographic Study of an Old Babylonian City (1894–1595 BC)* (Leiden 1975).

Kärki, I., *Die sumerischen und akkadischen Königsinschriften der altbabylonischen Zeit, II: Babylon* (Helsinki 1983).

Klengel, H., *Handel und Händler im alten Orient* (Wien–Köln–Graz 1979) 72 ff.

Klengel, H. (Hrsg.), *Kulturgeschichte des alten Vorderasien* (Berlin 1989) 161 ff.

Kraus, F. R. (Hrsg.), *Altbabylonische Briefe in Umschrift und Übersetzung* (Leiden 1964 ff.).

Kraus, F. R., *Vom mesopotamischen Menschen der altbabylonischen Zeit und seiner Welt* (Amsterdam–London 1973).

Kraus, F. R., *Königliche Verfügungen in altbabylonischer Zeit* (Leiden 1984).

Lambert, W. G., *Babylonian Wisdom Literature* (Oxford 1960).

Lautner, J. G., *Altbabylonische Personenmiete und Erntearbeiterverträge* (Leiden 1926).

Leemans, W. F., *Foreign Trade in the Old Babylonian Period* (Leiden1960).

Liverani, M., *Antico Oriente. Storia, Società, Economia* (Rom–Bari 1988) 295 ff.

Saggs, H. W. F., *Everyday Life in Babylonia and Assyria* (London–New York 1965).

Schott, A. – von Soden, W., *Das Gilgamesch-Epos* (Stuttgart 1982).

Sommerfeld, W., *Der Aufstieg Marduks. Die Stellung Marduks in der babylonischen Religion des zweiten Jahrtausends v. Chr.* (Kevelaer/Neukirchen-Vluyn 1982).

Stol, M., *Studies in Old Babylonian History* (Leiden 1976).

Walther, A., *Das altbabylonische Gerichtswesen* (Leipzig 1917).

Yoffee, N., *The Economic Role of the Crown in the Old Babylonian Period* (Malibu 1977).

Register

Verzeichnis der Namen

Sachregister